HACKS · WERKE
FÜNFTER BAND

D1704167

HACKS
WERKE
FÜNFTER BAND

PETER HACKS
DIE DRAMEN III

DIE VÖGEL

DAS JAHRMARKTSFEST ZU
PLUNDERSWEILERN

EIN GESPRÄCH
IM HAUSE STEIN

ROSIE TRÄUMT

DIE FISCHE

EULENSPIEGEL VERLAG

DIE VÖGEL

Nach Aristophanes

PERSONEN

Hoffmeier aus Athen
Liebinger aus Thria
Tereus
Philomele
Prokne, *Chorführerin*
X. John
Prometheus
Herakles, *ein Gott*
Herakles, *ein Schatten*

Chor

ERSTER AKT

I

Hoffmeier und Liebinger, steigend

HOFFMEIER
Weiter, mein Freund!
LIEBINGER   Ich kann nicht mehr.
HOFFMEIER
Munter, hinauf!
LIEBINGER   Wie weit denn noch?
HOFFMEIER
Nimmer verzagt!
LIEBINGER   Ich bins ja schon.
HOFFMEIER
Elender Jammergreis.
Zwar, es geht steil.
LIEBINGER   Was zauderst du?
HOFFMEIER
Nirgends ein Tritt.
LIEBINGER   So folge mir!
HOFFMEIER
Fels und Geröll.
LIEBINGER   Nur schlimmster Weg
Hilft uns vom Schlimmen fort.
– Wer aber, sagst du, soll hier wohnen?
HOFFMEIER   Unser Mann.
LIEBINGER
Wie heißt er?
HOFFMEIER   Tereus.
LIEBINGER   Weshalb ist er unser Mann?
HOFFMEIER
Er schlief der Schwester seiner Gattin bei und kennt
Folglich die Welt.
LIEBINGER   Folglich! Wie folgt wohl das aus dem?

HOFFMEIER
    Ganz zwanglos doch. Der Götter Schluß verwandelte
    Die Schändlichen in Vögel. Prokne ward, sein Weib,
    Zur Schwalbe, Philomele ward, die Schwägerin,
    Zur Nachtigall, der Unhold selbst zum Wiedehopf.
    Wer aber sagt uns, was zu wissen so uns not,
    Als nur ein Vogel? Welcher Vogel aber spricht
    Auf Menschenart als jener Herrscher Thrakiens,
    Der edle Tereus, der als Wiedehopf jetzt stinkt?

LIEBINGER
    Wahr ist dein Wort.

HOFFMEIER   Ich wittre was.

LIEBINGER
    Furchtbarer Duft.

HOFFMEIER   Das Ziel, es lockt.

LIEBINGER
    Kehren wir um.

HOFFMEIER   Der Wiedehopf!
    Hier muß sein Bettchen stehn.

2

Tereus

TEREUS
    Öffne, Wald, dich, oup oup, als Tor für, oup oup, mein
        Erscheinen.
    Wer naht flügellos, oup, meinem umklüfteten Thron?

3

HOFFMEIER Wer wir sind? Auswanderer.

TEREUS Von wo?

HOFFMEIER Aus Athen.

TEREUS Wie, ist nicht aber Athen die Sonne der bewohnten
    Welt?

HOFFMEIER Ist nicht der Kürbis die Sonne des Misthaufens?

TEREUS Aber Athen wird in Jahrtausenden noch die Bewunderung der Nachfahren erregen.

HOFFMEIER So viel über die Nachfahren.

TEREUS Was mißfiel dir?

HOFFMEIER Alles, und mehr als alles die Demokratie.

TEREUS Was ist das?

HOFFMEIER Demokratie ist, wenn alle dürfen, was alle wollen.

TEREUS Das ist doch gut.

HOFFMEIER Ja, und keiner darf, was er will. Was speistest du heute Mittag?

TEREUS Schnaken und Myrtenbeerlein.

HOFFMEIER So wohlschmeckend aß ich lange nicht.

TEREUS Wird bei euch nicht gut gekocht?

HOFFMEIER Nicht mehr, die Köchin muß regieren.

> Du, hinter mir gelegen,
> O Vaterstadt Athen,
> Auf allen meinen Wegen
> Dich will ich nimmer sehn.
> In deinen Marmortoren
> Wird auch der Mensch ein Stein.
> Ich muß in dir geboren,
> Doch nicht gestorben sein.

TEREUS Und du da, der andere. Was enttäuschte dich?

LIEBINGER Wenn es erlaubt ist, die Weiber.

TEREUS Ich verstehe, sie wollten nichts von dir.

LIEBINGER Im Gegenteil, sie begehrten mich.

TEREUS War das schlecht?

LIEBINGER Zur Ehe. Bevor ich noch angefangen hatte, eine zu lieben, hate sie ihren Koffer schon gepackt.

TEREUS Ja, Weiberliebe ist von weicher Art und stets auf der Suche nach Festem.

LIEBINGER Liebe! Sehen Sie mich an, von oben bis unten, Herr, ob es da was zu lieben gibt? Neuerungswut ist es. Dieses Geschlecht ist so unzufrieden mit sich, daß es nur darauf sinnt, sich zu verändern. Ich begann mit Jungfrauen, sie wollten mich heiraten. Ich fuhr fort mit solchen, die ihre Unschuld verloren hatten, sie erstrebten die Ehe. Ich endete mit verheirateten Frauen, deren Gatten schöner, jünger, angesehener waren als ich; sie zögerten, mich glücklich zu machen, aber jede von ihnen war bereit, mit mir vor den Altar zu treten.

> Ihr, hinter mir geblieben,
> Ihr Frauen von Athen,
> Bei allem meinem Lieben
> Euch will ich stets verschmähn.
> Du rosige Gemeinde,
> Geh, spiel dein Spiel allein.
> Ihr solltet süße Feinde,
> Nicht Mörderinnen sein.

HOFFMEIER UND LIEBINGER Daher, o Tereus, der du Erde und Himmel umflogst mit Mannes Geist und Vogels Kundschaft, sprich: sahest du nicht eine Stadt, worin ein Mensch von wenig Ansprüchen unbelästigt den Tag und die Nacht verbringen kann? Nenne uns ihren Namen und wo, an welchem Berg oder See, sie erbaut steht.

TEREUS Oup, ihr waret wohlberaten, euch an mich zu wenden. Ich glaube, kein anderer wüßte auf diese Frage zu antworten.

HOFFMEIER UND LIEBINGER Antworte uns, o Tereus!

TEREUS Diese Stadt, es kurz zu machen, es gibt sie nicht.

LIEBINGER O Götter, wir sind verloren und ganz am Ende. Sagen Sie, hier bei den Vögeln, wie lebt man hier?

TEREUS Angenehm. Recht leidlich.

HOFFMEIER Arbeit?

TEREUS Keine Rede.

LIEBINGER Ehe?

TEREUS Unbekannt.

HOFFMEIER UND LIEBINGER Wir bitten um Einbürgerung.

HOFFMEIER, LIEBINGER, TEREUS
    In eines Faulbaums Krone,
    Da bau ich mir mein Nest,
    Wo es sich ziemlich ohne
    Beschwerden leben läßt.
    Und ob der Ast auch schwanke,
    Wenn rauhe Winde wehn,
    Mich tröstet der Gedanke:
    Ich bin nicht in Athen.

4

TEREUS Wohlan, ich will meine Nachtigall wecken. Sie soll
    alle Vögel zusammenrufen; sie werden befinden, ob ihr euch
    so gut, als ihr von euch selbst meinen möget, zur Freiheit
    schickt.

    Wache auf, Gespielin mein,
    Liebste mir von allen.
    In des Mondes Silberschein
    Mische du dein Dunkel ein.
    Mir zur Gunst,
    Mir zum Gefallen
    Lasse dein Lied nun erschallen.
    Wache auf, ich wache auch
    In den Schattenhallen.
    Füll mit Tönen Baum und Strauch.
    Reiner Wonne Götterhauch
    Laß schallen, laß schallen ...

5

Man wartet.

PHILOMELE *hinter der Szene* Itu itu itu.
TEREUS Oup. Die Arie tat ihre Wirkung.

PHILOMELE *hinter der Szene*
Aus stiller Gärten rankendem Efeulaub,
Umgrüntem Weiher, porigem Felsgestein,
Herbei, was Krallen trägt und Federn.
Itutu itutu itu itu.

TEREUS UND PHILOMELE
Ihr Sänger all des atmenden Ährenfelds,
Des würdgen Hains, des regeren Fliederbuschs,
Versammelt, Kundge, euch des Wohllauts.
PHILOMELE
Itutu itutu itu itu.

TEREUS, HOFFMEIER, LIEBINGER, PHILOMELE
Hornlippige, den flaumigen Busen euch
Beknabbernde, wir rufen, wer irgend rührt
Vom langgehalsten Stamm der Vögel.
PHILOMELE
Itutu itutu itu itu.

6

Man wartet.

HOFFMEIER
Ein wackrer Ruf, so mahnend ernst wie unbefolgt.
LIEBINGER
Nicht selten bleibt, wer zur Versammlung lädt, allein.
TEREUS So warte ab.

Die Flötenspielerinnen des Chors

LIEBINGER   Die Pieperchen, die niedlichen.

Chor

HOFFMEIER
Ach, an Vögeln, welch ein Gewitter

Braut sich gräßlich zusammen dort.

LIEBINGER
Eine Wolke, schwärzlich und knatternd,
Löscht des Sonnenballs Feuerschein.

HOFFMEIER UND LIEBINGER
Zischend hin und wieder sie rennen,
Aufgerissen den kahlen Hals.
Und sie starrn umfiederten Auges,
Daungesäumten, uns grimmig an.

CHOR
Guck guck guck guck: Landesfremde!
Gri-gri-gri-gri-Griechenpack!
Zi-zi-zi-zi-ziehet weiter!
Schiep-schiep-schiep-schiep-schiebet ab!

LIEBINGER
Bitter werden wir beweinen
Den Entschluß, hierher zu gehn.

HOFFMEIER
Stuß.

LIEBINGER
        Was, Stuß?

HOFFMEIER   So weine du mit
Ausgehackten Augen doch.

CHOR
Witt-witt-wittre Menschenbraten!
Tri-tri-tri-tri-Tritt gefaßt!
Kurr-kurr-kurr-kurr-kurzen Handel!
Krah-krah-krah-krah-kratzt sie tot!

Auftritt durch den Chor Prokne

PROKNE
Solches hättest du, o Tereus,
Deinen Schwestern angetan,
Du mit uns auf Mutterfluren
Wurm- und Kräuterpickender?
Menschen, Männer, Vogelfresser
Riefest du ins eigne Nest.

Sei gerupft du, selbst ein Mensch einst,
Daß man dich als Menschling kennt.

TEREUS

Edle Chorvorsteherinnen,
Trefflichste des Federviehs,
Die ihr vorsingt euren Völkern,
Urteilt weiser als das Volk.
Ehret diese würdigen Greise,
Gastrecht sind sie Heischende.
Und wenn von Geburt uns peinlich,
In der Denkart ähnlich doch.

CHOR

Nimmer sitzen wir in Ruhe,
Flattern stets von Ast zu Ast,
Daß dem herzdurchbohrenden Pfeile
Nur die Zeit zum Zielen fehlt.
Ihm, dem herzdurchbohrenden Pfeile,
Falscher Vogel, gleichest du;
Beide, ach, wie wir gefiedert,
Sinnt ihr beide unsern Tod.

PROKNE

Ins Gefecht!

CHOR

An den Feind!

PROKNE

Schnabel fällt!

CHOR

Vaterland!

PROKNE

Scharf im Zorn.

CHOR

Schnell im Haß.

PROKNE

Vögel, marsch!

CHOR

Hurrah!

PROKNE UND CHOR
  Auf, ihr hochbebuschten Krieger,
  Schönbehelmtes Vogelheer,
  Fittichspreizend, köpferuckend,
  Ins Gefecht und an den Feind.
  Schlagt ihm ums Gesicht die Sporen,
  Hauet ihn zu Körnerchen,
  Pickt und hackt und reißt und beißt ihn,
  Scharrt ihn in den Erdenstaub.
UND HOFFMEIER UND LIEBINGER
  Bittres Los, in tausend Stücken
  Hinzugehn in tausend Schnäbeln.
  Als wir hierzusein uns sehnten,
  Das war eine schöne Zeit.
UND TEREUS
  Sanftes Herz,
  Trauter Sinn
  Ziert die milde
  Sängerbrust.

HOFFMEIER
  Halt, höret mich! So ihr mich hört, seid ihr beglückt.
  So ihr mich tötet, den Beglücker tötet ihr.
PROKNE
  Wir wolln ihn hören, denn der Mensch ist ränkevoll
  Und unwert nimmer zu vernehmen, was er spricht.
  Zurück denn, Krieger. Krallen einwärts. Schnäbel zu.
  Die Waffen mögen ruhen bis auf weiteres.
HOFFMEIER
  Dann: blickt nach rechts.
CHOR   Wir tuns.
HOFFMEIER   Und nun nach links.
CHOR   Und jetzt?
HOFFMEIER
  Jetzt rings um euch im Kreise.
CHOR   Wie es dir beliebt.
LIEBINGER
  Den Hals, versteh ich, hoffst du ihnen abzudrehn.

HOFFMEIER
　Was seht ihr?
CHOR　　　　　Nichts.
HOFFMEIER　　　　Nichts?
CHOR　　　　　　　　Wolken. Äthers hohlen Raum.
HOFFMEIER
　Nichts, Undankbare, nennt ihr euer eignes Reich,
　Das ich des Wegs, ein Fremder, zu begründen kam?
PROKNE
　Höchst Ahndungsvolles, deinem Runzelmund entströmts.
HOFFMEIER
　Baut eine Stadt, die alle Vogelschar behaust.
　Vermeßt den Nebel, Quadern setzet um die Luft.
　Dann nennt ihr, was nicht Erde ist noch Himmelsort,
　Was menschlich nicht noch göttlich ist, das eurige.
PROKNE
　Ob dies auch wahr sei, was ist unser Vorteil dann?
HOFFMEIER
　Wem eine Grenze eignet oder Zwischenreich,
　Wird der nicht fett von Wegzoll, von Erlaubnisgeld?
　So aber Menschen ihr und Götter trennt, die nie
　Sich missen dürfen, Herrn ja wäret ihr des Alls.

PROKNE Sagte ichs nicht? Kein abgefeimterer Strolch als der
　Mensch!
TEREUS *gratulierend* In der Tat, ihr habt uns überzeugt.
LIEBINGER Eine Schwierigkeit, Herrschaften. Wie können
　wir Ungeflügelten mit euch Geflügelten zusammenleben?
TEREUS Keine Sorge. Wir haben hier ein gewisses Würzel-
　chen, das jeden, der es kaut, zum Vogel macht.
HOFFMEIER Dann steht unserem Hierbleiben nichts im
　Wege.
TEREUS Beliebt es euch, mit meinem bescheidenen Nest vor-
　lieb zu nehmen? Halme, Stroh, Reisig, unvorbereitet, wie
　es eben ist?
HOFFMEIER Gern.
TEREUS Willkommen dann.
HOFFMEIER Dank für das Willkommen.

TEREUS Tretet ein.

HOFFMEIER Gehe voran, wir folgen dir.

TEREUS So kommt.

LIEBINGER Ah, Tereus, noch eins: die Nachtigall. Wer sie gehört hat, muß wünschen, sie zu sehen, kannst du sie mir nicht herausrufen?

TEREUS Du forderst es, Gastfreund. – Philomele!

Philomele

HOFFMEIER Sie ist reizend. Wahrhaftig, ich hätte Lust, ihr ein wenig die Federn hochzuheben.

LIEBINGER Du hättest Lust, es zu tun, ich tue es. Was, Gurrerchen, willst du auf meinem Stengel sitzen?

HOFFMEIER
Baut eine Stadt, wo keine Pflicht noch Plage drückt,
Ein Dach der Muße, Heimstatt allem Heiteren,
Wo unbefragt ihr wandelt nach Woher, Wohin,
Und euch das Schicksal immerwährend Körner streut.

UND LIEBINGER UND PHILOMELE
Baut eine Stadt, in deren knospendem Gebälk
Die Liebe wehet wie in einem Blütenzweig,
Wo Herz zu Herzen still wie Ros zu Rose schwebt,
Vom Wind der reinen Neigung einzig hingelenkt.

UND PROKNE UND TEREUS UND CHOR
Baut eine Stadt, erbaut sie nach der Träume Schnur,
Vom Stoff der Kühnheit, auf Entschlusses Fundament,
Wo ihr euch selbst begegnet, eurer Wirklichkeit,
Denn wie ihr leben wolltet, lebtet ihr ja nicht.

ZWEITER AKT

1

Oben Prokne, brütend. Hoffmeier, Liebinger, von zwei Seiten, als Vögel

LIEBINGER Bei den Göttern, Hoffmeier, du siehst grausam aus.

HOFFMEIER Grausam, Liebinger? Wie denn?

LIEBINGER Ruppig und geflügelt.

HOFFMEIER Wie ein Wort von Aristophanes also.

LIEBINGER Weniger reizend.

HOFFMEIER Reizend ist meine Stimme. Höre: Tirili, tirili. *Liebinger hält sich die Ohren zu.* Nein? Tirili, nein?

LIEBINGER Tirila.

HOFFMEIER Was, du erhebst Anspruch, ein Vogel zu sein?

LIEBINGER Wäre ich keiner?

HOFFMEIER Stelle dich einmal auf einen Fuß und kratze dich mit dem anderen am Hals.

LIEBINGER Lieber, wenn mich der Hals juckte, schriebe ich ja über Biermann.

HOFFMEIER Dann unterm Flügel.

LIEBINGER Laß uns singen, Hoffmeier.

HOFFMEIER UND LIEBINGER
    Ein uralter Griesgram,
    Ging ich schlafen zur Nacht.
    Als ein lustiges Vöglein
    Bin ich wieder erwacht.
    Tirili tirili
    Tirila.

HOFFMEIER
    Jetzt kann ich fliegen, wohin ich mag,
    Bis nach Gomorrha, der Stadt,

Da wohnt mein herzlieber Bruder,
Der mich verraten hat.
Er sitzt mit meinem Herrn Henker
Beim roten Wein zuhaus.
Da pick ich lustiges Vögelein
Ihnen die Augen aus.

HOFFMEIER UND LIEBINGER
Wer lebt leichter, wer lebt froher als ein Vögelein?
Nichts ist besser, nichts vergnügter als geflügelt sein.

LIEBINGER
Ich fliege zu meiner Schön-Hannchen,
Die denkt mein in Begier.
Und wenn Schön-Hannchen mir treulos war,
Flieg ich ins Fensterlein ihr.
Sie liegt mit mei'm herzlieben Bruder
Und Bein mit Bein verschränkt.
Da stehl ich ihr die goldne Uhr,
Die ich ihr gestern geschenkt.

HOFFMEIER UND LIEBINGER
Wer lebt leichter, wer lebt froher als ein Vögelein?
Nichts ist besser, nichts vergnügter als geflügelt sein.
Ab.

2

Chor

CHOR
Aus den Schwaden bereits raget das Baugeschehn,
Wächst die Rundung des Walls, türme- und torereich.
Alles schafft, was das Leere
Zu durchmessen befitticht ist.

Erst des starken Geästs tragendes Grobgeflecht,
Dann das kleine Gestrüpp, Zweiglein und Blätterchen,
Bis aus Laub, Moos und Hälmlein
Steht im heimischen Stil das Werk.

Durch den dünneren Dunst steigend zum dünnesten,
Stellen, heilig erregt, mitten ins Blaue wir
Wolkenkuckucksheims Feste,
Die dem Luftreich gebietende.
Ab.

3

Liebinger, Tereus

LIEBINGER
Ein Wort, O Tereus. Deine Hilfe tut mir not.
Der mich bedrückt, der alte ists, der Liebesgram.
TEREUS
Dem du entrannest, Armer, wieder traf er dich?
LIEBINGER
Ja seltsam, wenig anders gehts mir hier als dort.

Wie fand ich sie so rein und klar.
Sie sagte, sie sei schlecht.
Ach, sie war so schlecht, wie sie sprach, daß sie war,
Und ich ward ihrer Bosheit Knecht.
Ich begehrte ihr rein und klares Gesicht,
Wie einer den Himmel begehrt.
Ich liebte sie, und sie liebte mich nicht,
Und sie war meiner Liebe nicht wert.

Wie gab ich ihr mit biederm Sinn,
Was immer ich besaß,
Ach, ich gab ihr mein Herz, das sie irgendwohin
Fortlegte und vergaß.
Sie sagte:
TEREUS   Wer nie zu lieben verspricht,
Wird nie von Tadel beschwert.
Du liebst mich, schöner Freund, ich liebe dich nicht,
Und ich bin deiner Liebe nicht wert.

LIEBINGER
  Als ich mein Herz zu lösen ging
  Aus seiner großen Pein,
  Geschah, daß es an, sich zu sträuben, fing,
  Wollt nicht erlöset sein.
  Und jeder Tag, wohl bis es mir bricht,
  Hat nur sein Leiden vermehrt.
  Ich liebe sie, und sie liebt mich nicht,
  Und sie ist meiner Liebe nicht wert.

TEREUS
  Wer stimmt dich, lockrer Vogel, so auf Eulenton?
  Wie heißt die Ungetreue?
LIEBINGER   Philomele.
TEREUS   Oup.
LIEBINGER
  Ja, tröste mich. Mein tränenüberströmtes Haupt,
  In deinem Brustgefieder birgs. Nun frage noch,
  Mit wem sie in der Brautnacht mich bereits betrog.
TEREUS
  Die Bübische. Wer war es?
LIEBINGER   Du.
TEREUS   Ich streit es ab.
LIEBINGER
  Unüberriechbar, Tereus, ist ja dein Gestank.
TEREUS
  Übel riecht Vieles. Keines übler als der Mensch.
LIEBINGER
  Doch sprach sie leider auch im Traume.
TEREUS   Was?
LIEBINGER   Oup oup.
  Wie durftest du, o Falscher, meiner Braut dich nahn?
TEREUS
  Nun, manches immerhin verbindet sie und mich.
LIEBINGER
  Frevel, den frevelnd fortzusetzen ihr nicht scheut.
TEREUS Nein, warum auch?
LIEBINGER Kann Gefühl so verkümmern!

TEREUS
Welch sehr gespreizter Ausruf. Weiber, jeder Busch
Ist voll davon. Da oben die, wie wärs mit der?
LIEBINGER
Ist sie nicht eine ziemlich alte Wachtel schon?
TEREUS
Das will ich wetten. – Mann, du sprichst von meiner Frau.
LIEBINGER
Prokne?
TEREUS   Zu mir drum Höflichstes nur über sie.

LIEBINGER Ah! Was verstehen Vögel von Liebenden?
TEREUS Nicht viel.
LIEBINGER In der Tat, welche Verkümmerung.
PROKNE *von oben* Was verstehen Liebende von Vögeln?
LIEBINGER Nicht viel.
PROKNE In der Tat, welche Verkümmerung.

LIEBINGER
O Liebe, süßes Lebensziel,
Gibt es dich überhaupt?
TEREUS
Für den ist die Liebe das heiterste Spiel,
Der nicht an Liebe glaubt.
PROKNE
Euch zu willfahren ist Frauenpflicht,
So habt ihr uns gelehrt.
Im übrigen: wir lieben euch nicht,
Und wir sind eurer Liebe nicht wert.
UND TEREUS
Wir lieben sie nicht, und sie lieben uns nicht,
Und wir sind einander wert.
UND LIEBINGER
Ach, wir lieben sie, und sie lieben uns nicht,
Und sie sind unsrer Liebe nicht wert.

4

Hoffmeier

HOFFMEIER
Meine Arbeit ist um. Wo trödelt das Maurergesindel?

Chor

CHOR
Schelte, Weisester, nicht. Fertig gefügt steht die Stadt.
HOFFMEIER
So, dann ist es ja gut. Und alles ins letzte vollendet?
CHOR
Die Verfassung nur fehlt, unsres Daseins Gesetz.
HOFFMEIER
Deren Plan euch zu ergrübeln, versprach ich. Ich hielt es.
CHOR
Seinen Inhalt demnach, bitte verkünde ihn uns.
HOFFMEIER
Gut, so geh ich, das Ei, worin ich ihn legte, zu holen.
CHOR
Was, ein Ei, du, ein Hahn?
HOFFMEIER Dort nicht, dem Haupte entsprangs.
CHOR
Mit dem Kahlkopf, wenn wir recht folgen, legtest das
    Ei du?
HOFFMEIER
Freilich, ein Denk-Ei ists.
CHOR Nimmer ward solches gehört.
HOFFMEIER
Nein, und entstieg nicht Pallas geharnischt dem Schädel
    Kronions?
So nun, mit Rüstung und Speer, kämpferisch meine Idee.
CHOR
Wo ist das göttliche Ei? O spute und laß es uns schauen.
HOFFMEIER
Teufel auch, es ist weg. Irgendwer hat es stibitzt.

CHOR
 Wohl mit den übrigen wards im Kinderladen gesammelt.
HOFFMEIER
 Prokne, suche einmal. Find es mir freundlich heraus.
PROKNE *hält Eier über den Rand*
 Dieses?
HOFFMEIER
        Nein.
PROKNE   Oder dies?
HOFFMEIER   Es ist leicht zu kennen, es ähnelt
 Ja dem Väterchen.
PROKNE   Dir?
HOFFMEIER   Meinem Köpfchen vielmehr.
CHOR
 Aus dann der Streit, ob das Huhn vorm Ei, das Ei vor dem
   Huhn war.
 Erst war das Ei, denn dies Ei ist vom Eie gelegt.
PROKNE
 Dies?
HOFFMEIER
     Ja, ja.
PROKNE   Doch unmöglich. Dies riecht mir ganz wie
   ein faules.
HOFFMEIER
 Das, das. Welches denn sonst? Ach, du mein prächtiges
   Kind.
 Flatternd, rennend und gackernd
 Mein ist das Ei,
 Das vortreffliche Ei,
 Aus mir selber, mir selber, mir selber
 Herausgequetscht.
 Horcht
 Da, es piept schon.
PROKNE
 Löse, so bitt ich, das Siegel und öffne schleunig die Büchse.
HOFFMEIER
 Wie du bittest, geschehs. Schließe dich, Weisheitsfrucht,
   auf.

CHOR

Schrecklicher Brodem von Unrat, Schwefel und allem, was
peinigt.

Fällt um.

HOFFMEIER

Wissenschaft, süßer Duft! Mitbürgerinnen, was ist?

CHOR

Sprich nur weiter. Wir treten ein wenig beiseite aus Ehrfurcht.

HOFFMEIER

Also des kündenden Eis Inhalt, ich deute ihn euch.

Mit zugehaltener Nase

Dies erklären wir Vögel von uns und unsrer Bestimmung,

Daß wir göttergleich sind oder was drüber sogar.

Keinen fürchten als Hoffmeier, jedem dritten befehln wir.

Aber verworfen ist Zeus und was je Geltung besaß.

Zu Tereus

Schnell, ins Archiv!

Tereus mit dem Ei ab.

PROKNE

Über die Götter uns wagtest, furchtloser Mann, du zu
heben?

HOFFMEIER

Schreiben den Göttern nicht schon wir die Bewegungen
vor?

Wartet nicht Helios, ehe er kömmt, aufs Kommando des
Gockels?

Kypris, schaukelt sie nicht auf Philomeles Geheiß?

Auch die Menschen gehorchen uns längst. Wenn ein
Mensch etwas vorhat,

Prüft und fragt er sich doch: was sagt man oben dazu?

PROKNE

Oben, nun ja. Doch keiner weiß recht, wer mit oben gemeint
ist.

HOFFMEIER

Blicke, Verzagte, um dich. Siehst du hier wen außer uns?

Netzt eure Finger und spürt, wie von hier alle Strömungen
ausgehn.

CHOR *tut es*
Gar kein Zweifel, wir stehn an den Hebeln des Seins.

PROKNE *steigt herab*
Auf, laßt die Burg uns beziehn, wie sie prangt auf dem
Sockel des Nebels.
CHOR
Wir sind die Größten, wir sind die Himmlischen, wir sind
die Götter.
HOFFMEIER
Und die Welt verändern nach unserm edlen Belieben.
CHOR
Wir sind die Größten, wir sind die Himmlischen, wir sind
die Götter.
PROKNE
Und jedwedem, das ist, verordnen, wie es zu sein hat.
CHOR
Wir sind die Größten, wir sind die Himmlischen, wir sind
die Götter.
HOFFMEIER
Auf! denn sowie ihr nicht säumt, erglänzet die Stunde des
Handelns.
ALLE
Wir sind die Größten, wir sind die Himmlischen, wir sind
die Götter.

*Chor, Hoffmeier auf den Schultern, unter Proknes Führung ab.
Zurück bleibt Liebinger.*

5

LIEBINGER Philomele! Philomele, mein Zuckerkehlchen,
willst du nicht herauskommen? *Philomele guckt aus dem Busch.*
Vernimm denn: aus Liebe zu dir habe ich beschlossen, dir
zu verzeihen. *Philomele ab.* Mißverstehe mich nicht. Ich
meine, wir wollen tun, als ob nichts vorgefallen sei, und
frisch von vorn anfangen. *Philomele guckt aus dem Busch.* Ver-

gessen und begraben, nein, du Scheue, verstecke dich doch nicht wieder. Ich bitte dich ja um Verzeihung. *Philomele erscheint und nähert sich zögernd.* O Philomele, die du die Flöte bläst wie zehn zusammen nicht, o Trillerfertigste, Wonneauslösende, wie konnte ich dich nur kränken, sieh her, ich liebe dich ja so.

Tereus

TEREUS Ein Sterblicher! Er nähert sich der Grenze; unsere Pflicht ist, ihn der Kritik zu unterziehen. Ich ersuche euch, unterbrecht, was ihr vorhattet. Wir beide wollen uns verstecken, ich hinter dem Felsen und du im Busch, aber Philomele soll bleiben und singen und sein Vertrauen gewinnen; denn unsere bürgernahe Sache greift ungern zur Gewalt und nur, wenn Störrischkeit sie uns aufzwingt. In den Busch, Freund.

X. John

LIEBINGER In den Busch, ohne Philomele?
PHILOMELE Ich singe ja allein für dich.
LIEBINGER Du Rose unter den Vögeln.
TEREUS Abschied genommen, er ist da. *Tereus und Liebinger ab.*
PHILOMELE Itu itu itu.
X. JOHN Geschafft, an diesem unwegsamen Ort beginnt das Ufer des Himmels.
LIEBINGER *wispert aus dem Busch* Verschlingt er sie mit seinen Blicken?
TEREUS *wispert aus dem Felsen* Er traut sich noch nicht.
PHILOMELE Itu itu.
X. JOHN Ich will neben diesem Singvogel niedersitzen und mein Marschbrot verzehren und danach diese allerletzte Schwierigkeit überwinden.
LIEBINGER Er muß unrettbar verkalkt sein.
TEREUS Verlegenheit macht ihn unfähig.

PHILOMELE

> Zu des Himmels Feuersaume,
> Zu des Dunstes blauem Runde,
> Zu der Sterne Kuppelraume
> Send ich meiner Liebe Kunde.
> Wag es, Herz, durchbrich die Hülle,
> Die dich noch befangen hält.
> Eines Busens Überfülle
> Füllet eine ganze Welt.

> Von des Hains erwärmter Kühle
> Zum Gewölk, dem schluchtenreichen,
> Alles fühlet, wie ich fühle,
> Alles, will dem Glücke gleichen.
> Wag es, Herz, dann tönt die Stille,
> Singt der Felsen auf dem Feld.
> Eines Busens Überfülle
> Füllet eine ganze Welt.

6

X. JOHN Ein köstlicher Genuß. Eine Käsebemme, wenn sie zwar nicht die Vollkommenheit ist, aber sie ist doch ein Vorgeschmack. Wohlan, auf zu den Unsterblichen.

TEREUS *tritt hervor* Halt, stehen geblieben. Wohin?

X. JOHN Zu den Göttern.

TEREUS Also ins Vogelreich?

X. JOHN Nicht doch, Herr. Ins Reich des Zeus.

TEREUS Zeus ist passé, man hat jetzt Hoffmeier. Name?

X. JOHN Mein Name ist John, X. John, Schornsteinfegermeister aus Grimma, zu verzollen drei Kaffeebohnen, mein Reisezweck ist, mit Zeus' Gattin Hera in ein näheres Verständnis zu treten.

TEREUS Falsch. Antworten Sie auf meine Frage.

X. JOHN Ich habe auf Ihre Frage geantwortet, und auf mehr.

TEREUS Mehr ist falsch. Name?

X. JOHN John.

TEREUS Vorname?

X. JOHN X.

TEREUS X?

X. JOHN X.

TEREUS Wie Xaver?

X. JOHN Genau.

TEREUS Also John, Xaver.

X. JOHN Nein, nein, Xaver ist nicht mein Vorname. Einfach X.

TEREUS Also X. John?

X. JOHN Ja, wie Xaver.

TEREUS Geburtsort?

X. JOHN Grimma.

TEREUS Wohnort?

X. JOHN Grimma.

TEREUS Sterbeort?

X. JOHN Grimma.

TEREUS Aber Sie leben noch?

X. JOHN Was man so nennt.

TEREUS Zollpflichtige Gegenstände?

X. JOHN Drei Kaffeebehnen. Sie werden sich über die hohe Anzahl wundern, aber ich trinke meinen Kaffee sehr stark, und ich rechne mit einem längeren Aufenthalt.

TEREUS Auspacken. *X. John wickelt die einzeln verpackten Kaffeebohnen aus.* Gut, das ist zollfrei. Wir sind keine Unmenschen, ich will sagen, Unmenschen, das ist genau, was wir sind. Wir sind keine Unvögel, bei uns ist alles zollfrei, ausgenommen Gedanken. Woran denken Sie?

X. JOHN Die Frage geniert mich, sie zielt auf Entblößung meiner Leidenschaft.

TEREUS Nein, Ihr Reisezweck?

X. JOHN Hier muß man alles zwei Mal sagen.

TEREUS Das ist um unserer Zuschauer willen, sie lachen immer erst beim zweiten Hören. Reisezweck?

X. JOHN Nu, Hera bumsen.

TEREUS Sehen Sie, jetzt wird gelacht. – Also ausgerechnet die Gemahlin des Zeus haben Sie sich für Ihr Abenteuer in den Kopf gesetzt?

X. JOHN Für meine Liebe.

TEREUS Kennen Sie sie überhaupt?

X. JOHN Aus Grimma.

TEREUS Aus Grimma?

X. JOHN Sie schwebte einmal, als ich den Schornstein der dortigen Tütenfabrik fegte, an mir vorüber, und ich habe eine Ahnung von ihr erwischt.

TEREUS Eine Ahnung? Welches war die Substanz dieser Ahnung, ein Duft oder ein Tropfen?

X. JOHN Wie unzärtlich. Es war ein Schimmer, also eine Art Anblick.

TEREUS Wie sah sie aus?

X. JOHN Vollkommen.

TEREUS Verstehe nicht.

X. JOHN Eben unvergleichlich. Ganz anders als die Weiber heutzulande.

TEREUS Heutzulande?

X. JOHN Hierzutage.

TEREUS Beschreiben Sie Einzelheiten.

X. JOHN Nun, die Stirn, die Augen, ganz im vollkommenen Geschmack. Hiernach der Nacken, der Hals, die Schulter, ebenfalls völlig im vollkommenen Geschmack, nun verstehen Sie schon.

TEREUS Vollkommen.

X. JOHN Ja, unter dem Vollkommenen mache ich es nicht mehr.

TEREUS Wie alt, glauben Sie, daß Hera ist?

X. JOHN Jung, nicht alt. Jung. Meiner Ahnung nach so um 27.

TEREUS Ha.

X. JOHN Nicht?

TEREUS Hera ist mindestens unendlich mal 27 Jahre alt.

X. JOHN Ja, das ist gerade das richtige Alter. Wenn sie erst unendlich mal 30 sind, dann sind sie nichts mehr für mich.

TEREUS Sie wollen keine Vernunft annehmen. Haben Sie nicht die reizende junge Dame neben sich wahrgenommen?

X. JOHN Nein.

TEREUS Wie beurteilen Sie ihren Gesang?

X. JOHN Hübsch. Das ist hübsch, wenn die halbwüchsigen Dinger sich so mit Trällereien austoben, ehrlich, ich mag das. Kennen Sie dieses andere hübsche Lied, Sing Sachse sing? Das ist auch hübsch.

TEREUS Nein, aber sagen Sie, und ihre Hinterbacken?

X. JOHN Sind Sie der Bräutigam?

TEREUS Der Herr dort im Busch ist ihr Bräutigam.

X. JOHN Ihre Hinterbacken sind reizend.

TEREUS Freilich er schläft niemals mit ihr.

X. JOHN *zu Liebinger* Unter uns, viel versäumen Sie da nicht.

TEREUS Ich schlafe mit ihr.

X. JOHN Mein Wort, Herr, für jeden, der keine Ahnung von Hera hat, ist dieser Piepmatz unbedingt eine Sehenswürdigkeit.

TEREUS Noch immer Hera! Ist Ihnen nicht bekannt, was Ihnen bei Hera blüht?

X. JOHN Ist es bekannt?

TEREUS Es ist. Es hat schon einer vor Ihnen versucht, mit ihr vertraulich zu werden, Name tut nichts zur Sache, ich kann selbst kein Griechisch. Es ist ihm übel bekommen.

X. JOHN Wollte sie nicht?

TEREUS Zeus wollte nicht.

X. JOHN Was geht das den an?

TEREUS Erlauben Sie, er ist mit ihr verheiratet.

X. JOHN Nu?

TEREUS Er ist rasend vor Eifersucht.

X. JOHN Sie spaßen. Er hat doch gar keine Zeit für seine Frau, bei all den Nymphen und Mausis und Prinzessinnen.

TEREUS Deshalb gestattet er doch keinem, seine Frau zu versuchen.

X. JOHN Deshalb nicht? Ja, das Männerherz ist ein rätselhaftes Wesen.

TEREUS Jenen besagten Herrn, Ihren Vorgänger, überlistete Zeus wie folgt. Er bildete in seinen großverschlossenen Sälen eine Wolke, die ohne die mindeste Abweichung Hera glich.

X. JOHN Eine Wolke?

TEREUS Als jener nun die Wolke, die ihm sehr gefällig entgegenkam, umarmte, überraschte ihn Zeus ...

X. JOHN Der umarmte die Wolke?

TEREUS Er hielt sie für Hera.

X. JOHN Lieber Herr, das ist Unsinn. Eine Wolke kann keiner Göttin gleichen.

TEREUS Nun, eine Wolke, immerhin ist sie weich und von rundlichen Formen.

X. JOHN Weich, aber nicht auf die richtige Weise.

TEREUS Wenn man sie drückt, wird sie sogleich feucht.

X. JOHN Aber anders.

TEREUS Lassen Sie mich nicht ausreden?

X. JOHN Selbstverständlich.

TEREUS Zeus ergriff den des nebenirrenden Beischlafs Überführten und fesselte ihn an ein geflügeltes Rad, auf welchem Martergerät er noch heute am Himmel rundum gewälzt wird.

X. JOHN Was macht er, schreit er?

TEREUS Er schreit nicht.

X. JOHN Keiner schreit, nachdem er Hera besessen hat.

TEREUS Haben Sie nicht kapiert, es war eine Wolke.

X. JOHN Die aussah wie Hera?

TEREUS Bis in die letzte Falte.

X. JOHN Nun, wo liegt dann der Unterschied?

TEREUS Darin, daß alles bloß Dampf und eine süße Lüge ist.

X. JOHN Kann er das wissen?

TEREUS Zens hat es ihm selbst gesagt.

X. JOHN Kann Zeus das wissen?

TEREUS Er doch am besten.

X. JOHN Wirklich? Die Wolke war Heras Ebenbild, in allem. Könnte nicht sein, daß Hera dem Zeus bloß eingeredet hat, es habe statt ihrer die Wolke in seinem vielerfreuten Bette gelegen, um eine Erklärung zu finden, woher der Mann seine unveröffentlichten Kenntnisse ihrer allerhöchstvollkommenen Erscheinung herhatte?

TEREUS Ah, X. John, Muster der Undankbarkeit!

X. JOHN Sie, jetzt werden Sie grob.

TEREUS Ich warne Sie doch vor einem furchtbaren Schicksal! Wollen Sie denn auch auf ein Rad?

X. JOHN Wenn ich muß, will ich. Man wird mir, wenn ich so

gemütlich am Firmament dahinrolle, nie beweisen können, daß der niedliche Gegenstand meiner Erinnerungen nicht Hera, sondern ein Nebel von ihr war, und dem Zeus kann es auch keiner beweisen. – Ich bitte Sie, mir den Weg freizugeben.

TEREUS Verweigert.

X. JOHN Hören Sie, Sie müssen.

TEREUS Verweigert.

X. JOHN Sie vermögen nichts gegen die ewigen Naturgesetze, und deren ewigstes ist die Anziehungskraft des Himmels.

TEREUS Verweigert. Der Übergang ist geschlossen.

X. JOHN Weshalb haben Sie mich dann all diese vielen Sachen gefragt?

TEREUS Es ist Ihr Recht, mein Herr, nach dem allem gefragt zu werden.

X. JOHN Ich danke Ihnen, mein Herr.

TEREUS Keine Ursache.

X. JOHN Ich kehre dann also um.

TEREUS Es wäre gewiß das Richtigste.

X. JOHN *zu den Zuschauern* Ich nehme dann doch eben den Weg über meinen alten Tütenfabrikschlot in Grimma, ich hatte diese umständlichere Route hier ohnehin nur gewählt, weil ich mir bei Hera einen Vorteil davon versprach, mich in meiner Sonntagsuniform vorzustellen. *Ab.*

Liebinger kommt heraus.

LIEBINGER Unser erster Triumph. Ich beglückwünsche dich.

TEREUS Ja, ich übertrage dir die Ehre, nach Wolkenkuckucksheim zu eilen und diese rühmlichste Nachricht zu überbringen.

LIEBINGER Ich fliege, nun ja, oder besser, ich laufe. Mein Arzt hat mir geraten, kurze Strecken zu Fuß abzumachen. *Ab.*

TEREUS Wohlan, Nachtigall, mein Täubchen. In den Busch. *Ab.*

7

PARABASE

Chor

CHOR

Ihr da, da oben, länger schon peinlich uns,
Der Torheit heilig, dem Wahn verehrenswert,
Ein Ende nun mit eurer federlosen
Nacktheit, vor der wir uns schämen sollen.
Höheres nimmer ist als der Fink. Im Wipfel
Wippt er des Baums, und keineswegs fehlts ihm an Weit-
    sicht.
Alles sorgsam Gedachte weicht der erlebten Wahrheit
Seines schlichten Piep-Piep, sie macht es entbehrlich.
Nieder den Weg drum euch zur Erde verweigernd,
Bringen wir leicht aus dem Gespräch euch. Schluß mit
Dauerndem Anspruch, grenzlosem Drang und
Hoher Bemühung.
Und wir sperrn euch der Opfer ernährenden Rauch
Und den labenden Trank der Gebete
Und fressen selbst, was euch zugedacht,
Und scheißen euch in die Tempel.

Prokne

PROKNE

Ihr dort unten indes, die Reihe ist
An euch schon, ihr seid nicht vergessen.
Drum vernehmt, was wir künden, kralligen Munds,
Kopfruckend und brustherausschiebend.
Athen ist unterworfen hiermit
Dem erleuchteten Willen der Vögel.
Eure Einrichtung, Eingerichtete,
Ist schlagartig aufgehoben.
Und nichts ja verlangen wir, als wonach
Euch selbst zu verlangen geziemte.

Unser Drohen ist Wohltat, unser Befehl
Euer besserbegriffener Nutzen.
Zum Beispiel, wer weiß nicht, daß Fliegen viel
Geschickter als Gehn ist? 's ist schneller
Und erübrigt die Mühe, im Nachhinein
Die empfindlichen Füße zu waschen.
In Erwägung dessen ordnen wir an,
Daß ein jeder zu fliegen vermöge
Von den attischen Bürgern. Gebt acht, es gilt
Für jeden, wie er hier dasitzt.

CHOR

Aber zur Probe, ob er es redlich meint
Mit unsrer Sache, der himmelstürmenden,
Soll jeglicher im Busen Zweifelhafte
Freudig der Kugel des Turms entsteigen.
Fliegt er davon, erwiesner Maßen dann denkt er,
Wie er soll, und mag, ein Gerechter, entschweben,
Heim zur kluckenden Hausfrau oder, beliebts ihm, nicht
    heim,
Zum durchgurreten Nest der sanfteren Freundin.
Trotzt er indes, stürzt, der Verstockte, vornab und
Wie ein Sack in den rußigen Spreefluß: weh ihm,
Bricht er den Hals nicht! Ungerupft nimmer
Geht er von dannen.
Seine schlechte Gesinnung ist scheußlich heraus:
Ein Gegner. Auf hundert Minuten
Verschärfte Bratpfanne lautet der Spruch
Des mildefühlenden Volkes.

DRITTER AKT

1

Prometheus

PROMETHEUS
Prometheus bin ich, Kronos' Bruder, ein Titan.
War lang vor Zeus, älter als der und würdiger.
Als ich zu Zeus hielt, die Voraussicht lenkte mich
Von seinem Siege über Kronos. Aber jetzt
Im Voraus seh die Götterherrschaft wanken ich,
Und Neues schon ist gegenwärtig mir. Ich geh
Zum Hoffmeier. Hier wohnt er.
Ruft leise   Hoffmeier.
HOFFMEIER *drinnen*   Komme ja.
PROMETHEUS
Doch furchtbar werden, dies auch ist vorauszusehn,
Die Kämpfe toben. Ehe die entschieden sind,
Will ich mich offen nimmermehr entscheiden. Drum
Verhüll ich klüglich mein Gesicht mit einem Schal
Und täusche Zeus' allüberblickend Späheraug
Mit einem Regendache. *Tut es.* So zu handeln ist
Voraussichtlich das beste.
Ruft leise   Hoffmeier.
HOFFMEIER *drinnen*   Komme ja.

2

Hoffmeier

PROMETHEUS
Was säumst du, Mensch, mißachtend meinen Donnerruf?
HOFFMEIER
Ich stand am Kochherd. Ein paar Vögel buk ich mir

Zum Schmaus mit Käse, reichlich in Olivenöl.
PROMETHEUS
Was denn, Vögel?
HOFFMEIER
Verächter nur der Vogelfreiheit. Doch was gibts?
PROMETHEUS
Bevor ich rede: sind wir hier auch unbelauscht?
HOFFMEIER
Ich selbst ja höre kaum dein Flüstern. Sprich getrost.
PROMETHEUS
Kein Wort, für Ungestörtheit bürgtest du mir denn.
HOFFMEIER
Der Chor ist fern, der mückenflugverfolgende.
PROMETHEUS
Doch Zeus? Bedeckt er seinen Himmel? Klart er auf?
HOFFMEIER
Umständlich, schiefen Halses fragst du.
PROMETHEUS   Leider oft
Über die Schulter blicken muß der Wagende.
HOFFMEIER
Wie heißt du denn?
PROMETHEUS   Den Feuerbringer nennt man mich.
HOFFMEIER
Ja, der Prometheus.
PROMETHEUS   Keine Namen!
HOFFMEIER   Komm ins Haus.
PROMETHEUS
Nein, Wände haben Ohren. Hören darf kein Ohr
Als deins, was heimlich ich als Freund zu melden kam:
Aufs höchste steht der Himmelsgötter Schar ergrimmt,
Zum Schlag ausholend gegen deinen Vogelstaat.
HOFFMEIER
Warum verrätst du jene, wo du Gastrecht hast?
PROMETHEUS
Uralter Feind den Göttern bin ich.
HOFFMEIER   Schwörst du das?
PROMETHEUS
Ha! bei den Göttern, die ich hasse, ich hasse sie.

HOFFMEIER
Willst du den Schwur mir leisten mit erhobner Hand?
PROMETHEUS
Ich wills, soferne du den Schirm mir überhältst.
HOFFMEIER
Wohlan, der Eide heiligsten, sprich ihn mir nach.

*Hoffmeier nimmt den Schirm, gibt ihn zurück, spricht die erste
Zeile des Eides, nimmt den Schirm; Prometheus hebt die Schwur-
hand, spricht den Vers nach, nimmt den Schirm; so unter vielen
Lazzi fort.*

HOFFMEIER UND PROMETHEUS
So wahr die alte Nacht die Mutter des Ur-Eis ist,
So wahr die Liebe dem entschlüpfte, der Nacht Geburt,
So wahr im Hades die dem Chaos sich gattete
Und ihrer Lust der Vögel ewiges Volk entsprang,
So wahr das Bier die Nieren stärkt und die Leber schwächt,
So wahr der Hund am liebsten pißt auf Bepinkeltes,
So wahr verrückt sein muß, wer jemals die Wahrheit sagt,
Ist wahr, daß ich ein Atheist bin und Vogelfreund.

3

HOFFMEIER Gut, Prometheus, ich glaube deinem Titanen-
wort, wenn du es mir schriftlich gibst.
PROMETHEUS Schriftlich, nein, das geht zu weit.
HOFFMEIER Wir verstehen uns. – Alarm, Alarm! zu den Waffen, Mitvögel, der Ernstfall ist eingetreten.

Auftritt Chor, sieht den Regenschirm.

CHOR
Wehe, es regnet. Erbarmen, es nahet die schlechte Zeit.
Ach, des Busches bewegliches Haus, erbauet für freund-
liche Tage,
Hält da nicht stand. Auf der Vielzahl der Dächer
Steigt das Unglück zu uns wie auf Treppen herab.

Durch die Wände, leider wie Türen jetzt, in die Kammer
Dringt es mitten herein, die einst heitre. All unser Treiben,
Ach, auf freundliche Tage berechnet, hält nicht stand.
Unser Gefieder, wärmend in freundlichen Tagen,
Ist durchnäßt. Wir schüttelns aus in der Nässe.
Pochen sieht man unsre fröstelnden Herzen nun.
Regen kühlt die Beeren, die roten der Berberitze
Und die schwarzen des Faulbaums, und machet Wasser uns
    kauen,
Mehr als uns lieb ist. Unsre Lieder mit
Klebenden Federn, erdacht für freundliche Tage,
Schwingen sich nimmer empor. Ach, vertrieben
Aus der schweigenden Welt das Summen des Essenswerten.
    Wehe, es regnet.
Mißgestimmt sind wir, nimmer in uns beruhigt Vögel mehr.

4

HOFFMEIER O ihr Trauervögel, was schreit ihr, kein Tropfen von einem Regen. Ihr mißversteht das Parapluie, es ist
rein politisch. *Zu Liebinger, Tereus und Prokne* Dieser ist Prometheus, er bringt bedrohliche Nachricht. Die Götter
mucken auf. Aber treten wir doch unter, des Wetters wegen.
Sie tun es. Was, o Prometheus, ist es, das sie gegen uns im
Schilde führen?
PROMETHEUS Sie haben beschlossen, den Herakles auszu-
senden und euch durch seinen Mund zur Unterwerfung zu
mahnen.

Aufspringen die Tore des Olymp und des Tartaros.

Still! sofern mein Ohr nicht trügt, höre ich ihn schon los-
gehn.
HOFFMEIER Seht nach!

*Liebinger und Tereus, jeder mit einem Halbchor, halten Ausschau;
Prokne läuft zwischen ihnen hin und her.*

LIEBINGER *hinuntersehend*
Ja, es bersten Tartaros' Höllenriegel.
Auf den Plan mit Keule und Schild, verdrossen
Blickend, tritt, der graulichen Nacht vergleichbar,
LIEBINGER, ERSTER HALBCHOR, DANN PROKNE
Herakles Heros.

TEREUS *hinaufsehend*
Die den Lenz entlässet, des Jahres Pforte,
Ja, sie tut sich auf. Von Olympos' Gipfel
Talwärts schon behendesten Fußes steigt er,
TEREUS, ZWEITER HALBCHOR, DANN PROKNE
Herakles Heros.

LIEBINGER
Was ist Haut, was Tierfell? So schweißverdreckt, so
Zottig scheint der Krieger mir wie sein Kriegskleid.
Selbst der Bestie ward, der besiegten, ähnlich
Er überm Siegen.

UND TEREUS
Aus der Leuenmähne Gelock wie Marmor
Lieblich strahlt das Angesicht. Golden überm
Jünglingsleib die Schwellungen schimmernd seiner
Göttlichen Kräfte.

PROKNE
Zweie sind der Richtungen mir insonders
Hassenswert: das Oben, nächst dem das Unten.
Dieser unerfreuliche Heros, sorg ich,
Hat mich umzingelt.

5

HOFFMEIER Halt. Ruhe. Man stimme gefälligst die Berichte
ab, ehe man sie mir vorlegt.

– Du sagst, es nahe unser Feind von unten sich?
LIEBINGER
Ich sags, und diese kann mir zeugen.
PROKNE   Ja, ich kanns.
HOFFMEIER
Du aber sagst, von oben kommend sahst du ihn?
TEREUS
Von oben, ja, und Prokne zeugt mir.
PROKNE   Ach, ich muß.
HOFFMEIER
Vermagst dies Rätsel, Rätselfreund, zu lösen du?
PROMETHEUS
Dies auch vermag ich. Nämlich als vom Opferhemd
Des Nessos, welcher, ein Erschlagner, ihn erschlug,
Der Schmerz, der knochenfressende, ins Blut ihm drang,
Bestieg den hohen Scheiterstoß der Zeussohn und
Gab endlich auf. Des Weges reisend, Philoktet
Lieh seine Fackel. Flammen schlugen um den Mann,
Der heiter im erwünschten Sterben lächelte.
Da barst der Himmel. Einer Wolke Nacht verbarg
Den Allerdulder. Herrlich zum Olympos hob
Im Viergespann, im donnerdröhnenden, empor
Der Vater, was am Herakles unsterblich war.
Sein Erdenwesen aber, das bloß Menschliche,
Das Irrtum kannte, Fehlschlag und verlorne Müh,
Ging hin, wohin sie alle gehn: zum Tartaros.
Odysseus sah ihn wandeln dort im 11. Gesang.
Und nie vor heut entließen Zeus und Hades je
Aus ihren Ewigkeiten, sich zu sehn, die zwei,
Die einmal einer waren, freilich nimmer eins.

– Übrigens, ich muß gehen, er kennt mich. *Ab. Zurück.* Zählt
auf mich. *Ab.*

6

Auftreten von oben Herakles, Gott, von unten Herakles, Schatten.

HERAKLES, GOTT
  Alles wollte ich vollbringen.
HERAKLES, SCHATTEN
  Wenig habe ich vollbracht.
HERAKLES, GOTT
  Fuhr zum Licht mit Adlers Schwingen.
HERAKLES, SCHATTEN
  Sank hinab in Hades' Nacht.
HERAKLES, GOTT
  Sehnsuchtvoll in Sternenmatten,
HERAKLES, SCHATTEN
  Sehnsuchtvoll im Pflichtentrott,
HERAKLES, GOTT
  Such ich Herakles, den Schatten,
HERAKLES, SCHATTEN
  Such ich Herakles, den Gott.

Sie wollen sich einander nähern und vollbringens nicht.

HERAKLES, GOTT, UND HERAKLES, SCHATTEN
  An dem Gifte meiner Siege
  Starb ich, meinen Zwecken fremd,
  Ach, sie legens in der Wiege
  Uns schon an, das Nessoshemd.
  Lang bevor ich auf den Latten
  Meines Scheiterhaufens sott:
HERAKLES, SCHATTEN
  Herakles, ein armer Schatten,
HERAKLES, GOTT
  Herakles, ein armer Gott.

HERAKLES, GOTT, UND HERAKLES, SCHATTEN
  Aber nun ans Geschäft. Sollte der Ort dies sein?

DIE VIER VÖGEL: HOFFMEIER, LIEBINGER, TEREUS
UND PROKNE
Ja, wo ihr nichts verloren habt.
HERAKLES, GOTT, UND HERAKLES, SCHATTEN
Nimmer schaute ich solch götterverlassnes Nest.
VÖGEL
Nimmer Lumpen wie euch man hier.
HERAKLES, GOTT, UND HERAKLES, SCHATTEN
Hört denn: euer Gepiep, Piepmätze, wundert Zeus.
VÖGEL
Uns auch wundert der Donnermatz.
HERAKLES, GOTT, UND HERAKLES, SCHATTEN
Dies hat keine Vernunft. Machet ein Ende drum.
VÖGEL
Was währt länger als Unvernunft?
HERAKLES, GOTT, UND HERAKLES, SCHATTEN
Fertig anderenfalls ist man seht schnell mit euch.
VÖGEL
Das ist gut, wenn ihr fertig seid.

HERAKLES, GOTT Genug Späße. Zwitschert nicht von den
besseren Sachen; zurück hinter eure Zäune. Luft in den
Knochen macht ja noch kein Genie.
HERAKLES, SCHATTEN Stört nicht, Hüpfende, den Gang
der wirklichen Dinge ...
HERAKLES, GOTT Und den Flug der Entwürfe ...
HERAKLES, SCHATTEN Sonst ...
HOFFMEIER Sonst? – Seht ihr, keiner kann uns an den
Kragen, kein Gott und kein Mensch.
HERAKLES, GOTT Nimm Rat an. Wenn Athene sich ernst-
lich anschickte, ihre belästigte Stadt gegen euch zu vertei-
digen ...?
HOFFMEIER Athene? Was ist Athene ohne ihre Eule?

Die Vögel schreien vor Lachen.

HERAKLES, GOTT Nun, dann Hera.
HOFFMEIER Was ist Hera ohne ihren Pfau?

Die Vögel schreien vor Lachen.

HERAKLES, GOTT Also Zeus.
HOFFMEIER Was ist Zeus ohne seinen Adler?

Die Vögel schreien vor Lachen.

HERAKLES, SCHATTEN Wohlan, so bleiben doch die Men-
    schen. Griechenland wimmelt von Heroen.
HOFFMEIER Lieber, was ist ein Held ohne seinen Vogel?

Die Vögel schreien vor Lachen.

HERAKLES, GOTT, UND HERAKLES, SCHATTEN
    So, kein Sterblicher zwingt euch und kein Himmlischer?
VÖGEL
    Keiner, weil wir ja beides sind.
HERAKLES, GOTT, UND HERAKLES, SCHATTEN
    Also wieder ein Fall, wo nur ich helfen kann.
VÖGEL
    Du nicht, Schatten, und du nicht, Gott.
HERAKLES, GOTT, UND HERAKLES, SCHATTEN
    Schatten muß ich und Gott folglich in einem sein.
VÖGEL
    Einspruch, das ist nicht ausgemacht.
HERAKLES, GOTT, UND HERAKLES, SCHATTEN
    Welterduldender und Zukunftverwandelnder.
VÖGEL
    Alles stiehlst du, was uns gehört.
HERAKLES, GOTT, UND HERAKLES, SCHATTEN
    Kehr, entfernetes Selbst, kehre denn heim in dich.
VÖGEL
    Auseinander! Nicht näher! Ai!

Herakles, Gott, und Herakles, Schatten, gehen, durch die gegen sie an-
kämpfenden Flötenspielerinnen, aufeinander zu und vereinigen sich
zu einer heroischen Person, welche in bedeutender und schöner Ruhe
die Szene füllt. Eine Kopfbewegung: Verwandlung des Vogelreiches.

Die Vögel sind wieder gemeine Gegenstände der Ornithologie, welche durcheinander laufen und zirpen und sich endlich nach den Seiten hin verziehen; Hoffmeier und Liebinger wieder zwei greise Clowns, die sich, vorn an der Rampe, an einander klammern. Nach einem letzten erhabenen Aufglänzen bricht die Herakles-Musik ab; der seltene Augenblick ist vorüber. Gott und Schatten spalten sich erneut.

HERAKLES, GOTT, UND HERAKLES, SCHATTEN
Wer bewegt des Weltalls Angel,
Wer bewirkt, daß es nicht bleibt,
Als die Unrast, die den Mangel
Zum ergänzenden Mangel treibt.
Jener Nu, da wir uns hatten,
Macht der Trennung Qual zum Spott.

HERAKLES, GOTT
Geh denn, Herakles, mein Schatten.

HERAKLES, SCHATTEN
Geh denn, Herakles, mein Gott.

Nach oben und unten ab. Aufzug Chor, von hinten.

CHOR
Beglückt, unaussprechlich beglückt,
Herrlichstes wir der Völker, traumentsprossen.
Schöner als das Abendrot, Himmels
Ziehende Zier, gewiegt von
Goldenen Lüften.

Hoffmeier und Liebinger, durch den Chor, von hinten.

HOFFMEIER UND LIEBINGER
Unser Vogeldasein, das nimmer genug gerühmte,
Laßt es uns leben, indem wir es feiern,
Feiern, indem wir es leben.

Tereus mit Philomele und Prokne, durch Hoffmeier und Liebinger, von hinten.

TEREUS

Eros, geflügelter, sei unser Festgast auch.

PHILOMELE

Itutu itu itu.

TEREUS

Ehre des Hoffmeiers, ehre des Liebingers
Wert mit Deiner seelenerfüllenden Gegenwart.

PHILOMELE

Itutu itu.

TEREUS

Prokne und Philomele, Väter, das Teuerste,
Was ich besitze, nehmt sie zum Danke hin.
Nehmt meinen Segen.

ALLE

Angefaßt nun die Spitzen der sonnendurchleuchteten Flü-
    gel
Und zum heitersten Tanz mit den Winden und Windinnen.

HOFFMEIER

Und den Braten vergeßt nicht, er
Steht in der Küche noch.

ALLE

Ja, der Braten. Mächtig nun wollen wir
Futter schütten, des Tags uns freun
Und des Regens nicht denken.

TANZ UND SCHLUSS

DAS JAHRMARKTSFEST
ZU PLUNDERSWEILERN

Nach J. W. von Goethe

ROLLEN

Herr A, als
    Ahasveros
    Prinzipal
    1. Strolch
    Silhouettenreißer
    Madame Schauer
Herr B, als
    Haman
    Mardochai
    2. Strolch
    Amtsdiener
    Bänkelsänger
    Muhme
    Schauspieler
    Magister Schievelbusch
Frau C, als
    Esther
    Schauspielerin
    Marmotte
    Gensdarm
    Jungfer Schievelbusch

Szene: Auf der leeren Bühne die Schaubude

ERSTER AKT

Strolch, besoffen.

STROLCH
Wann,
Wann,
Wann,
Wann,
Wann geht endlich die Musik los?
Haben uns in sauren Stunden
Ohnverdrossen abgeschunden,
Weil ein Anfang seinen Schluß,
Dachten wir, doch haben muß.
Wann, wann, wann, wann,
Wann, wann, wann, wann,
Wann geht endlich die Musik los?
Fertig sind die Musici,
Instrumente gleich zu Hauf,
Auch die Pauke steht allhie,
Warum haut der Mann nicht drauf?
Geht hinter die Bude, singt da weiter.
Wann geht endlich die Musik los?

Prinzipal, aus der Bude.

PRINZIPAL
Wer rast hier? Heide oder Christ?
Man vergesse nicht, wo man ist.
Hier wird gespielt Comödia,
Nämlich die Historia
Von der schönen Esther, die
Des Perserschahs Bett-Compagnie.
Die Perser wieder, wer weiß das heute?,
Waren so sonderliche Leute,
Die einst woanders groß gewesen,
Steht in der Bibel nachzulesen.

– Der Kerl ist weg?
Schaut um die Ecke.
                        Nein, wie ich sehe,
Will er nicht gern aus meiner Nähe.
– Du, Mensch, du bist am falschen Ort,
Das große Bierzelt hat man dort.
Hier sind die heiligen Regionen
Der schönerfühlenden Personen,
Die gut und schlecht wohl unterscheiden.
Könntst dir auch lassen die Haare schneiden.
– O seht, wie er verstockt geblieben,
Tät mir heraus die Zunge schieben.
Du böse Jugend! Wir waren doch
Selbst einmal vorlaut, scheutens Joch,
Sind wie der Teufel herumgesprungen
Und haben davon Erinnerungen.
Aber heute das, das drückt sich eben
Vor Arbeit und hat ein Innenleben,
Als ob der Welt ein Ende sei.
Ich geh und hol die Polizei.
Ab.

Zweiter Strolch, besoffen.

2. STROLCH
Wann,
Wann,
Wann,
Wann,
Wann geht endlich die Musik los?
Sitzt sich hier auf harten Bänken
Nicht so weich, als manche denken.
Wenn man so geduldig schwieg,
War es wegen der Musik.

Erster Strolch.

STROLCHE
Wann, wann, wann, wann,

Wann, wann, wann, wann,
Wann geht endlich die Musik los?
Prellt man uns um Ohrenlohn?
Das Entrée war doch nicht klein?
Musici, den ersten Ton,
Denn sonst fliegt der erste Stein.
Wann geht endlich ...

Schauspielerin, steckt den Kopf aus dem Vorhang.

SCHAUSPIELERIN
Still, still. Müßt fein still sein.
1. STROLCH
Schau, Görge, das feine Fräulein.
SCHAUSPIELERIN
Wollt ihr mich gleich zu Tode kränken?
Wie soll ich mich denn hineinversenken
In all die ausländischen Gefühle
Der schönen Esther, die ich spiele?
2. STROLCH
Die ist schon was Besonderes,
Sah mein Lebtag nichts Blonderes.
SCHAUSPIELERIN
So bitt ich, Andacht zu bezeigen.
Der Dienst Apolls beginnt mit Schweigen.
Ab.
1. STROLCH
Mit fremdem Klang und rarem Sinn
Spricht sie als eine Königin.
Man kann nur staunen, nichts begreifen.
Gehn wir sie in den Hintern kneifen?
Sie dringen hinter den Vorhang. Gewühl.
STIMME SCHAUSPIELERIN
Noch gefällig, noch?

Marmotte. – Das Gewühl wird stark, die Strolche fliegen, einer nach dem anderen, zur Bude heraus.

1. STROLCH

Wie sie mich graust, die welsche Dirne,
Trägt das Halsband schon auf der Stirne.
Mich ekelte, bei ihr zu liegen,
Und tät man sie mir mit Gold aufwiegen.
Strolche ab.

MARMOTTE

Ich komme schon durch manches Land
Avecque la marmotte,
Und immer ich was zu essen fand
Avecque la marmotte,
Avecque si, avecque la,
Avecque la marmotte.

Ich hab gesehn gar manchen Herrn,
Avecque la marmotte,
Der hätt die Jungfern gar zu gern,
Avecque la marmotte,
Avecque si, avecque la,
Avecque la marmotte.

Hab auch gesehn die Jungfer schön,
Avecque la marmotte,
Die täte nach mir Kleinem sehn,
Avecque la marmotte,
Avecque si, avecque la,
Avecque la marmotte.

Nun laßt mich nicht so gehn, ihr Herrn,
Avecque la marmotte,
Die Burschen essen und trinken gern,
Avecque la marmotte,
Avecque si, avecque la,
Avecque la marmotte.
Ab.

Amtsdiener, mit der Glocke.

AMTSDIENER
  Gut Ding ich bring,
  Ringelring ring.
  Es ist so klar als wie die Sonnen,
  Das Jahrmarktsfest hat anbegonnen.
  Doch schrie ich es nicht laut heraus,
  Es wüßte keiner nichts Genaus.
  's Gewerb geling,
  Gut Ding ich bring.
  Es ist ein großer Festesmorgen
  Für unsre altberühmte Stadt,
  Da sie nach Lebens Müh und Sorgen
  Nun ein paar gute Tage hat.
  Wenn Naschwerk krachet und Machandel,
  Wenn Brummholz tönet, Tanz und Lied,
  Wenn aller Handel sich und Wandel
  Herein in ihre Mauern zieht,
  Dann muß man achten um so mehr,
  Daß alles geht in Maßen her.
  Drum tut mein öffentlicher Mund
  Anitzt des Marktes Ordnung kund.
  Gilt für Groß wie Gering.
  Ringeling ling.
  Obenan am Rathausende
  Hat die Geschäftswelt ihre Stände.
  Unten auf der Lohgerberseit
  Herrscht Bierausschank und Lustbarkeit.
  Dann drüben an des Domes Schwelle
  Ist der ehrsamen Künste Stelle.
  Zigeuner bringen dort und Ringer,
  Seilgeher, Stelzer, Reifenspringer,
  Zahndoktoren und Bärenhalter
  Lehr und Gewinst für jedes Alter.
  Auch ist ein Mensch, vom Volk verehrt,
  Der die politische Lage erklärt,
  Wie Plundersweilern mit Rußland verbündet,
  Und worin die tiefe Freundschaft sich gründet.
  Doch weil der Platz vier Seiten hat,
  Hat nun hier das Gaukelvolk seine Statt,

Die, weil sie anders brotlos bleiben,
Die Verstellung als Handwerk treiben.
Sie fluchen und seufzen und schnattern und schwören,
Man hat nicht Ohren, das zu hören,
Und steht das liebe Publikum
Und sieht erstaunend auf und um,
Was all der tollen Schwärmerei
Für Anfang, Mitt und Ende sei.
Worum gilts? Was schreien sie wie besessen?
Es gilt ums Abendessen.
Das Amt weiß: 's ist kein Genuß für jeden.
Die Burschen lügen, wenn sie reden.
Verschenken tausend Stück Pistolen
Und haben nicht die Schuh zu besohlen.
Auch leider aus Mangel an Solvenz
Entsteht oft ein Hang zur Indezenz,
– Ich sags auf deutsch für Hinz und Kunzen:
Die arme Sau kennst du am Grunzen.
Doch nun sie halt nichts Rechtes können,
Wir ihnen auch ein Plätzchen gönnen.
Und wird das Ding bedenklich gar –
Es ist nur einmal Markt im Jahr.
Gut Ding ich bring,
Ringeling ling.

Schattenreißer.

SCHATTENREISSER
  He, Bruder.
AMTSDIENER
                Der bin ich nicht, verdammt.
SCHATTENREISSER
  Herr guter Freund, will sagen: Herr Amt,
  Bitt, mein Lokal mir zuzuweisen.
AMTSDIENER
  Was treibt er denn?
SCHATTENREISSER
                Tu Schatten reißen.

AMTSDIENER
Der Blitzkerl, der, eh mans gewärtigt,
Die kleinen, ähnlichen Kleckse fertigt?

SCHATTENREISSER
Der Schattenriß, er ist, mit Gunst,
Der Gipfelzweig der Bildniskunst.
Wenn ihr ein Mensch von Wichtigkeit
Und anerkanntem Einfluß seid
Und nur zu eurer Ehrenlast
Alleine das Gesicht nicht paßt,
Weil euch das bißchen Geist nicht ziert:
Bei mir – flugs seid ihr profiliert.

AMTSDIENER
Es klingt nicht übel, lieber Mann.
Doch hoff ich, er ist kein Scharlatan?

SCHATTENREISSER
Herr Amt! die neueste Malerei
Gesellt der Wissenschaft sich bei.
Hälts nicht wie einst, wo nach Belieben
Die Pinsel auf der Tafel rieben
Und hieß jede Veränderung
Der Wahrheit eine Auffassung.
Wer dürfte solches sich verstatten?
Gott wirft das Licht, der Mensch den Schatten.

AMTSDIENER
Mich freut, daß er will redlich sein.
Er stell sich vors Lukas-Lazarett.
Laß mich so am End selbst konterfein,
Hab einen Wanzenfleck überm Bett.
Ab.

SCHATTENREISSER
Seht, Leute, wie des Menschen Wesen
Aus seinem Schattenriß zu lesen.
Der Reihe fort: Zunächst im Kinn
Sitzt Entschlußkraft und Eigensinn,
Daher wir es bei Behördenanträgen
Lieber etwas abschrägen.
Hiernach im Munde ohne Lüge

Spiegeln sich die empfindsamen Züge,
Wo Lippen wie zwei Polster schwellen,
Die kleinen Götterchen sich bald einstellen.
Hiernach die Nase. Bei Mann und Weib
Hat sie Entsprechung am Unterleib,
Ich will sie für Kunden im bräutlichen
Stand gern noch verdeutlichen.
Endlich der Tempel des Geists: die Stirn.
Hinter ihr, sagt Herr Lavater, sitzt oft ein Gehirn.
So daß in einem Schatten schier
Der Elemente alle vier
Beisammen sich finden: Wille, Gefühle,
Sinnlichkeit und Verstandeskühle.
Jedoch in einem gesitteten Land
Lebt der Mensch nicht im Urzustand.
Dies wiederum erkennt man hinten.
Der Haarschwanz zeigt den Wohlgesinnten.
Vorn Jupiter und hinten Zopf,
So ründet sich ein deutscher Kopf.
Ab.

Bänkelsänger, geht im Hintergrund über die Szene.

BÄNKELSÄNGER
Ja, sogar als Bänkelsänger
Sang Rinaldo schon sein Lied.
Geld her, Leut! dann lebt ihr länger.
Wer ist Dichter? Wer Bandit?
Ab.

Prinzipal.

PRINZIPAL
Gottlob, der Strolch hat sich fortgestohlen.
Hab ihn der Staatsgewalt empfohlen.

Bänkelsänger, kommt wieder, zieht sein Bild auf.

Zwar der Gensdarm zeigt wenig Eil,
Hält lieber drüben Maulaffen feil
Bei der nackenden Meerjungfrau.
Ich nähms, sagt er, zu ernst und genau.
Soll ich die Kunst nicht ernst nehmen?
Wollt mich nicht für sie zu sterben schämen.
Wendet sich, sieht den Bänkelsänger.
Nein!
Mit einer Gebärde unaussprechlichen Schmerzes in seine Bude ab.
BÄNKELSÄNGER
Die Moritat vom Räuberhauptmann Rinaldo
Rinaldini, von Herrn Christian August von
Vulpius.

In des Waldes finstren Gründen
Und in Höhlen tief versteckt,
Ruht der Räuber allerkühnster,
Bis ihn seine Rosa weckt.

Gensdarm.

Ruht der Mensch im Pfühl der Sünden,
Bis ihn das Gewissen weckt.

Gensdarm will ab.

Und er schlägt mit Lächeln seine
Augen auf zum Morgenlicht.
Und sie schlingt ihm ihre Beine ...
Gensdarm kehrt um.
Voll Empörung ins Gesicht.

Gensdarm ab.

Draußen bellen laut die Hunde
Alles flutet hin und her.
Jeder harrt der Kampfesstunde,
Ladet doppelt sein Gewehr.

Auch der Hauptmann hat geladen,
Tritt nun näher unter sie.
Guten Morgen, Kameraden!
Sagt, was gibts denn schon so früh?

Drüben die Gensdarmen stehen,
Ziehen gegen uns heran.
Nun wohlan! sie sollen sehen,
Ob der Waldsohn fechten kann.

Laßt uns fallen oder siegen!
Alle rufen: wohl, es sei!
Heißa, wie sie ...

Gensdarm.

        ... zitternd sich verkriechen,
Denn nun naht die Obrigkeit.

Rinaldini, Sohn der Hölle,
Gensdarm ab.
Haut sich mutig kämpfend durch
Und erreicht an öder Stelle
Eine alte Felsenburg.

Zwischen hohen, düstren Mauern
Lächelt ihm der Liebe Glück.
Es vertreibet ihm das Trauern
Dianorens Zauberblick.

Rinaldini, lieber Räuber,
Raubst den Weibern Herz und Ruh.
Ach, wie schrecklich in dem Kampfe,
Wie verliebt im Schloß bist du!

Gensdarm.

Und so wird dem Laster Strafe.

Drum es besser meide du!
Ab.

Prinzipal, sieht aus dem Vorhang.

PRINZIPAL
Kann endlich aufgezogen werden?
Gensdarm gibt das Zeichen.
Wozu dann all des Bürgers Beschwerden,
Wenn ihm hochortlich doch kein Schutz
Erfließet vor dem gröbsten Schmutz?
Glaubte bis heut, Sauerei und Zoten
Seien wenigstens auch verboten.
GENSDARM
Uns stört nicht jedes, was ihn stört.
Haben sehr prüfend hingehört.
Der Mann als braver Moralist
Und gottesfürchtig befunden ist.
Beide ab.

Haman, zieht den Vorhang auf.

HAMAN
Die du mit düstrer Glut mich schauerlich begleitest,
Die Nachtgedanken füllst, des Tages Schritte leitest,
O Rache! wende nicht im letzten Augenblick
Die Hand von deinem Knecht. Heut wägt sich mein
    Geschick.
Was soll der hohe Glanz, der meinen Kopf umschwebet,
Was nützt, wenn Jedermann mir zu belieben strebet,
Was hilft, wenn mir ein Reich gebückt zu Füßen liegt,
Wenn sich ein Einziger nicht in dem Staube schmiegt?
Ich zieh an ihm vorbei mit meinem Staat und Rittern
Wohl durch des Königs Tor – er sieht nicht Grund zu
    zittern.
Er grüßt mich nicht einmal. Er hält sich auch für gut.
Und dünkt sich alt und schlau und ist doch nur ein Jud.
Ha! wie Jerusalem in Schutt und Rauch zerfallen,

Hinsinken muß dies Volk und Mardochai vor allen.
O kochte erst wie meins des Ahasveros Blut.
Das ists mit Königen, sie sind oft viel zu gut.

Ahasveros.

AHASVEROS
Ei, Haman. Bist du da?
HAMAN
                              Ich warte hier schon lange.
AHASVEROS
Du schläfst auch nie recht aus, es ist mir um dich bange.
Setzt sich.
HAMAN
Erhabenster Monarch, da deine Majestät,
Wie einem Herrn gebührt, auf Flaum und Rosen geht,
Bleibt deinem Knecht vergönnt, dem Himmel Dank zu
    sagen
Für dein so seltnes Glück, die Krone leicht zu tragen.
Dein widerborstig Volk, du lenkst es sonder Müh,
Die Kraft muß göttlich sein, von Göttern hast du sie.
Freilich, ein Sterblicher, er dürfte kaum sich trauen,
Von oben immer nur mit Lächeln herzuschauen.
AHASVEROS
O ja, was das betrifft, die Götter machens recht.
So lebt und so regiert von jeher mein Geschlecht.
Mit Schweiß hat keiner sich, was ihm gehört,
    erworben,
Und keiner ist jemals an Sorglichkeit gestorben.
HAMAN
Wie bin ich, Herrlichster, von Zorn voll und Verdruß,
Daß ich, nicht weil ich will, dein Wohlsein stören muß.
AHASVEROS
Es ist wohl deine Pflicht, mir alles, kurz, zu sagen.
HAMAN
Wo nehm ich Worte her, das Schrecknis vorzutragen?
AHASVEROS
Dann zu was anderem.

HAMAN

Die Juden, kennst du die?

AHASVEROS

Ein Volk gewiß? Wohl gar von meinen eines, wie?

HAMAN

Du gabest ihnen Ruh, sich weit und breit zu mehren
Und sich, nach ihrer Art, in deinem Land zu nähren.
Du wurdest selbst ihr Gott, als ihrer sie verließ
Und seine Prahlerei sie in Verbannung stieß.
Und dennoch danken sie dir wenig, ihrem Retter,
Verachten dein Gebot und haben ihre Götter,
So daß dein Untertan ihr schlimmes Vorbild sieht
Und dem Altar mißtraut, vor dem er sonst gern kniet.
Laß sie, so flehe ich, von ihrer Pflicht belehren,
Und wenn sie störrisch sind, durch ein Gesetz bekehren.

AHASVEROS

Mein Freund, ich lobe dich. Du sprichst nach deiner Pflicht.
Doch wies der Weibel sieht, so siehts der König nicht.
Mir ist es einerlei, wem sie die Psalmen singen,
Solang sie Arbeit tun und mir die Steuern bringen.
Ob einer persisch fühlt, ob er gar persisch denkt,
Ist stets recht ungewiß und sei zur Not geschenkt,
Ob fromm, ob unbekehrt sie bei den Weibern liegen,
Der Hauptpunkt scheint mir, daß sie tapfre Kinder kriegen.

HAMAN

Du, Herr, bist göttlich mit Gelassenheit beglückt.
Doch diese Leute, Herr, sie sind ja ganz verrückt.
Sie scheren keinen Deut sich um dein Tun und Walten
Und treiben ganz allein, was sie für richtig halten.

AHASVEROS

Du irrst dich, guter Mann. Wie könnte das geschehn?
Ein jedes muß nach mir und meinem Willen gehn.

HAMAN

Dies ist, warum ich ja dir ins Gemüte falle:
Daß sie sich selbst nur gleich und anders sind als alle.
Wo einer sitzt, verrät sein schwarzgelockter Bart,
Verrät sein Hochmut gleich die böse Sinnesart.
Ihr Gott, er ist gewiß der Ahrimann, der halbe.

Ein Gott gleicht einer Kuh doch oder einem Kalbe.
Man sieht doch, wie er lebt, man siehet, wie er frißt,
Mit einem Wort, man sieht, woran man mit ihm ist.
Ihr Gott ist unsichtbar, hat weder Herz noch Nieren.
So einer lässet sich viel schwieriger taxieren.
Sie schauen ihn allein, für uns ist er zu blaß,
Durch ihn, so glauben sie, sind sie schon wunder was.

AHASVEROS
Noch sind sie ziemlich still.

HAMAN   Doch wie, wenn sie drauf kämen,
Was tief darinnen schwärt, sich einst herauszunehmen?
In ihrer finstren Brust ist für kein Lichtes Platz,
Nicht für Ahasveros und nicht für Uramatz.

AHASVEROS
Doch sind sie, sagt man mir, zur Poesie begabt?

HAMAN
Wenn du dies glaubst, o Herr, dann hab ich Recht gehabt.
Auf Dinge, die nicht sind, geht stets der Dichter Trachten.
Wie soll man derlei Volk für zuverlässig achten?

AHASVEROS
Ach, Ängstlicher, mein Reich steht fest und wohlgefügt.

HAMAN
Das ist der Grund, weshalb ein loser Stein genügt,
Daß von dem stolzen Bau, wo jeder Ziegel nützet,
Wo, was nicht stützet, hängt, was noch nicht hänget,
    stützet,
Wo keine Stelle hat, was nicht dem Plan entspricht,
In einem großen Fall die Pracht zusammenbricht.
Ein wohlgefügter Staat kann eher Krieg und Schulden
Als einen Hauch von Kunst und gar von Dichtkunst dulden.

AHASVEROS
Dies alles ist sehr wahr, und unwahr, wie zumeist,
Weil was zu starr dasteht, sich brüchig oft erweist.
Du bist zu sehr besorgt und plagst nur meine Ohren.
Auch hab ich übrigens die Duldsamkeit beschworen.

HAMAN
Wer wagte Widerspruch, allwo ein König schwört?
Doch dies verderbte Volk, es schwatzt und wird gehört.

So lang die Ordnung steht, hat es nicht viel zu hoffen.
Es sieht den Weg des Lärms allein nur vor sich offen
Und nähret insgeheim den noch getuschten Brand.
Ein Windstoß reicht dann hin, so flammt das ganze Land.

AHASVEROS
Das ist das erste Mal nicht, daß uns dies begegnet.
Doch unsre Waffen sind durch Übermacht gesegnet.
Wir schicken unser Heer, wir feiern unsern Sieg.
Und sitzen ruhig hier, als wär da drauß kein Krieg.

Marmotte, kommt und sieht zu.

HAMAN
Ein Aufruhr, angeflammt in wenig Augenblicken,
Ist eben auch so bald durch Drangsal zu ersticken.
Allein durch Witz und Rat nährt sich Rebellion.
Vereint bestürmen sie, es wankt zuletzt der Thron.

AHASVEROS
Der kann ganz sicher stehn, so lang als ich drauf sitze.
Man weiß, wie da herab so fürchterlich ich blitze.
Die Stufen sind von Gold, die Säulen Marmorstein.
In Ewigkeiten fällt solch Wunderwerk nicht ein.

HAMAN
Ach! warum drängst du mich, dir alles zu erzählen?

AHASVEROS
So sag es grad heraus, statt mich ringsum zu quälen.
So ein Gespräch ist mir ein schlechter Zeitvertreib.

HAMAN
Ach! Herr, sie wagen sich vielleicht an deinen Leib.

AHASVEROS
Wie! was!

HAMAN   Es ist gesagt. So fließet denn, ihr Klagen.
Wer ist wohl Manns genug, um hier nicht zu verzagen?
Tief in der Hölle ward die schwarze Tat erdacht.
Dich, der der Sonne gleicht, erwartet nun die Nacht.
Vergebens, daß dich Thron und Kron und Zepter schützen.
Du sollst nicht Medien, nicht Persien mehr besitzen.
In grauser Finsternis trennt die Verräterei

Mit Vatermörderhand dein Lebensband entzwei.
Dein Blut, wofür das Blut Unzähliger geflossen,
Wird über Bett und Pfühl erbärmlich hingegossen.
Weh heulet im Palast, Weh heult durch Susans Stadt,
Und weh! wer deinem Dienst sich aufgeopfert hat.
Dein hoher Leichnam wird wie schlechtes Aas geachtet,
Und deine Treuesten, weh! sind mit hingeschlachtet.

AHASVEROS
Ach, ach, was will mir das? Mir wird ganz grün und blau.
Ich glaub, ich sterbe gleich. Geh, sag es meiner Frau.
Die Zähne schlagen mir, die Knie mir zusammen.
Mir läuft ein kalter Schweiß. Schon seh ich Blut und
    Flammen.

HAMAN
Ermanne dich.

AHASVEROS   Ach! ach!

HAMAN   Bewahre deine Ruh.

AHASVEROS
Sie morden mich, warum? Schuld bist nur wieder du.

HAMAN
Wer wahrhaft redlich denkt, du kannst ihn jetzt erkennen.

AHASVEROS
Je nun, was zauderst du? So laß sie gleich verbrennen.

HAMAN
Man muß behutsam gehn. So schnell ist keine Not.

AHASVEROS
Derweile stechen sie mich zwanzig Male tot.

HAMAN
Das wollen wir nun schon mit unsern Waffen hindern.

AHASVEROS
Ich lebte so vergnügt als unter meinen Kindern.
Mir wünschen sie den Tod? Das schmerzt mich gar zu
    sehr.

HAMAN
Und, Herr, wer einmal stirbt, der ißt und trinkt nicht mehr.

AHASVEROS
Nur still, ich bin gefaßt. Es soll dem Erdball grauen.
Geh, laß mir tausend, laß zehntausend Galgen bauen.

HAMAN

Unüberwindlicher! hier lieg ich, bitte Gnad.

Es wär ums viele Volk und um die Wälder schad.

AHASVEROS

Steh auf. Dich hat kein Mensch an Großmut überschritten.

Dich lehrt dein edles Herz, für Feinde selbst zu bitten.

Steh auf. Wie meinst du das?

HAMAN   Gar mancher Bösewicht

Ist unter diesem Volk, doch alle sind es nicht.

Und vor der Unschuld Blut muß sich dein Schwert
    behüten.

Bestrafen soll ein Fürst, nicht wie ein Tiger wüten.

Das Ungeheur, das sich mit tausend Krallen regt,

Liegt kraftlos, wenn man nur das Haupt ihm nieder-
    schlägt.

AHASVEROS

Recht wohl. So hängt das Haupt und ohne viel
    Geschwätze.

Der Kaiser sagt es so, so sagens die Gesetze.

Wer ist der Schurke, dem ich zu lebendig bin?

HAMAN

Es ist der Mardochai, der Ohm der Königin.

AHASVEROS

Ei weh, da wird sie mir kein Stündchen Ruhe lassen.

HAMAN

Ist er nur einmal tot, wird sie sich wieder fassen.

AHASVEROS

So hängt ihn denn geschwind und laßt sie nicht zu mir.

HAMAN

Wen du nicht zu dir rufst, der darf so nicht zu dir.

AHASVEROS

An Galgen fehlts. Ich war allzeit zu leicht gerühret.

HAMAN

Schon hab ich einen hier vorsorglich aufgeführet.

AHASVEROS

Und frag mich jetzt nicht mehr. Ich hab genug getan.

Befohlen hab ich es, nun gehts mich nicht mehr an.

Ab.

HAMAN

Die nächste Sonne schon sieht Mardochai geschlachtet.
Indessen Haman wächst, je mehr man ihn verachtet.
Er zieht den Vorhang zu.

Nach dem Beifall: Marmotte klatscht. Haman verbeugt sich, geht ab. Marmotte klatscht, Haman verbeugt sich, droht ihm, geht ab. Marmotte klatscht, Haman erscheint nicht mehr.

ZWEITER AKT

Marmotte. Auftritt Madame Schauer.

SCHAUER
Da liegt das allerliebste Kind,
Bin froh, daß ich ihn wiederfind.
Mit kühnem Näschen, braunen Wangen,
Mit den Rabenlocken, den langen,
Mit Wimpern fein an den Schelmenaugen,
Könnte fast für ein Mädchen taugen.
Und kommt aus dem hohen Eisgebirg
In unsern heimischen Bezirk
Mit dünnem Wämslein, nacktem Fuß,
Und wird ihm kein Willkommensgruß.
– Du, Junge.
MARMOTTE Zu Dienst.
SCHAUER Wie anheben?
Ich fühl das Herz im Busen beben.
– So hast wohl keine Mutter du?
MARMOTTE
Und keinen Vater nicht dazu.
SCHAUER
Ach, der beste Vater ist auch bloß ein Mann,
Aber Mutterhände ist Salbe dran.
So bist du wohl ein Waisenknabe?
MARMOTTE
Mein Murmeltier ist, was ich habe.
SCHAUER *umarmt ihn*
Wie muß ich innig dich bedauern.

Muhme.

MUHME
Je nun! sieh da! die Madame Schauern.
SCHAUER
Du, Junge, geh einmal bei Seit.
Wir treffen uns bei gelegner Zeit.

Gibt ihm Geld, er geht nach hinten.
– Frau Muhme, ei! so teilt sie auch
Des muntern Festes alten Brauch?
Geb sie den Arm. Wir wollen gehn,
Uns rundum tüchtig umzusehn.

MUHME

Bewahre. Ich will nicht schnippisch sein,
Aber da geh sie nur allein.
Leb ich nicht schlecht und eingezogen,
Verhäng das Fenster, schließ die Tür,
Mach ich nicht stets einen großen Bogen
Um Lebenslust und Ungebühr?
Da sollte der Gedanke schweigen,
Daß ich mich hier könnt munter zeigen.

SCHAUER

Was führt sie dann des Weges nur?

MUHME

Die Wissenschaft von der Natur.
Ließ mir berichten, man fände hier
Das wunderliche Murmeltier.
Es steht die seltne Alpenkatze
Auf kühlen Gletschers schrägem Plan,
Hält eine Kiennuß in der Tatze
Und hebt die Nas und zeigt den Zahn.
Dreht sich wohl gar im Kreis und pfeift,
Daß man sich an den Kopf greift.
Hiervon ist mir zum Ohr gedrungen.

SCHAUER *beiseite*

Sie nennt das Vieh und meint den Jungen.

MUHME

Des Anblicks tät ich mich erfreuen.

SCHAUER *beiseite*

Des lieben Buben aus Savoyen.

MUHME

Und ists nicht dorten? He, zeige dich.
Wo hast du dein Marmottel, sprich?

MARMOTTE

Im Spritzenhaus. Die Frau muß wissen,

Es hat den Herrn Amtsvorstand gebissen
Und kommt erst morgen wieder frei.

SCHAUER

Hört sie? Komm sie morgen wieder vorbei.

MUHME

Was, morgen.

SCHAUER   Hat sie nicht begriffen,
Wird weder gedreht heut noch gepfiffen.

MUHME

Und soll das Kerlchen drum Hungers leiden?
Sing mir ein Lied.
Gibt ihm Geld.

SCHAUER *gibt ihm Geld*
Nein, sing uns beiden.

MARMOTTE

Zu gütig immer. Zu splendid.
Malbrough s'en vat-en guerre. Das Lied
Erzählt, welch Ungemach der Britten
Marschall im letzten Krieg erlitten.

Malbrough der zog zu Felde,
Mironton ton ton, mirontaine,
Malbrough der zog zu Felde
Mit Eisenhut und -schuh.
– Adieu, Lady Malbrough.
Ich bin zurück im Nu.

Zu Ostern nehm ich Brüssel,
Mironton ton ton, mirontaine,
Zu Ostern nehm ich Brüssel,
Zu Pfingsten nehm ich Brest.
Das schwör ich Ihnen fest,
Falls es sich machen läßt.

Dann fing der Held zu streiten,
Mironton ton ton, mirontaine,
Dann fing der Held zu streiten
Und sie zu warten an.

Ein halbes Jahr verrann.
Wer nicht kam, war ihr Mann.

Ach, es sprengt ein müder Reiter,
Mironton ton ton, mirontaine,
Ach, es sprengt ein müder Reiter
Ins Schloß ums Abendrot.
– Mein Gatte, ist er tot?
– Nein, Madam, keine Not.

Eine Bombe der Franzosen,
Mironton ton ton, mirontaine,
Eine Bombe der Franzosen,
Wie ich selbst gesehen hab,
Verfehlt den Herzog knapp.
Und nur der Schwanz ist ab.

SCHAUER
Der Schwanz! i gitt, welch sündlich Wort.
Der Schwanz! Frau Muhme, nur schleunig fort.

*Muhme ab. Die Schauern drückt sich die Ohren zu, bleibt aber,
unbewegten Gesichts, am Platze. Schauspieler, steckt den Kopf aus
dem Vorhang.*

SCHAUSPIELER
Ruhe da draußen. Man ist zum zweiten
Actus gesonnen fortzuschreiten.
Ab.
MARMOTTE
Ruhe selber. Ruhe da drinnen,
Oder man hebe sich gleich von hinnen.

– Geblieben, ach! im Kriege,
Mironton ton ton, mirontaine,
– Geblieben, ach! im Kriege
Mein Tröster in der Nacht.
Was hat man nach der Schlacht
Mit Churchills Schwanz gemacht?

– Sein Schwanz ich sah begraben,
Mironton ton ton, mirontaine,
– Sein Schwanz, ich sah begraben,
Was an ihm sterblich war.
Die ganze Heeresschar
Bot den Salut ihm dar.

Er lag auf Englands Fahne,
Mironton ton ton, mirontaine,
Er lag auf Englands Fahne,
Ums Haupt den Lorbeerkranz.
Vier bleiche Leutenants,
Sie trugen Churchills Schwanz.

Und dumpf die Trommeln schlugen,
Mironton ton ton, mirontaine,
Und dumpf die Trommeln schlugen
Den Trauermarsch dazu.
So ging zur letzten Ruh
Das Glied vom Stamm Malbrough.

SCHAUER
Zu nett. Doch rasch nach Hause itzt,
Wo man ganz anders beisammen sitzt.
MARMOTTE
Doch werde ich Monsieur nicht stören?
SCHAUER
Schauer wird froh sein, dich zu hören.

Muhme, am Rand der Szene.

MUHME
Die Vettel hat mich angeschmiert.
Wie sie die Unschuld karessiert.
Wird ihn gar auf Kontrakt verpflichten,
Das Murmeltier ihr abzurichten.
SCHAUER
Will erst ein Süppchen dir auftragen.

MUHME
Gehts nicht zu Herzen, so gehts in Magen.

SCHAUER
Mit Fleisch und Knochen, wies gebührt,
Doch auch mit Liebe angerührt,
Als ob Gott Amor gekocht den Schmaus.

MUHME
Da nimmt er wohl gern das Löfflein raus.

SCHAUER
Auch, derweil dir das Maul tut wässern,
Wollt ich dir die Hose ausbessern.

MUHME *kommt*
Madame ist heute übergnädig.
Ist der Herr bereits des Beinkleids ledig?

SCHAUER
Sie hier? Wo man so Schlechtes singt?

MUHME
Das Kind ahnt kaum, was es vorbringt.
Der angelernte Schmutz, im Grunde
Fließts ihm wie Engelssang vom Munde.
Ihm fehlt nur tugendlicher Einfluß.

SCHAUER
Den sie auf ihn wohl üben muß?

MUHME
Warum nicht?

SCHAUER   Und will ihn geistlich erquicken?

MUHME
Wer möcht sich hierzu besser schicken
Als eine Frau, die für unbescholten
Ein braves Leben lang gegolten
Und bürgt von Stand und Alter her,
Daß alles geht in Zucht und Ehr?

SCHAUER
Sie spricht zum Weinen, so erbaulich.

MUHME
Der Fratz! er tut mir schon ganz vertraulich.
Das arme Seelchen, wohnt es gleich
Im Finstern, schmeckt das Himmelreich.

Gibt ihm Geld.

Bist du nicht satt, herumzutreiben?

MARMOTTE

Könnt mir schon vorstelln, im Ort zu bleiben.

SCHAUER *gibt ihm Geld*

Hast nicht auf Bier und Braten Lust?

MARMOTTE

Sind kalte Nächte im August.

MUHME *gibt ihm Geld*

Liegst lieber christlich warm zu Bette
Als auf Heu und Moos, ich wette?

MARMOTTE

Bett ist Bett und wär mir recht,
Auf Heu und Moos liegts sich gar schlecht.

SCHAUER *gibt ihm Geld*

Spürst gern einmal eine weibliche Hand?

MARMOTTE

Die Damen habens wohl erkannt.
Sah jüngst ein Mädchen Milch verkaufen,
An Brust und Wade angenehm,
Die sprach: wenn beim die Straße laufen
Ich an des Fleckens Meile käm,
– Müßt mich von großen Höfen trennen –,
So könnt ich in der Weiden Grün
Ein Häuschen sehn, 's wär zu erkennen
An Kletterrosen, die dran blühn.
Und könnt, sagt sie, das Fensterlein
Um einen Spalt weit offen sein,
Und wär vielleicht ein Winterquartier
Für Marmotte und sein Murmeltier.

MUHME

O wie verdorben!

SCHAUER   Wie gemein!

MARMOTTE

Soll aber mein Geld verdient sein.
Ein ander Lied, ein neuer Spaß.

BEIDE

Pfui pfui!

Drücken sich die Ohren zu.
MARMOTTE
   Bitt aber die Damen, daß
Derweil sie schon nicht hören wollen,
Sie mir beim Kehrreim helfen sollen.
Er singt. Die Frauen mit zugehaltenen Ohren und unbewegtem
Gesicht, singen aber den Refrain mit.

Fünfzig Mädchen aus Rochelle
Machten einst ein Schlachtschiff klar.
Hatten Schenkel, weiß und schnelle,
Unterm Hemd noch kaum ein Haar.
Ah, la feuille, s'en vole, s'en vole,
Ah, la feuille s'en vole au vent.
Als am Quai die Wogen verebbten,
Stach in See die muntre Schar.
Eine wählten sie zum Käptn,
Eine, die schon fünfzehn war.

Wir, so haben sie gesprochen,
Sind zufrieden ohne Mann.
Doch bereits nach sieben Wochen
Fing ihr Arsch zu kochen an.
Ah, la feuille, s'en vole, s'en vole,
Ah, la feuille s'en vole au vent.
Endlich kam die Straße gefahren
Eine Karavelle dann
Voll der reizendsten Korsaren,
Die ein Mensch sich denken kann.

Auf dem Schlachtschiff aus Rochelle
Ward zum Entern gleich geflaggt.
Jede hat sich auf der Stelle
Einen süßen Feind gepackt.
Ah, la feuille, s'en vole, s'en vole,
Ah, la feuille s'en vole au vent.
Bei des Vollmonds silbernem Scheinen
Lagen sie, so jung und nackt,

Und mit weitgespreizten Beinen
Fühlten sie den Rudertakt.

Diese Nacht ward nicht gesegelt,
Diese Nacht ward nicht gefischt,
Diese Nacht ward nur gevögelt,
Manns und Weibes Fleisch vermischt.
Ah, la feuille, s'en vole, s'en vole,
Ah, la feuille s'en vole au vent.
Morgens dann setzt die Karavelle
Ihren Weg fort durch die Gischt,
Und die Mädchen aus Rochelle
Sangen, wunderbar erfrischt:

Kam die Unschuld mir abhanden,
Mitten auf dem Weltenmeer.
Dreh dich, Wind, und laß mich landen,
Ob der Freund mir wiederkehr.

Alle ab. Zurück kommt Madame Schauer.

SCHAUER
    Wenn euch der Possen zum Lachen scheint,
    Ist nicht so lustig, als ihr meint.
    Ein altes Weib hat keinen Mann.
    Ihr kommt auch dran.
    Ab.

Esther und Mardochai, ziehen den Vorhang auf.

MARDOCHAI
    O greuliches Geschick! o schreckensvoller Schluß!
    O Jammer, den dir heut mein Mund verkünden muß.
    Ein Rabe, nah ich dir. Nacht kündet mein Erscheinen.
ESTHER
    So krächze deinen Spruch und hör nur auf zu weinen.
MARDOCHAI
    Hü hü! es hälts mein Herz, hü hü! es hälts nicht aus.

ESTHER

Geh, weine dich erst satt, sonst bringst du nichts heraus.

MARDOCHAI

Hü, hü! es wird mir noch, hü hü! das Herz zersprengen.

ESTHER

Was gibts denn?

MARDOCHAI   U hu hu! ich soll bis Morgen hängen.

ESTHER

Ei, was du sagst, mein Freund. Und ist kein Zweifel mehr?

MARDOCHAI

Ich hab es frisch, hü hü! und von der Quelle her.
Es steht schon alles fest. Allein ob ich erschossen
Oder gehängt sein muß, das ist noch nicht beschlossen.

ESTHER

Das ist sehr dumm, mein Freund.

MARDOCHAI   Du sagst es, Königin.
Mir schien in deiner Gunst, daß ich da sicher bin
Vor des Tyrannen Wut.

ESTHER   Kein Wort auf meinen Gatten.

MARDOCHAI

Das Schicksal klag ich an, den König trifft kein Schatten.
Nicht darf der Glückliche dem schönsten Tage traun,
Er kann sein Haus so gut auf Sand als Felsen baun.

ESTHER

Wer trieb zu solchem Zorn den König und Gebieter?

MARDOCHAI

Wer schon? der Haman wars, der böse Agatiter.
Er hat mich angeschwärzt, weil er auch Verse macht,
Worüber alle Welt, und das aus Gründen, lacht.

ESTHER

Doch welcher Schuld?

MARDOCHAI   Ich sah ihn in dem Torweg gehen
Und grüßt ihn nicht, das heißt, ich hab ihn nicht gesehen.
Denn meine Augen, hü! du weißt es ja, mein Kind,
Sind von den Jahren schwach, ich bin beinahe blind.
Hü hü! man hängt den Mann, zu strafen seine Äugen.

ESTHER

Du siehst schon, wo du willst. Du wolltest dich nicht beugen.

MARDOCHAI

Was denn, ich grauer Mensch vor diesem jungen Spund?

ESTHER

Er ist der Mächtigste nach Ahasver.

MARDOCHAI   Na und?

Mein Kopf ist viel zu voll, ihn müßig anzustrengen.

Was will der Mann von mir? Was kann er denn?

ESTHER   Dich hängen.

MARDOCHAI

Gut. Aber das ist Nichts.

ESTHER   Macht Nichts, daß du so schreist?

MARDOCHAI

Als ob Gebrauch von Kraft Vorhandensein beweist.

Ich weiß doch, wie ers treibt auf seinem hohen Stuhle.

Die Wollust ist sein Gott, das Laster seine Schule.

Von Segeln überdacht, die man am Scharlachband

In weiß und blauer Farb durch Silberringe spannt,

Sitzt er mit blöder Stirn, umspeichelt von den Gästen,

Und gähnt und fühlt sich wohl bei diesen Gartenfesten.

Nein, nein, der Mann ist Nichts. Er praßt und säuft und
    kebst.

ESTHER

Und doch in seinem Plan beruht, wie lang du lebst.

MARDOCHAI

Hü hü! er bringt mich um. Ich wollte, mir gelängen

Noch schlechtre Reim' als ihm: dann könnte ich ihn
    hängen.

Doch nimmer bring ichs so. Drum wenn mir beizustehn,

Du nicht zum König eilst, so ists um mich geschehn.

ESTHER

Die Bitte, armer Mann, kann ich dir nicht gewähren.

Man kommt zum König nicht, er muß es erst begehren.

Tritt einer unverlangt dem König vors Gesicht.

Du weißt, der Tod steht drauf. Es ist dein Ernst wohl nicht.

MARDOCHAI

O Unvergleichliche, du hast fast nichts zu wagen.

Wer deine Schönheit sieht, was kann der dir versagen?

Und im Gesetz wohl sind die Strafen nur gehäuft,

Weil man sonst allzu grob den König überläuft.
So geh und schnell. Man tut mir vorher was zu Leide.
ESTHER
Je nun, was hülf es dir? Wir stürben alle beide.
MARDOCHAI
Du liebst doch deinen Ohm?
ESTHER   Ich liebe ihn, doch mehr,
Das muß ich schon gestehn, fürcht ich den Ahasver.
MARDOCHAI
Erhalte meinen Wert der Welt und meine Ehre.
ESTHER
Von Herzen gern, wenns nur nicht so gefährlich wäre.
MARDOCHAI
So fehlt zur schönen Tat dir die Begeisterung?
ESTHER
Du, Ohm, bist schon so alt, ich noch so blühend jung.
MARDOCHAI
Dein Leben überhaupt, wem hast du es zu danken?
Den, der dich säugte, willst du den zu retten wanken?
Mein Wissen gab ich gern, da bist du mir nichts schuld.
Doch unerschwinglich hoch berechn' ich die Geduld.
Die Unart wohnt im Kind, auch dem wohlangelegten.
Ein Hang nach unten ziehts zum Schmutz und zu den
        Mägden.
Du bist nun sanft und klug und dankst es der Natur
Und liebtest doch als Kind fast das Verbrechen nur.
Erinnre dich, zu dir gab ich dir das Geleite.
Und nun erinnre dich, wie dein Gemahl dich freite.
Der König braucht ein Weib. Und fürstlich kurzer Hand
Treibt er die Jungfern ein im ganzen Perserland.
Der Kämmrer sieht sie durch, ein Teil geht gleich
        zurücke,
Entgegen bangt der Rest dem ungewissen Glücke.
Man badet sie ein Jahr, sie leiden oft an Grind,
Und dann versucht er sie, sobald sie sauber sind.
Durch wen, wenn nicht durch mich, gelangtest du zum
        Preise?
Es sind so viele schön. Du einzig warest weise.

Und Weisheit an der Frau macht stets den Mann geneigt.
Er ahnt und ehret sie, so lang sie sie nicht zeigt.

ESTHER
In tiefer Dankbarkeit will ich mein Glück genießen.
Ich pfleg dir auch das Grab und will es immer gießen.

MARDOCHAI
Ach ach! ist das ein Graus und eine Sterbensnot.
Ach ach! man lebt nicht gern so kurz vor seinem Tod.
Und sieht sein Haupt vor sich: Es hänget dort dem Regen,
Dem glühnden Sonnenschein und bittern Schnee entge-
gen.
Dort nascht geschäftig mir ein Rabe und sein Weib
Weil sie am Leben sind, das schöne Fett vom Leib.
Dort schlagen ausgedörrt zuletzt die weißen Glieder
Von jedem leichten Wind und klappern hin und wieder.

ESTHER
Geht ein Gerechter so mit Lärm ins Jenseits ein?

MARDOCHAI
Ich bin verfolgt. Muß ich drum auch gleich edel sein?

ESTHER
Nun denn, so wollte ich ...

MARDOCHAI   Du willst! Mir rinnt die Zähre.
Was willst du?

ESTHER   Ach, ich wollt, daß alles anders wäre.

MARDOCHAI
Wohl, ich verlasse dich, wenn dich mein Schmerz verdrießt.
Beiseite
Ein starkes Herz sich gern mit sich allein entschließt.
Ab. Kommt zurück
Nicht wahr, du gehst doch hin?

ESTHER   Ich muß es überdenken.

MARDOCHAI
Ich scheide denn. Leb wohl.
Ab. Zurück   Du läßt mich doch nicht henken?
Ab.

ESTHER
Am besten seh ich gleich, was mir im Zwielicht winkt,
Und hab es hinter mir.

MARDOCHAI *zurück*   Ei, wie denn? ungeschminkt?
Das wäre Frevel fast, fast schlimmer noch als Fliehen,
So nackt und waffenlos in heiligen Krieg zu ziehen.
Nein, schmück mit Myrrhenduft und guter Spezerei
Den Leib. Dir bleibt die Nacht, sie ist noch nicht vorbei.
Die Schenkel und die Brust, den Körper allenthalben
Mußt du mit Balsamöl und Wohlgerüchen salben.

ESTHER
Was weißt du?

MARDOCHAI   Ich weiß viel.

ESTHER   Wer machte dich so schlau?
Dein Gott, soweit ich seh, er hat doch keine Frau?

MARDOCHAI
O glaub mir, töricht wär, wenn du so schlumpig gingest.
Leb wohl.

ESTHER   Mir wäre lieb, wenn du schon längstens hingest.
Mardochai ab.
Der brave alte Mann, der mich in Windeln hielt,
In dessen grauem Bart ich als ein Kind gespielt,
Der allzeit Vaters mir und Mutters Ort ersetzte,
Der mich, man merkts ihm heut kaum an, mit Weisheit
     letzte,
Ich war recht hart zu ihm. Er hat ja viel Verdruß.
Doch darf man hassen wohl, wenn man schon helfen muß.
Ich, die ich niemands Bahn mit meinem Dasein hemme,
Der grause Weltverlauf nun bringt mich in die Klemme.
Ein Dasein voller Glück, ein Leben voller Pracht,
Es wird durch Schicksals Kniff zu nichts als Kot gemacht.
Im Gatten, den ich lieb, erweck ich blutge Grillen
Um eines, den ich auch, doch minder liebe, willen.
Nennt man das gut? Gewiß, man nennt es nicht gescheit.
O Pflicht zur Unvernunft, Gebot der Menschlichkeit.
Sie zieht den Vorhang zu.

DRITTER AKT

Der Magister Schievelbusch mit seiner Tochter Dörte. Prinzipal.

PRINZIPAL
O trüben Tages letztes Weh.
Der Mensch, den ich dort wandeln seh,
Es ist der Magister Schievelbusch,
Der mit schlimmem Geschmier und Pfusch
Hierorts die Tugend und somit
Leider die Poesie vertritt.
Was soll ich machen? Ich wollte fliehn,
Ich darf es nicht. Man hört auf ihn.
– Der Herr Magister!

MAGISTER *mit einem Sprachfehler*
                      Herr Prinzipal,
Ihr ehrt mich. Man hat nicht alle Mal,
Daß ein bestätigtes Talent
Unsereinen auf der Straße kennt.
Ihr seht gewißlich meine Laute?

PRINZIPAL *beiseite*
Ich sah sie freilich, und mir graute.

MAGISTER
In Erwidrung eurer Höflichkeit
Trag ich euch gern eine Kleinigkeit,
Wie uns wohl mag in Arbeitspausen
Rappeldizapp den Sinn durchsausen,
Zu eurer Unterhaltung vor.

PRINZIPAL
Welch holde Labsal für mein Ohr.

MAGISTER
Zwar möcht ich euch nicht lästig fallen.

PRINZIPAL
Ich bitt euch, laßt die Leier schallen.

MAGISTER
Bin ein geringer Dorfpoet.

PRINZIPAL
Auch der Parnaß in Feldern steht.
MAGISTER
Ach, Herr, verachtet mich nur nicht.
Mein Flügelroß ist derb und schlicht,
Rechtschaffen als ein Ackergaul.
PRINZIPAL
Ich schau dem Rosse nicht ins Maul.
MAGISTER
Nur keine Glimpflichkeit! Im Reich
Der Musen sind wir alle gleich.
Wir wollen, seien wir noch so klein,
Wie ein Catulle getadelt sein.
PRINZIPAL *beiseite*
Verdammter Schuft, ich will dich loben,
Mit Honig schmieren unten und oben.
Wenns einem Tropf zu schmeicheln galt,
Stört der geringste Vorbehalt.
– Des Dichters harr ich, lausch dem Sänger.
MAGISTER
Wohlan, ich foltre euch nicht länger.

Ausflug mit Aphrodite, oder: Herzerquickende
Morgen-, Mittags- und Abendstunden.

Pirol läßt sein Lied ertönen,
Und ich gehe mit der schönen
Aphrodite, ihre Hand
In der meinen, über Land.
Weg und Flur im Morgenscheine.
Vor uns her am Ackerraine
Wandelt eine Wachtel, die
Man nicht sieht, doch hört man sie.

Und der Wiesen Dunst verschwindet,
Wie die Sonne sich entzündet.
Mir auch, Göttliche, sodann
Fang ich zu erzählen an,

Mir auch in der weiten Ferne
Seufzt ein Herz und hat mich gerne.
Und sie nickt und lächelt leis,
Wie als wenn sie es nicht weiß.

Wie dünkt euch das?
PRINZIPAL   So zart und heiter.
Ich hoffe doch, es geht noch weiter.

MAGISTER
  Erntewagen, vollbeladen.
  Roten Mohn und lila Raden
  Hat das Roggenfeld im Haar.
  Und sie steckt sich auch ein paar.
  Celsius' Säule steht auf dreißig.
  Landmann, sei doch nicht so fleißig.
  Komm in meine Arme her,
  Küß mich, Mitarkadier!

  Ah! die Brust schwillt vor Vergnügen.
  Schwieg ich jetzt, es wäre Lügen.
  Und an einem Rosenzaun
  Muß ich ihr was anvertraun:
  Himmlisch ist, von treuem Sehnen
  Sich zu Recht umfaßt zu wähnen.
  Und sie nickt und lächelt leis,
  Wie als wenn sie es nicht weiß.

  Nicht, das ist gut?
PRINZIPAL   Ich rede offen:
  Ihr habt die Griechen übertroffen.
MAGISTER
  Und das ist keine kleine Hürde.
PRINZIPAL *beiseite*
  Wenn es nur endlich dunkel würde.

MAGISTER
  Hesperos hebt seine Kerze

Über Berg und Waldesschwärze,
Hinter ihm ein Schimmer zeigt,
Wo Selene aufwärts steigt.
Abend fächelt. Und ich fühle
Seine höchst erwünschte Kühle,
Daß vor plötzlichem Genuß
Ich tief Atem holen muß.

Glücklich, spreche ich, ist jeder,
Den der Tod noch nicht am Leder
Hat und mit Gesetzes Kraft
Vor den Rhadamantys schafft.
Doch die Welt als Sitz der Wonnen
Kennt nur, wem du wohlgesonnen.
Darum will ich nie allein,
Stets von dir begleitet sein.

Nun?
PRINZIPAL
Ich bin sprachlos. Habt Erbarmen
Und laßt mich schweigend euch umarmen.
Kein Wort genügt mir, um als Zeichen
Von meinem Staunen hinzureichen.
Beiseite
Hätte Text genug, ihn zu verfluchen.
MAGISTER
Nur Mut! Ihr müßt die Worte suchen.
PRINZIPAL
Welch süße Anmut, feine Sitten.
Und ganz wider Erwarten mitten
In der Provinz uns dargeboten!
MAGISTER
Provinz?
PRINZIPAL
          Ich meine, fern den Knoten.
MAGISTER
Provinz ... Mich kann das Wort nicht stören.
Manche zwar möchtens ungern hören.

Plundersweilern ward oft schon hingestellt
Als langweiligste Stadt der Welt.
So sagt Herr Braun, davor Herr Heym,
Vor dem Herr Brecht – ein alter Reim.
Es ist, als ob diese große Scribenten
Mitsamt und insonders die Welt nicht kennten.
Denn ward nicht jedem Erdenteile
Sein gerüttelt Maß an Langeweile?
's ist ein Geräkel und Gegähn.
Ich selber habe …
er nennt den Spielort gesehn.
Andrerseits, wüßt mir keinen steilern
Aufstieg als den von Plundersweilern.
Zu meiner Kindheit, siebzehnhundert-
zwölf, ward unsre Stadt bewundert
Um zwei betriebene Brauereien.
Und heute glänzt sie schon mit dreien.
Genug. Ich will mich nicht versteifen.
Muß meine Position begreifen.
Hab nicht die Förderung erfahren
Wie mancher Quidam, der seit Jahren
In allen Almanachen prunkt,
Wie eine Katz im Kuhstall jungt.
Mir fehlt die Hilfe aufzusteigen.
Mich kann man wagen totzuschweigen.

PRINZIPAL
Mein Wort, ich will von euren Sachen
An allen Höfen Wunders machen.
Will ab.

MAGISTER
So seid nicht kurz.

PRINZIPAL   Ist kein Entkommen?

MAGISTER
Habt ja mein Dörtchen noch nicht vernommen.

PRINZIPAL *beiseite*
O Gott, die auch. Könnt ich ertauben.
– Die Demoiselle, ists zu glauben,
Trank auch aus dem kastalischen Quelle?

MAGISTER
Was, meine Dörte Demoiselle?
Ihr sagt, sie ist nicht Jungfer mehr?

PRINZIPAL
Ich schwör, sie ists.

MAGISTER   Dann laßt ihr die Ehr.

PRINZIPAL
Die Jungfer, sagt sie ein Gedicht?
Beiseite
Nun hilf, Apoll! – Apoll half nicht.

JUNGFER
Vernunftreiche Gartenentzückung, von Dörte Schievelbusch.

PRINZIPAL
Was?

JUNGFER
Vernunftreiche Gartenentzückung, von Dörte Schievelbusch.

PRINZIPAL
Was?

JUNGFER
Vernunftreiche Gartenentzückung, von Dörte Schievelbusch.

PRINZIPAL
Was?

MAGISTER
Das gute Kind, es hat beim Sprechen
Ein, zwar kaum merkliches, Gebrechen.
Keiner kann sagen, woher es käm,
Weder wes Ursach noch von wem.
Ich ersuch euch, gebt nichts drauf.

PRINZIPAL
Auf Ehre, mir fiel gar nichts auf.

JUNGFER *singt, der Magister begleitet sie auf der Laute*

Die Kartoffel auch ist eine Blume.
Und mit gelben Federn blüht der Mais.
Und gereicht es nicht dem Dill zum Ruhme,

Wie er zierlich Frucht zu tragen weiß?
Ihr in eurem Prunk und Wohlgeruche,
Stolze Rosen, bleiche Lilien,
Ließet nagen uns am Hungertuche,
Nur was nützet, ist vollkommen schön.

PRINZIPAL

Wie brav! wie schön! wie eigner Art!
Die Zukunft mit der Gegenwart.
Den Apfel, man sieht ihn mit Vergnügen
Beim noch blühenden Stamme liegen.
Übrigens, wie gefällt euch das Drama?

MAGISTER

Nicht. Sind doch immer Scandala.

PRINZIPAL

Hum!

MAGISTER

Gewiß, das Thema ist zu loben.
Nur sorg ich, es ist vorgeschoben.
Man gründet auf das Wort des Herrn,
Doch bloß das Zuwerk spielt man gern.
Daher an alt und guten Stücken
Man auch kein Jota soll verrücken.
Mich staunt, wie mit Wahrheit und Geschmack
Man solch Schindluder treiben mag.
Der Held Ahasver weint und greint,
Weil er sich feig dem Tod nah meint,
Und hört auf des Bösewichts seinen Rat!
Kein König je desgleichen tat.
Und wie wohl gelanget Mardochai
Ohnverschnitten ins Serail?
So ein Unsinn den andern jagt.

PRINZIPAL

Vom Leben wär das wohlgesagt.
Doch findt er in Künsten Unterkunft,
Hat der Unsinn seine Vernunft.

MAGISTER

Auch des Dichters Sprachkraft

Ist liederlich und mangelhaft.
Was habt ihr an Mutters Teutsch verübt,
Wie wenn ihr nicht für die Menschen schriebt.
Auf gleiche Stückel zugeschnitten,
Stets eine Taille in der Mitten,
Kann vor lauter Aufputz kaum gehn.
Wer soll das reden, wer verstehn?

PRINZIPAL
So ist der Herr ein Rhythmophob?

MAGISTER
Ein Regelfeind, und bin stolz darob.
Vom Herzen immer weg und hin
Geht teutscher Rede Biedersinn.

PRINZIPAL *beiseite*
Ich schweig, und zerreiß es mir die Lungen.
Morgen sind auch Vorstellungen.
Geht zur Bude, redet durch den Vorhang mit der Truppe.
Wohin ich umhör: gut angekommen.
Die Leute sitzen wie benommen.
Nein, Schätzchen, die Weiber sind gelb vor Neid.
Das Schweigen bedeutet Ergriffenheit.

JUNGFER
Am Stück ist nichts zu retten. Doch viel
Wird oft gebessert durch das Spiel.

PRINZIPAL
Die Jungfer spricht sehr einsichtsvoll.

JUNGFER
Ja, da nun stehts erst richtig toll.
Diese Esther soll für eine Königin gehn
Und läßt vor allem Volk sich sehn
Und hat das Haar nicht aufgebunden.

PRINZIPAL
Es spielt ja um die Morgenstunden.

JUNGFER
Wäre nicht weit der Welt Ende,
Wenn man mich so beim Mustopf fände.

MAGISTER
Von Schmähsucht sind wir weit entfernt.

Wir tadeln nur, damit ihr lernt.
Drum merket, wenn die Unschuld spricht:
So frühstückt meine Tochter nicht.

PRINZIPAL
Ihr urteilt, als wäret ihr vom Fache.

MAGISTER
So urteilen wir von jeder Sache.
Weil jede Sache nur soweit gilt,
Als sie passet in unser Bild.

PRINZIPAL
Seid ihr der liebe Gott vielleicht?

MAGISTER
Ein Mensch, der Gottes Ziel erreicht.
Ein aufgeklärter Ehrenmann,
Mehr kein Sterblicher werden kann.

PRINZIPAL
Die Aufklärung dünkt gegenwärtig
Mich, mit Verlaub, nicht gar so fertig.
Haben vor uns wohl noch hundert Jahr,
Wo wir, was längst erkannt als wahr,
Was keiner leugnet und alle wissen,
Auf dümmste Art erstreiten müssen.
Man wird die Wahrheit ziemlich satt,
Mein Fräulein, wenn man sonst nichts hat.
Doch nehm ich mit bescheidnem Sinn
Die Lage als gegeben hin
Wie Trübes vor dem Mondenlicht,
Das einen schönen Tag verspricht.
Denn daran glaub ich fest: die freie
Poeterei kommt an die Reihe,
Wenn nicht nur, was man so meint und lehrt,
Nein, sich das Leben selbst aufklärt,
Wovon euch Knecht der Vordergründe,
Das Maul zu halten, wohl anstünde.
Ich aber schon in diesen Tagen
Aus künftgen Säkels fernem Dunst
Seh einen goldnen Tempel ragen.
Und auf ihm steht: Das Volk der Kunst.

Ab.

JUNGFER
Dem habt ihrs aber gegeben, Vater.

MAGISTER
Der ganze Laffe bleibt Theater.
Beide ab.

Ahasveros, zieht den Vorhang auf.

AHASVEROS
Der Genius, der stets mir gleichen Schlummer spendet,
Hat seine Fackel heut unsorglich abgeblendet.
Der schweren Ängste voll ertrug ich nur die Nacht.
Ich habe teils geseufzt und teils auch nachgedacht.
Dies alles ist mir neu. Es trübt mir noch den Morgen.
Ich muß mir einen, der die Schuld dran hat, besorgen.
Was kam dem Haman nur, dem sauren Murrkopf, bei,
Daß er das Halsgericht erbat dem Mardochai?
Der Jud hat einen Band mit Sprüchen drucken lassen.
Klug ist, ihn nicht zu sehn, höchst unklug, ihn zu hassen.
Schon in der ganzen Welt vernehm ich das Geschrei:
Die Sonne Persiens erwürgt den Mardochai!
Und wenn sie töricht sind, was anders ist Regieren,
Als wie die Törichtheit der Welt zu kalkulieren?
Die ganze Schererei, ich bin sie rundum leid.
Ich sage, freuet euch, die ihr kein König seid.
Doch Schluß mit Her und Hin. Ich steh zu meinen Worten.

STIMME MARDOCHAI *draußen*
Hü hü!

AHASVEROS
                 Wer winselt hier?

Haman.

HAMAN   Mein Fürst.
AHASVEROS   Wer klopfet dorten?
Die Sonne stieg ja kaum erst über Susans Dächer.
Wie schliefst du denn?

HAMAN   Sehr wohl,
AHASVEROS   Der Mensch wird täglich frecher.
HAMAN
O Vater du des Reichs, vergönne deinem Sohn,
Daß er mit frohem Blick hintritt zu deinem Thron.
AHASVEROS
Schön, dich zu sehn. Uah!
Beiseite   Mir wäre lieb, auf Ehre,
Wenn er nicht morgens schon so pudelmunter wäre.
HAMAN
Dein Wort ist göttergleich, dein Wink hat Zaubermacht,
Ein Wunsch, kaum hegst du ihn, so ist er schon vollbracht.
Den du erwählst, lebt auf. Hingegen mit dir streiten,
Heißt wenig besseres als sich zum Tod bereiten.
So auch der schlaue Schalk, dein Meuchler und dein Feind,
Ist fertig hinzugehn, wo ihm kein Licht mehr scheint.
Ins Reich des Ahrimann reißt ihn der Strick hinüber.
Ein Bild für Könige! Glaub mir, du freust dich drüber.
Drum lad ich dich hinzu, bedacht auf deine Lust,
Es ist ein Spaß, den du genossen haben mußt.
Denn spendet uns die Welt wohl süßere der Wonnen
Als einen zappeln sehn, dem wir nicht wohl gesonnen?
AHASVEROS
Und keine Milderung läßt du ihm angedeihn?
HAMAN
Mein Fürst! wo Haman steht, kann Mardochai nicht sein.
AHASVEROS *beiseite*
Da hat er freilich recht. Hinab zu Orkus' Schlünden
Muß einer von den zwein, schon aus Besetzungsgründen.
STIMME ESTHER
Halt halt!
AHASVEROS
Die Königin.
HAMAN   Verließ das Frauenhaus!
Du riefest nicht nach ihr, sie wagt sich doch heraus!

Esther.

ESTHER

Halt halt! O Herr, wie froh jetzt wär ich, dich zu sehen,
Säh ich dies Ungeheur nicht dir zur Seite stehen.

AHASVEROS

Was willst du denn bei mir?   Ich will Gerechtigkeit.

ESTHER

AHASVEROS

Gerechtigkeit geschieht, und ich will keinen Streit.

ESTHER

Mein Ohm ist fleckenlos.

AHASVEROS   Das ist noch nicht erwiesen.

ESTHER

Hier dieser trägt die Schuld.

AHASVEROS   Mir gleich, ich hänge diesen.

ESTHER

Mein fürstlicher Gemahl, mein Stolz und mein Begehr,
Mein schön und starker Mann, mein liebster Ahasver,
Ich weiß kein andres Glück, als dir mich gern zu fügen.

AHASVEROS

Dann sei so gut und geh.

ESTHER   Dein Hang ist mein Vergnügen.

Ein jeder Diener nur gehorcht des Königs Pracht.
Ich folge dem Gemahl, weil es mich fröhlich macht.
Sein Wohlsein ist mein Zweck, sein Lächeln stimmt mich
      heiter,
In ihm frohlocke ich.

AHASVEROS   Ach, sprich nur so nicht weiter.

ESTHER

Doch weil ich weiß, wie sehr auch ich dir teuer bin,
Tret furchtlos ich vor dich mit meiner Bitte hin.
Und nicht Barmherzigkeit, die Liebe soll mir spenden,
Die gebend sich belohnt und reich wird im Verschwenden.

AHASVEROS

Ich mag nicht.

ESTHER   Ei, mein Schatz.

AHASVEROS   Wie gut du wieder riechst.

ESTHER

Für dich ja.

AHASVEROS
>> Wie du Schelm mir gleich ins Herze kriechst,

ESTHER
>> Gib mir den Mardochai. Was? fänd ich dich erkaltet?

HAMAN
>> Ist das noch Persiens Hof, wo so Verderbnis waltet?

ESTHER
>> Verderbnis, die bist du. Und wo die Macht des Herrn
>> Uneingeschränkt sein muß, bleibt sie wohl schwerlich fern.
>> Auch mein Ahasveros ist immer Mensch geblieben.
>> Den Göttern dank ich es, wie sollt ich ihn sonst lieben?
>> Doch macht mir das zur Pflicht, daß der Verderbnis Netz
>> Ich meine süßere Verderbnis gegensetz.
>> Wer sich nur sauber hält, läßt nur den Bösen rasen,
>> Und auch der Edelste muß manchmal ohrenblasen.

HAMAN
>> Der Frau gebühret Tod.

AHASVEROS Wo für?

HAMAN Du riefst sie nicht.

AHASVEROS
>> Nun ist sie einmal da. So hör, wie nett sie spricht.

HAMAN
>> Wer wär nicht gerne gut? nicht ewger Huld Verteiler?
>> Doch ist die Säule nur des Rechts des Staates Pfeiler.
>> Dein Staat, so weit gedehnt, so völkerreich, er wankt,
>> Wo irgend das Gesetz, das ihn nur festigt, schwankt.
>> Drum stirbt unweigerlich, wer frech es übertreten.

AHASVEROS
>> Ach, lieber Haman, kamst nicht du auch ungebeten?

HAMAN
>> Wahrhaftig, jeder weiß, das Recht ist lückenhaft.
>> Oft just der Treueste wird von ihm hingerafft.
>> Den eben trifft sein Spruch, um den zumeist es schade.
>> Drum über dem Gesetz noch steht des Königs Gnade.
>> Und gültig allerdings ist eben hierum auch,
>> Daß, wer dir nahetrat – so will es alter Brauch –
>> Wenn mit des Zepters Stab du huldreich ihn empfangen
>> Und er ihn nur berührt; der Strafe sei entgangen.

AHASVEROS
Das stimmt.

HAMAN   Und Brauch, nicht wahr? ist weiser als das Recht.

ESTHER
So reich ihn deiner Frau.

HAMAN   So reich ihn deinem Knecht.
So reich ihn ihr und mir, was läßt du uns in Nöten?

AHASVEROS
Nein, einen hör ich an, doch einen will ich töten.

HAMAN
Ich bin dein starker Arm.

ESTHER   Ich bin dein schwacher Leib.

HAMAN
Ich bin dein kluger Rat.

ESTHER   Ich bin dein Zeitvertreib.

AHASVEROS
Stehts so?

ESTHER   Entsinne dich, O großer Kyros-Enkel,
Des Punkts, er trennet mir Gesäß und Oberschenkel,
Was, als du jüngstens ihn entdeckt, versprachst du mir?

HAMAN
Ich diene Persien.

ESTHER   Das tut er. Und ich dir.

HAMAN
Ich sitz auf deinem Stuhl.

ESTHER   Ich lieg in deinem Bette.

HAMAN
O höre nicht! Der hängt schon an der Bärenkette,
Wer einer Hure Wort für bare Münze nimmt.

AHASVEROS
Mein guter Haman, schau, jetzt hast du mich verstimmt.
Und wahr spricht, wer da sagt, sich an den Zepter fassen
Wird man am liebsten doch von seiner Frau sich lassen.
Nun geh mal auf den Hof, dort sitzt der Mardochai,
Den schickst du mir nach Haus, dann wird ein Galgen frei.
Da bist du ganz bequem und kannst dich selber hängen.

HAMAN
Man soll von Narren nie sich in die Händel mengen.

Doch siehst du über lang, was Schwachheit bringet ein.
Ab.

ESTHER
Er siehets über kurz. Laß uns nur schnell allein.

Mardochai.

AHASVEROS
Was! noch ein Störer sucht, daß mein Gesetz ihn treffe?

MARDOCHAI
Ei gelt, da freust du dich, mein lieber Schwiegerneffe.
Der Haman schwebet schon. Recht klug: du straftest ihn.
Noch klüger war, daß du mir seine Macht verliehn.

AHASVEROS
Nein, tat ich das?

MARDOCHAI   Wie, nicht? Du hörtest sie nicht flehen?

AHASVEROS
Hierum? ich glaube nicht.

MARDOCHAI   Wir wollens übersehen.
Sie ist ein junges Ding, das nicht an alles denkt.
Doch hätt sie?

AHASVEROS   Hätt ich dir gewiß sein Amt geschenkt.

MARDOCHAI
Ich nehm es an. Du magst nun Himmelswollust spüren,
Indes ich geh, dem Reich die Zügel straff zu führen.

AHASVEROS
Ha nun! das fehlte ...

ESTHER   Still!

MARDOCHAI   Das fehlte deinem Hof.
Es herrscht der Unsinn ja, wo nicht ein Philosoph.
Doch hoch beglückt das Land, wo Macht sich selbst ent-
     gleitet,
Von Liebe eingelullt, von Weltweisheit geleitet.

Tableau.

DAS ENDE

Anweisung

Das Stück darf keinesfalls von mehr als drei Schauspielern aus-
geführt werden.

Von »Marmotte«, »Malbrough« und »Rochelle« sind die vor-
handenen Melodien zu benutzen. Alle anderen Gesangsstücke
werden mit zierlichen und heiteren Weisen im Stil des ausge-
henden achtzehnten Jahrhunderts versehen.

Falls der Magister beim Abgang Beifall hat, kann er folgende
Zugabe machen:

> Wer, der so geschwelget hätte,
> Fände nachher rasch zu Bette?
> Am Kamine sitzet sie
> Mir beim Punsche visavis.
> Unter ihren Schleierbahnen
> Läßt sich Muschelfarbnes ahnen,
> Nun sie gar die Schürze rafft,
> Wird das Ding unzweifelhaft.
>
> Noch ein letztes glüht der Scheiter.
> Ich ging weit, ich gehe weiter.
> Und der Liebsten Schattenriß
> Schwindet in der Finsternis.
> Dir nur gilt mein Appetite!
> Dich nur lieb ich, Aphrodite!
> Und sie nickt und lächelt leis,
> Wie als wenn sie es nicht weiß.

EIN GESPRÄCH
IM HAUSE STEIN
ÜBER DEN ABWESENDEN
HERRN VON GOETHE

Schauspiel

PERSONEN

Die Frau von Stein
Der Herr von Stein

Die Handlung spielt im Oktober 1786.

I

Das Ehepaar Stein. Die Frau von Stein im weißen Kleid. Der Herr von Stein sitzt, in Hausrock und Reitstiefeln, in einem Lehnstuhl. Er raucht Pfeife. Er ist ausgestopft.

DIE FRAU VON STEIN

Gut, Stein, ich bin bereit, Sie anzuhören.

Sie machen mir Vorwürfe, und, das sollen Sie nur gestehen, nicht Sie allein. Sie sagen, es sei Ihr eigenes Empfinden, was aus Ihnen spricht. Aber Sie haben gar kein eigenes Empfinden, und hätten Sie eines, Josias, so würden Sie sich schwerlich herausnehmen, es dem meinigen entgegenzusetzen, wenn es nicht das übereinstimmende Empfinden des ganzen Weimar wäre.

Es zeugt also von bei Ihnen ungewöhnlicher Rücksicht, daß Sie die Frage als eine eheliche hinstellen. Aber diese Art Schonung bringt uns nicht weiter. Meinen Sie, ich hätte auf dem Ball gestern die Stimmung nicht bemerkt? Ich stand ja fast abgesondert, wie eine Verworfene.

Blicken wir den Dingen ins Auge. Mein jetziges Verhältnis zu Goethe wird allgemein mißbilligt, nicht nur von Ihnen.

Ich vergesse meine Schuldigkeit. Ich bin untreu. Ich schädige das Ansehen des Herzogtums. Alle Welt denkt so.

Nun, die Tatsachen sind kaum zu leugnen, und ich, Sie kennen mich, wäre die erste, die Anklage gegen mich zu erheben, wenn ich die Sache ebenso äußerlich betrachten könnte wie alle Welt.

Sie müssen reden, reden Sie. Ich bin fähig, jede meiner Handlungen zu rechtfertigen, selbst wenn der Hof oder der

Herzog oder, was mich am tiefsten schmerzt, die Herzogin mit mir unzufrieden ist.

Es ist die Wahrheit, Stein. Ich habe Goethe abgewiesen.

Ich habe die Beziehung zu ihm beendet, nach diesen zehn in Eintracht abgelaufenen Jahren. Ich bin nun die Ursache davon, daß er uns heimlich verlassen hat, über Nacht, unangekündigt, ohne Abschied oder Erlaubnis. Der Staat ist ohne Minister, der Hof ohne Spielmeister, das Theater ohne Direktor, das Land ohne seinen großen Mann.

Man ahnt nicht, wo er sich aufhält. Aber ich, die Ursache seiner Abwesenheit, bin zur Stelle, und die Last der Verantwortung liegt auf mir.

Mir ist sehr klar, warum man mir so unerbittlich zürnen muß. Man fühlt wie ich.

Jeder ist froh, diesen Mann los zu sein. Jeder verabscheut seine dreiste Weise, Vorrechte zu beanspruchen, solche, die ihm um seines Verdienstes willen zustehen, und solche, die er nur hat, weil er sie beansprucht. Der Herzog, der ja wohl in noch ausgezeichneterer Weise geboren ist als der Herr von Goethe, hat man ihn je so die Regeln der Schicklichkeit verletzen sehen? Der Herzog beleidigt durch Entgleisungen. Goethe beleidigt, indem er ist.

Aber man weiß zugleich: er ist unentbehrlich. Ohne ihn sind wir nichts. Weimar, das ist Goethe. Man hat den Mut nicht, ihn zu hassen, und lobt ihn darum um so beflissener.

Ich habe gewagt zu tun, was jeder in dieser Stadt möchte; daher die unnachsichtige Verfolgung.

Man ist in einer angenehmen Lage. Man hat seine innersten Wünsche erfüllt bekommen, das Ärgernis ist beseitigt.

Und für die entstandenen Schwierigkeiten hat man den Schuldigen.

Ja, vielleicht ist es mir wirklich lieb, Stein, daß Sie das mich überraschende Zartgefühl aufbringen, den öffentlichen Tadel für Ihr eigenes Empfinden auszugeben. Ich verantworte mich vor Ihnen, mein Gatte, wie es einer Ehefrau, die ihre Pflicht kennt, ansteht. Wir sind Diener des Hofes, Sie und ich. Ich gefährde Ihre Stellung wie die meinige. Jeder Ihrer Vorwürfe hat Anspruch auf Entgegnung; ich bitte Sie, keinen unausgesprochen zu lassen, Sie haben das Recht auf ein offenes Gespräch.

Sehen Sie übrigens: ich habe mich vorbereitet. Ich finde mich in die Rolle der Beklagten, ich besitze Akten.

Dies sind also die Briefe, alle. Keiner fehlt. *Holt sie, schön gebündelt, hervor.* Die ältesten unter ihnen sind fast genau zehn Jahre alt. Es ist ein seltsames Gefühl, sie mit einem Mal wieder vor mir liegen zu sehen. Ich werde Ihnen den einen oder anderen vorlesen, als Zeugnis, daß Sie mir glauben dürfen.

Auf eine Annahme erübrigt sich wohl einzugehen: die Annahme, es könne zwischen Goethe und mir irgendetwas im Spiel gewesen sein, was den Namen Liebe verdient. Natürlich, jedermann hält es für erwiesen. Natürlich ist es Unsinn. Als Goethe kam, war er ein kleiner Junge, ich ein Weib. Jetzt ist er ein Mann, und ich bin eine alte Frau. Gut, dergleichen mag aufgehen; mag sein, es ist nicht das Entscheidende. Es gibt sogar in Einzelfällen Liebe zwischen einer Dame von Stand und einem Mann von Vorzügen, obschon derlei Ungleichheiten sich erfahrungsgemäß zu rächen pflegen; denn die wirklichen Dinge haben ihre Weise zu sorgen, daß man sie nicht vergißt. Aber all das sind Rechnungen, die man im Ernst nicht mit mir macht. Wenn ich vielleicht töricht bin: vor der Torheit zu lieben hat mich Gott doch bewahrt. Sie sind mein Gemahl, Stein, ich muß mich da nicht näher erklären.

Es gab keinen Roman zwischen Goethe und Charlotte Stein.
Es gab die Erfüllung einer Aufgabe und einen angedichte-
ten Roman.

Sie wissen, von welcher Aufgabe ich spreche. Der Herzog
hatte einen begabten jungen Menschen aufgelesen; sein
Scharfblick hatte nicht getrogen; aber unglücklicherweise
hatte dieser neue Günstling, abgesehen von seinen Gaben,
nichts, was einen Mann zum Fortkommen tauglich macht.
Er kannte die Hochschulen, deren Unsitten ihm leider
anhafteten wie einem Stallburschen der Pferdegeruch. Er
kannte alle Wissenschaften und alle Künste, und er kannte
nichts von der Welt.

Er bedurfte des Erziehers, und die unausgesprochene Wahl
des Hofes fiel nicht zufällig auf mich. Ich verletze die
Bescheidenheit nicht, wenn ich das von mir sage. Ich habe
die Pflichten meines Amtes immer sehr streng gesehen, und
ich habe es zu der gelassenen Leichtigkeit des Handelns
und stillen Offenheit des Ausdrucks gebracht, welche derjenige erreicht, dem seine Pflichten in Fleisch und Blut
übergegangen sind. Ich war für die Leitung Goethes geeignet, mithin bestimmt, und was anders bedeutet Adel als die
einwohnende Neigung, seinem Fürsten zu dienen, auch in
Fällen, wo dies sehr wenig angenehm ist?

Diese Briefe also sollen Ihnen beweisen, daß ich mich dem
Ruf der Pflicht nicht entzog, und daß es an der Unent-
schlossenheit meines Wollens nicht lag, wenn ich verlor.

Aber bedarf es denn der Beweise? Sie wissen, daß ich außerstande bin, eine Unwahrheit zu sagen, selbst wenn ich es mir
vorsetzen könnte.

Ich leide unter einer mehr als gewöhnlichen Schamhaftig-
keit. Nichts ist furchtbarer für mich, als wenn man mich
ertappt. Ich meine keineswegs bei einer Lüge, einfach bei
irgendeiner Sache, die schief ist, oder die ich nicht auszu-

sprechen im Sinn hatte. Ich gerate unweigerlich in Verwirrung. Ich verhaspele mich, wie man das nennt. Ich wiederhole eben die peinliche Stelle, immer wieder. Ich muß den Gegenstand, den ich justament zur Hand habe, fallen lassen, um mich, während ich ihn aufhebe oder die Bruchstücke beseitige, zu beruhigen, bevor ich dann fortfahre, indem ich meinen Fehler mit Freimut eingestehe. Das mag überempfindsam oder frauenzimmerlich scheinen, aber es ist mir lieber, als wäre mir gelungen, mich der Scham so vollständig zu entwöhnen wie beispielsweise unser Goethe.

Was war ich denn im Begriff zu erzählen?

Ah ja. Goethe kam nach Weimar und erwies sich als ein Grobian, und der Herzog, der dem Grobianischen mit aller Narrheit seiner Flegeljahre anhing, hatte sich ihn in den Kopf gesetzt. Sicher, er war so berühmt, wie man es nur verlangen kann. Er war berühmt und ein Grobian; er war vielleicht der berühmteste Grobian in den deutschen Staaten.

Ich erinnere mich aus jener Zeit eigentlich nur an zwei Tonfälle bei ihm: er fluchte, wenn er nicht flennte, und wenn er nicht fluchte, flennte er. Er war aufs Haar so unausstehlich wie neuerdings alle jungen Leute in unsern unzufriedenen Zeitläuften, – um gerecht zu sein, muß ich sagen: alle jungen Leute sind aufs Haar so unausstehlich wie Goethe. Denn die traurige Wahrheit ist: er hatte diese beiden Unarten selbst erfunden.

Er schwor und lästerte gegen alles Bewährte; im nächsten Augenblick wieder beliebte er – mitten aus dem launigen Gespräch eines gelungenen Picknicks heraus – beiseite zu treten, um, angesichts einer bemoosten Kluft oder eines Nebelstreifs, seine mürrischsten Tränen zu vergießen. Das eine war so unhöflich wie das andere, und sollte es sein. Die Schöpfung, wie sie ist, so war es gemeint, war ihm nicht vollkommen genug. Er hatte nämlich vor, in Sachen Welt ein schnelleres Tempo einzuschlagen als sein Schöpfer.

Ja, dieser Flegel war ein Flegel aus Philosophie, wenn anders man Philosophie nennen will, was keinen Inhalt hat und nur darauf aus ist, die Werke des Ewigen zu mißbilligen. Er warf den Bürgersleuten die Scheiben ein, aus Philosophie, und brachte einer armen Amtsperson aus Philosophie eine Katzenmusik. Er wälzte sich auf dem nackten Erdboden mit der hinweisenden Moral, daß der nicht das gebohnerte Parkett ist; womit er mich freilich nicht sonderlich beeindruckte. Ich kannte das schon, von meinem Pudel. Mein Loulouchen wälzt sich auch und ist kein Philosoph.

Aber wenn ich ihn zurechtwies, fühlte er sich wie Orest, raufte sich das Haupthaar und verlangte, ich solle ihn von den Furien erlösen, die der Tartaros, wenn ich das recht verstanden habe, ohne einer einzigen den Urlaub zu verstatten, auf seiner Spur versammelt hatte.

Hören Sie nun einen von den Briefen, zur Verdeutlichung. Ich halte ihn für ziemlich bemerkenswert, und es sind unter ihnen allen wohl wenige, die nicht die eine oder andere Lebensweisheit enthielten; er ist vom 14. April 1776 datiert.

Ich schrieb damals also folgendes.

»Sie wollen ja nicht einfach unartig sein, mein Freund, lieber ein Fall aus einem Trauerspiel. Sie benutzen das Wort Potz Hagel, weil Ihnen unser Jahrhundert nicht paßt; so stürzen Sie mir zur Tür herein, ein rasender Heros und Potz Hagel und Schlangen in den Haaren. Seien Sie vernünftig: was ist denn da der Zusammenhang? Das Jahrhundert mag einem passen oder nicht, aber ist das ein Grund, sich nicht zu kämmen? Und was haben Sie mir da von der Natur vorgeredet? Sollte ich Ihnen, was nicht sicher ist, erlauben, nächste Woche wiederzukommen, werde ich Sie bitten, mir zu erläutern, wieso Guten Morgen minder natürlich ist als Schlag der Donner drein«.

Wie viele solcher Mahnungen richtete ich an meinen Zögling. Hier eine weitere, vom 1. Mai 1776, mittags.

»Sie verlassen sich ein wenig zu sehr auf den Reiz, den Ihr Toben, als etwas anderes und eigenes, auf jedermann ausüben müsse; lassen Sie sich indessen warnen. Unstreitig, das Ungehobelte hat seine Art Nettigkeit. Aber das gilt doch nur an Stellen, wo wir den Mangel an Bildung als unvermeidbar verzeihen: im Kindlichen oder Ländlichen oder Einfältigen, kurzum, es gilt unter der Bedingung der Armut. Sollen wir, die wir bereits ein wenig gehobelt sind, uns noch mit der Axt erziehen lassen? Nichts ist alberner als ein reifer und unterrichteter Geist, der sich bemüht, was er ganz gut weiß, zu unterdrücken, um als ein rechter rauher Klotz zu erscheinen«.

Es gilt für ausgemacht, daß meine Einwirkung Erfolg hatte. Ich genoß das Lob der Gesellschaft, den Dank der Herzogin. Ich allein weiß, in welchem Maße ich gescheitert bin.

Zunächst glaubte ich selbst mich am Ziel. Goethe hatte eingesehen, daß er den Bauplan der Welt nicht nach seiner Vorstellung einrichten konnte. Es war also folglich die Reihe an ihm, sich einzurichten, aber daran dachte er zu meiner Überraschung nicht eine Sekunde. Er ließ die Welt Welt sein und blieb, der er war. Er hat niemals gelernt, mit dem Schöpfer einverstanden zu sein. Alles, was er je lernte, war, zur Schöpfung zu schweigen.

Hiermit erklären sich seine vielfältigen Zustände als ein einziger, und seine berühmten Verwandlungen haben nicht stattgefunden.

In seinen Rüpeljahren leitete er das Recht, ungezogen zu sein, daher, daß er ein Dichter war.

Ich rede nicht gegen die Schriftstellerei; ich habe selbst eine hübsche Mitgift dafür mitbekommen. Ich glaube überhaupt, die Frauen könnten es leicht ebenso gut und jedenfalls weniger lümmelhaft machen, wenn man ihnen die Zeit dafür übrig ließe. Den Autoren, das habe ich ja mit angesehen, fließt das Geld gar artig in die Tasche, und wenn unser armes Kochberg fortfährt, so wenig Rente zu tragen, werde ich es eines Tages sehr wohl mit Goethe aufzunehmen wissen. Das nebenher. Ich verwahre mich dagegen, daß man diese Fertigkeit unterbewertet, ebenso wie ich mich stets gegen die sinnlos hohe Meinung gesträubt habe, die Goethe von der Sache hatte.

Eines Tages mußte ich ihm mitteilen, daß man ihn für überheblich halte. »Das werden die Asseln vom Phönix auch gesagt haben«, erwiderte er.

Wir waren nämlich die Asseln, er der Wundervogel. Er wünschte uns mit einem Schlag in die goldene Zeit hineinzusingen, und er war tief verstimmt, wenn wir uns in der Legierung, aus der wir einmal gegossen waren, ganz leidlich wohlbefanden.

So war es freilich nur stimmig, wenn er das Dichten von einem Tag auf den andern an den Nagel hing, die Maxime aufstellte, es tauge nicht mehr für die gegenwärtige Epoche und sich einer neuesten Weise zuwandte, seinen Kopf durchzusetzen: der Politik. Auf die Poeterei folgte die Ministerei. Waren wir auch seiner Verse nicht wert, hieß das, so hatte er doch Mitleid für uns übrig. Er verschloß sich vor uns, immerhin ohne Haß. Er opferte sich für uns, die er verachtete; er war immer noch bereit, uns, die wir nicht gerettet sein wollten, zu retten.

Jeder sieht inzwischen, daß er dieser anderen Laune längst müde ist. Er verrichtet seine Geschäfte schleppend und mit gequältem Blick; wie oft trifft man ihn denn noch im Rate? So wie man ihn gegen die Literatur hat wettern hören, als wenn sie für nichts nütze wäre, murrt er nun gegen alle Höfe und Kabinette und peinigt seine Freunde mit dem

Anblick der den Polypen nahen fressenden Aufgußtierchen, der Anhörung von Humboldts Palmentabelle und dem Geruch eines leibhaftigen Elephantenschädels. Die Wissenschaft vereinigt ihn endlich mit der Wahrheit, ohne den beschwerlichen Umweg über unseresgleichen. Er kennt die Menschen und liebt nun die Skelette.

Er blieb, sagte ich vorhin, der er war. Ich wiederhole den Satz, mit Härte. Goethe blieb, nach all meinem Zuspruch, der alte unverschämte Schwärmer und Tagedieb. Und wie, so frage ich, kann man mir vorwerfen, ich hätte einem Menschen die Laufbahn abgeschnitten, dessen ganze Fortbewegung nur Maskerade ist?

Wer sei in der Welt so schnell hinaufgelangt wie er? Die so reden, kennen ihn nicht. Er selbst ist ja die Welt. Als er seine erste Stanze auf mich zustande gebastelt hatte, brachte er sie mir mit den Worten: »Da, sehen Sie, Liebe, die Deutschen können jetzt auch die Stanze«.

Die Unbefangenheit, mit der er auf seinen Nachruhm anspielt, ist kaum weniger empörend, als sie lächerlich ist. Er verkehrt mit Sokrates wie mit dem Hofrat Wieland. Und schlimmer: er verkehrt mit den Sokratessen des neunzehnten und zwanzigsten Jahrhunderts, den Sokratessen, die noch kommen werden, wie mit dem Hofrat Wieland. Sie sind seine wackern und vertrauten Freunde; sie sind alle miteinander seine Hofräte Wieland.

Während er so mit diesen Heroen, den gewesenen wie den künftigen, umgeht, läßt er uns allerdings spüren, daß wir keine sind. Soll er zu Hof, wird er im Voraus müde, und die ausgezeichnetsten Edelleute sind ihm ein fremdes Völkchen, wo gewissermaßen kein Wort auf eine Saite in ihm trifft. Nicht etwa, daß er verstimmt wäre, sie sind falsch gestimmt. Wir waren leider eingeschüchtert genug, Rücksicht auf derlei Empfindlichkeiten zu nehmen.

Wir haben die Gewohnheit aufkommen lassen zu dulden,
daß er in Gesellschaft abseits hockt und mit Wasserfarben
malt, die wir ihm, verpflichtet, wie wir uns schon fühlen,
eigens hinstellen. Damit er nur beschäftigt ist, wenn wir ihn
langweilen. Wir anderen dürfen uns ja langweilen. Keiner
fragt: warum unterhält er uns nicht? Wer hat ihn aller Mit-
verantwortung entbunden? Wenn ihm nichts Unterhalten-
des einfällt, so wie es uns nicht einfällt, so wäre das ja eine
menschliche Schwäche, die wir gern verzeihen wollten, aber
er hat erst nicht nötig, danach zu suchen. Und wir sitzen
ohne Wasserfarben und haben Schuld und belästigen die
Seele eines Unsterblichen.

Sehen Sie, Stein, das ist es, was ich mit meinem sänftigen-
den Einfluß erreicht habe. Ich habe die äußerlichen, die
gossenhaftesten Unarten mit unendlicher Beharrlichkeit
beseitigt; er stampft nicht mehr mit den Füßen. Aber die
ihnen zugrunde liegende Unart – jenes jedes menschliche
und insonders jedes weibliche Herz so tief beleidigende
Selbstgefühl – habe ich nicht beseitigen können. Goethe
erinnert mich heute wie vor zehn Jahren an den geschwol-
lenen Hals eines Truthahns. Er war ein Lump; ich erzog ihn;
jetzt haben wir einen erzogenen Lumpen: ein Genie.

Nein, Stein, das kann das gemeinte Ende nicht sein. Und
zehn Jahre Mißerfolg, denke ich, sind genug Zeit, um den
Hoffnungsvollsten zu der Einsicht zu zwingen, daß er sich
zu viel vorgenommen hat.

Ich wollte Goethe nicht für mich. Ich wollte ihn für Weimar und für die gesittete Welt. Er war nicht zu haben, und
nun, nicht leichten Herzens aber mit vollem Bewußtsein,
sage ich: er möge bleiben, wo immer er sich aufhält. Es ist
nicht sehr schade um ihn.

Ich räume diese Zeugnisse einer vergeblichen Anstrengung
weg. Ich werde kaum Grund haben, sie jemals wieder vor-
zuholen. Zum Schluß also noch einen Brief. Er ist vom 30.

Oktober 77, und er faßt vielleicht den wesentlichen Inhalt dieser Bündel zusammen.

»Wann endlich, mein lieber Goethe, werden Sie unterscheiden lernen, was auf dieser Erde zählt und was nicht? Unser elendes, höchst vergängliches Dasein wird von wirklichen Ursachen bestimmt, so wie von Krankheit, Geldmangel und dem Urteil unseres Lebenskreises, und das beste, was uns zu wünschen erlaubt ist, sind Gesundheit, finanzielle Mittel und Anerkennung bei vielen Menschen von angemessener Stellung. Jene Ziele, die Ihr unverständiger Hochmut Ihnen vor Augen zaubert, sind zu unbescheiden, um etwas anderes zu sein als die unsteten Gebilde des Nebels, die überall hin wandern und keinen Halm bewegen. Wie spurlos bleiben die Aufschwünge des träumenden Wagemutes, wie flüchtig dauern die Leiden und Freuden der Sinne. Und die sogenannte Liebe ...« – das gehört nun nicht mehr in den Zusammenhang – »die sogenannte Liebe ist von überhaupt keinem Gewicht. Wie alle gewöhnlichen Leute sehr genau wissen, ist die Liebe ...« – ich lese es nur eben zu Ende, weil ich es einmal angefangen habe – »ist die Liebe eine bloße Erfindung der Dichter, und so wäre es ja überaus einfältig, wollte ich ausgerechnet einem Dichter glauben ... Dichter glauben ... Dichter glauben ...« – ach, ich haspele ... *Sie läßt den Brief fallen, hebt ihn umständlich vom Boden auf; beendet den Satz* »einem Dichter glauben, er fühle so«.

II

DIE FRAU VON STEIN *fährt fort*

Da sehen Sie doch, wie die Zeit überm Plaudern wegläuft. Das Gespräch geht so hin und her, ein Wort gibt das andere, und ehe man sichs versieht, ist die Stunde für den Kaffee herangebrochen. *Sie läutet, zart.*

Eingestanden, Josias, ich wollte es nicht erwähnen. So wenig wir von den Verstorbenen Nachteiliges reden, sollten wir es von einem Entschwundenen, von dem wir wissen, daß er nicht zurückkehrt und sich niemals wird verteidigen können. Aber da seine Verfehlung einmal heraus ist: Ja, Josias, Goethe liebte mich. Er liebte mich über jedes vertretbare Maß, und ich werde Ihnen darlegen, warum ich diese unerlaubte Neigung Jahre lang ertrug, und ich werde Ihnen die Gründe auseinandersetzen, die mich bewogen haben, sie in diesem zehnten Jahr endgültig zu entmutigen. Es war nicht leicht für mich, weder das eine noch das andere; nun erst, da die Sache ausgelitten ist, sehe ich sie als die Lapperei, die sie im Grunde war. Außenstehende haben gut reden.

Was glauben Sie, wie Goethe mir jetzt zugesetzt haben würde, des Kaffees wegen?

– So schlagen Sie meinen Rat in Absicht des Kaffees aus dem Wind?
– Aber ich versichere Sie, er ist ein wunderwirkendes Mittel.
– Diese Diät, liebe Frau, ist Ihrer Gesundheit höchst schädlich.

»Höchst schädlich«, hören Sie ihn nicht selbst? – Ich würde mich über seine heimatliche Mundart nicht lustig machen, wenn er nicht die Stirn besäße, unsere Weimarische Sprache für die mißtönendste in ganz Deutschland zu erklären.

Dabei ist sie, meines Dafürhaltens, ein ebenso reines
Sächsisch wie jedes Leipziger oder Meiningerische auch.
»Höchst schädlich«, also.

– Sie werden laut und spitz und redselig, und Sie messen
  Geringfügigkeiten übertriebene Bedeutung bei.
– Solche Vorwürfe, mein Herr, wenn ich einmal, gestärkt
  durch den Trank der Muselmänner, von meiner Zurück-
  haltung, über die Sie sich sonst beschweren, ein wenig
  verliere?
– Ich bitte Sie um Offenheit, angebetete Charlotte, Unbe-
  herrschtheit indessen läßt Ihnen nicht.

Goethe trinkt seinen fränkischen Wein, ohne viel zu sorgen,
ob es ihm läßt. Seine Backen röten sich und zeigen häßli-
che Adern, die Augen sind verschwollen, das gedunsene
Gesicht zergeht in unedle Falten, und er redet mit schleppender Zunge – tiefe Dinge; immer noch tiefe Dinge, es mag
so sein; tiefe Dinge also mit schleppender Zunge und ohne
Zierlichkeit. Läßt es ihm? Ist mir nicht billig, was ihm recht
ist? Nein. Ich bin eine Frau. Einem Mann bleibt, hat ihn
der Anstand verlassen, sein Verdienst; eine Frau hat kein
Verdienst außer dem, als ein Muster des Geziemenden ins
gemeine Leben zu glänzen. Ich bin wie Leonora oder Iphigenia und darf daher keinen Kaffee trinken.

Läuft zur Tür. Rieke, der Kaffee, wo bleibt der Kaffee?
Schläfst du auf deinen Löffeln? – Ja, warum ich ihn nicht
abgewiesen habe.

Ich habe Goethe nicht abgewiesen, weil er mich erpreßt hat,
ihn um mich zu dulden. Ich sage: erpreßt, und die Sachlage
spricht für sich. Was hätte mir an der Liebe eines Menschen
gefallen sollen, der mir selbst niemals gefiel?

Seine Schmeicheleien hatten von Beginn etwas Abstoßen-
des, dadurch, daß er nicht unterlassen konnte, sie mit der
Verhöhnung aller übrigen Menschen zu verbinden, gleich-

sam als zählte ich nicht zu ihnen. Er erklärt mich zur Ausnahme, und ich will diese Ausnahme nicht sein.

Wenn er mich im Saal wisse, versichert er, könne er sogar
eine Redoute überstehen, ohne in Ohnmacht zu sinken.
Fühlt er nicht, daß er damit seine Ungezogenheit – denn
seine Ohnmachten sind Ungezogenheiten – noch ver-
schlimmert? Ich habe doch mein Vergnügen an der Veran-
staltung. Ich weiß doch, daß ich in seinem Auge ebenso ver-
ächtlich wäre wie der Rest der Gesellschaft, wenn er sich
nicht in den Kopf gesetzt hätte, in mir die Verkörperung des
von ihm ersonnenen Zukunfts-Hofwesens zu erblicken. Er
liebt nicht mich, sondern einen Plan von sich, dessen unvor-
handenen Leib ich vertrete. Dafür sollte ich mich bedan-
ken? Dafür bedanke ich mich.

Lieber als zum Konzert bei der Herzogin ginge er zu mir:
das sollte mir behagen? Niemand fesselt ihn an diese Stadt
als ich: das sollte meinem Gefühl wohltun? Diese Verhim-
melungen sind nichts als Andeutungen, daß ich ihn im
Grunde herunterziehe, außer er beliebt, mich in seiner Einbildung zur Muse zu erhöhen. Er macht mich zum Mar-
morbild, das ist, er schämt sich meiner. Die Rechnung kann
nicht aufgehn. Ich gehöre zu den gewöhnlichen Menschen,
und wenn er mich lieben will, soll er die gewöhnlichen Menschen eben mitlieben.

Das habe ich ihm wohl zu verstehen gegeben, aber wenn er
um etwas nie verlegen war, so um Arglist. Da ich seine Göt-
zin nicht sein mochte, zwang er mich durch Anbetung.

Meinen Gründen begegnete er mit Hingabe, sprach ich,
stammelte er, warf ich mich in Waffen, streckte er die seinen. Dieser Mann, vor dem alle zittern – mir zeigt er sich
in seiner ganzen Schwäche. Der keinen Menschen liebhat,
für mich rast er. Der von allen gebraucht wird, braucht
mich. Ich darf meine Stellung nicht verteidigen, ohne
ihn zu verletzen, so tief in der Seele, nicht wahr? Ich bin

sein Lebensanker; halte ich ihn nicht, gibt es keinen Halt mehr.

So geliebt werden ist seinem Todfeind begegnen.

Sie, Stein, reden genau wie die Nachwelt; ich will sagen, wie Goethe mir immer erklärt hat, daß die Nachwelt unweigerlich reden werde. Goethe ist unersetzlich – für Weimar, sagen Sie, für die Menschheit, sagt er. Meine Pflicht, das folgt, ist, ihn zu laben, ihn zu beruhigen, ihn bei Laune zu halten. Wieso eigentlich meine?

Soll ihn doch Weimar bei Laune halten, wenn es seiner benötigt. Soll ihn doch die Nachwelt lieben.

Bin ich etwa ersetzlich? Ich habe auch nicht mehr Seelen als eine. Wenn ich mich um dieses erhabenen Erpressers willen zerstören lasse, finde ich so wenig einen Ersatz für mich, wie er einen für sich finden kann.

Ich bin kein Genius, ich darf mich getrost opfern? Eben weil ich kein Genius bin, bestreite ich diesen Anspruch. Ein Opfer hat ja wohl nur Reiz für denjenigen, der nachher am Sternenhimmel oder an den Mauern der Gymnasien landet. Ich lebe, und anders als Goethe, nur, solange ich lebe.

Ich habe Pflichten gegen mich selbst, meine Kinder, meine Verwandtschaft. Hiernach kommen meine Pflichten gegen den guten Ton und all jene Einrichtungen, die die Welt für irdische Menschen erträglich machen. All dies besorgt, mögen allenfalls die Boten der Unsterblichkeit ihre Forderungen anmelden.

Und niemand, auch mein Gatte nicht, hat das Recht, sich zu verwundern, wenn ich eines Tages sage: es reicht.

Klopfen.

Habe ich nicht befohlen, mich nicht zu stören? – Was, gib her.

Sie geht zur Tür, nimmt den Kaffee ab. Ich werde den Zucker zählen, Rieke, verlaß dich drauf.

Der Trampel kommt mir aus dem Haus, aber es wird gar nichts bessern; das niedere Volk ändert sich einmal nicht. Ich habe die Schwärmerei für diese Gretchen und Klärchen stets für so weltfremd gehalten, wie sie sicherlich unanständig ist. Selbst wer ihnen sehr wohlwill, muß zugeben, daß die Rechtschaffenste von ihnen nicht über das bißchen Treue oder Ehrgefühl verfügt, um länger als zwei Wochen bei mir auszuhalten. Und bei Gott, ich verlange nicht viel.

Die Tasse, übrigens, hat Goethe bemalt. Man könnte es herausspüren, selbst wenn man es nicht wüßte. Sie ist viel ungeschickter als die jedes Porzellanarbeiters in Ilmenau, so wie ja auch kaum eines seiner Theaterstücke nicht unwirksamer ist als das beiläufigste Stück des Herrn von Kotzebue. Goethe ist ein sehr eigenartiges Talent.

Er beherrscht alle Fertigkeiten, wenn man einmal davon absieht, daß er keine beherrscht. Oder anders: er kann gar nichts, das allerdings hervorragend.

Selbst seine Weise, sich einer Frau zu nähern, ist so fehlerhaft, daß sie bereits wieder imstande ist, ein Herz zu verwirren. Ich will nichts verharmlosen. Goethe war wenig zu loben, aber er war keineswegs ungefährlich.

Das sage ich, die ich wohl von allen Frauen der Welt am gründlichsten gegen die Anschläge des männlichen Geschlechtes geschützt bin. Ich kenne die Männer besser als jede andere; denn ich entsinne mich keines Tages in meinem Leben, den ich nicht damit zugebracht hätte, vor ihnen zu zittern. Die Angst machte mich scharfblickend. Und was ich am Manne wahrnahm, waren drei Eigenschaften.

Der Mann ist stark. Er wendet seine Körperkraft nicht gegen
uns an, aber die törichte und grobe Art seines Zufassens
erinnert uns stündlich daran, daß er mit uns verfahren kann,
wie er will.

Der Mann ist verfolgungswütig. Er verfolgt irgendeinen
Zweck und vergißt alles darüber; sich selbst und, was er
nämlich damit gerechtfertigt glaubt, jeden anderen Menschen. Dieses Ungeheuer trägt Scheuklappen.

Das Gehirn des Mannes arbeitet nicht anders als das der
Wahnsinnigen. Er ist fähig, von einem Ausgedachten, im
Scherz oder Ernst, zu reden, als sei es wirklich vorhanden.

Wenn solch ein Mann, schlußfolgerte ich, nun einen Wahn
für eine Sache nimmt und ihm, ohne rechts oder linkshin
zu blicken, nachgeht und nicht zögert, seine gesamte Gewalt
zu brauchen: wird er mir dann nicht – gleich einem Rie-
senkäfer mit seinen stumpfen Bieraugen, der, lärmend und
schlechtriechend, mit ungeheurer Kraft einem Ziel ent-
gegenrasselt, das es nicht gibt oder das niemand verstehen
kann – gegen den Kopf oder das Herz knallen, als ob ich
nicht dawäre?

Der Vater war bereit, mich mit dem Stock ums Leben zu
bringen. Sie, Josias, mit dem Wochenbett.

Sie haben in den neun Jahren, bevor Sie sich endgültig von
mir ab und Ihren Mastochsen zugewendet haben, sieben
Mordversuche an mir begangen. Sie haben jeder Seuche in
Ihrem Marstall mehr Aufmerksamkeit gewidmet als aller
Krankheit und allem Leiden in Ihrem eigenen Haus; Sie hat-
ten mehr Zartgefühl für Ihre Stutereien als für meine
Wochenstube. Sie sind ein Mann, Josias. Der Mann ist der
Mensch, der tötet.

Man schilt uns Frauen gefallsüchtig, weil wir zu fürchten
vorgäben, was wir im Grunde doch wollten: die Liebe des

Mannes. Aber wenn wir schon Schelte verdienen, sollte man
uns dafür tadeln, daß wir zu wollen vorgeben, was wir fürchten. Wir wollen ja nicht, wir müssen ja wollen. Bleibt uns
eine Wahl? Was wären wir denn, vor uns selbst und vor der
Welt, wenn wir nicht jenes widerliche Ziel erreichten, das
nicht wir uns gesetzt haben? Der Krebs frißt sein Weibchen
nach der Paarung; ihre Vermählung ist eine Vermahlzeitung;
und vermutlich ziemt sich für eine Krebsin zu sagen, dies
sei der rosenrote Inhalt ihres Träumens.

Ich werfe Ihnen nichts vor, Josias. Sie haben mir geholfen,
die Dinge zu betrachten, wie sie sind. Und da ich im Rei-
che der Gefühle klarer sehe als mein Geschlecht sonst, wird
es so leicht keinem zugereisten Schöngeist noch gelingen,
mir einen Schreck einzujagen.

Die Schwierigkeit bei Goethe, ich deutete es an, lag darin,
daß er der unbeholfenste Schöngeist war, den ich je getroffen habe. Ein Kavalier von einigem Geschick, sich auszu-
drücken, wird, früher oder später, zu mir sagen: Ah, Charlotte, nicht Sie, Ihr Herz sollte Ihren Namen tragen, es ist
wahrhaftig von Stein; hierauf pflege ich zu entgegnen:
Gewiß, mein Herr, es ist ein Probstein Ihrer Aufrichtigkeit.
Das ist natürlich jedesmal eine artige kleine Parade; glauben Sie nun, Goethe, der sich doch einen Dichter nennen
läßt, wäre wohl je darauf gekommen? Jetzt, wo ich Sie frage,
wissen Sie es: nein. Aber geben Sie zu, Sie hätten es nicht
für möglich gehalten.

Ich habe, wie jedermann, das unschuldige Bedürfnis, meine
wenigen Mittel auch zur Geltung zu bringen. Ich plänkle
gern ein wenig. Ich greife an, ich wehre mich. Ich bin eine
austauschende Seele. Mit Goethe aber kann man sich nicht
unterhalten.

Nichts gegen die tiefen Blicke, das zärtliche Gestammel. Sie
sind gut für eine abgemessene Zeit des Vertraulichwerdens,
aber irgendwann muß ja auch eine ernsthaftere Erörterung

folgen. Wenn der Kinderton ist: man spricht über Dinge des Herzens, und der erwachsene Ton: man spricht über die Dinge in der Stadt, so sind wir in den zehn Jahren übers Backfischgeplapper nicht hinausgelangt. Es gibt kaum Abgeschmackteres. Man lispelt von Liebe, weil man nichts besseres zu sagen findet.

Wofern er versucht, ernsthaft zu reden, redet er zu mir, nicht mit mir. Sie wissen, wie er sich äußert. Und er hält leider für richtig, vor einer Frau, mit der er allein ist, dieselben Abwegigkeiten vorzubringen, mit denen er schon die Teegesellschaften der Herzoginmutter an den Rand des Schlafs bringt. Man kennt die Weise, man kann nur duldend weghören.

Ich weiß einen Ausspruch von ihm, der Hand und Fuß hatte. Er sagte einmal:»Finden Sie nicht den Strickbeutel der Göchhausen zu grün, meine Liebe?«. Die Bemerkung ist mir unvergeßlich geblieben. Der einzige vernünftige Ausspruch von Goethe in zehn Jahren.

Die ganze Last der Konversation lag also auf mir. Er ließ mir wohl schon das Wort; hatte ich es aber gefunden, lobte er, Tränen an den Wimpern, den Zauberklang meiner Stimme. Oft ertappte ich ihn dabei, daß er mir überhaupt nicht zuhörte. Und hatte ich ihn endlich, unter Aufbietung all meiner Beharrlichkeit, in einen Stoff verwickelt, blieb seine Schnelligkeit ohne Geist, und seine Lebhaftigkeit, das war unmißverständlich, diente nicht, um das Gespräch mit Anmut weiterzuführen, sondern es ging ihm darum, meinem Anfang ein Ende zu machen. Ich schenkte ihm einen Gesprächsgegenstand, und er wußte nichts besseres damit, als ihn zu erledigen.

Ich spüre, daß ich nicht recht deutlich bin. Es ist nicht mein Fehler. Die Undeutlichkeit liegt im Wesen der Person, über die ich spreche. Ich muß mir helfen und einige dieser Unterhaltungen wiederholen, so wie sie stattgefunden haben.

Er überreicht mir ein Petschaft mit der eingeritzten Inschrift
»Alles um Liebe«. Ich sage also:

– Ihr Petschaft trägt einen sehr albernen Spruch, und ich
  werde es natürlich niemals zur Hand nehmen. Wie, Sie
  weinen?
– Selbst ein Kind darf weinen, wenn es für seinen guten
  Willen gescholten wird.
– Sie sind ein böses Kind, Goethe. Ich befehle Ihnen, Ihre
  Launen abzulegen.
– Was ist mit Ihnen, meine teuerste Freundin? Sie sind
  unglücklich?
– Ich unglücklich? Wie kommen Sie darauf?
– Aber ich gebe Ihnen zwei Gelegenheiten, mich zu lieben,
  mein Geschenk und meine Tränen, und Sie lassen beide
  ungenutzt vorbeigehn.

Oder – weil er den Versuch nicht aufgibt, mit mir auf den
Du-Fuß zu kommen:

– Wenn Sie mich mit du anreden, ist es mir kaum weniger
  zuwider, als wenn Sie mich berührten.
– Sie sind kalt, meine Freundin.
– Was hält Sie dann bei mir, bester Herr?
Goethe sagt:
– Oh, ich schätze Kälte bei Frauenzimmern, sie ist ein
  Ersatz für eine selbständige Denkart.
Wie soll man so ein Gespräch fortsetzen?

Damit wir uns verstehen, es ist nicht Schlagfertigkeit, die
ich ihm verüble. Goethe ist nicht schlagfertig, im mindesten nicht. Auf die einfachste Bemerkung weiß er oft keine
Antwort. Ich wäre ja glücklich, wenn er es wäre; niemand
ist leichter abzufertigen als schlagfertige Leute. Sie sagen
das Gegenteil, man sagt wieder das Gegenteil, es kommt auf
nichts an.

Nein, Goethes Bosheit ist nahezu treuherzig. Er schätzt
Kälte wirklich.

Dieser Mensch hat keinen Charakter. Keine Gewohnheit, die man bekritteln, keinen Grundsatz, den man kränken könnte. Während man nach einer unfesten Stelle ausspäht, entdeckt man noch nicht einmal eine feste, und man fühlt selbst den Boden unter den Füßen schwanken. Man bedenkt den nächsten Schritt, macht Fehler, gewährt, wo man hätte verweigern sollen, stößt ab, wo man vorhatte anzuziehen. Plötzlich ist man an dem Punkt, sich, anstatt mit des Herrn Schwächen, mit seinen eigenen Schwächen zu beschäftigen.

Ein Mann ist ein Satz. Die Frau ist die Gesamtheit aller möglichen Verneinungen dieses Satzes.

Goethe ist die Gesamtheit aller möglichen Sätze, die Verneinungen nicht ausgeschlossen.

Er ist kein Bestimmter und dennoch nicht niemand. Er ist höchst entschiedener Maßen er. Wie, er selbst und kein Satz? Was dann?

Ich kann es Ihnen verraten, denn er hat es mir oft genug zu verstehen gegeben. Er ist ein Gott, nichts Geringeres. Er hat übrigens auch Anspruch auf die Rechte eines Gottes, was heißt: Anspruch auf uneingeschränkte Selbstsucht. Beispielsweise schläft er viel.

Stellen Sie sich folgende Szene vor Augen. Ich mache ihm Vorhaltungen. Er gerät in unbeschreibliche Erregung, knirscht mit den Zähnen, wälzt sich am Boden, ja, er zerrauft sich die Frisur, – Sie wissen, daß ich ihn immerhin vermocht habe, das Haar geordnet zu halten. Und mitten in all dem zieht er die Uhr aus der Weste, läßt sie repetieren und sagt: Sie werden entschuldigen, liebe Frau, verschieben wir auf ein andermal, ich habe morgen ein Kapitel vom Meister zu beenden und bedarf einiger Stärkung durch hinlänglichen Schlummer.

Natürlich hindere ich ihn am Gehen. Er muß bleiben, will fort, nach einer halben Stunde, einer Stunde endlich setzt er seinen Kopf durch. Ich erröte, wenn ich jetzt zugeben muß, erst nach Jahren begriffen zu haben, daß er diese Stunde Verzögerung bei dem Zeitpunkt, den er für seinen Aufbruch wählt, mit einrechnet.

Mag sein, Goethe hat zehn volle Jahre, Tag und Nacht, an mir gelitten. Aber ich wette meine Seele, daß er keine zehn Minuten Schlaf an mir verloren hat.

Finde sich eine Frau hiermit ab. Welchen Menschen erwartet morgens die Arbeit nicht? Welcher Mensch wagt, wo Tränen der Verzweiflung fließen müssen, sich auf sein Ruhebedürfnis zu berufen? Wenn er verzweifelt ist, kann es ja nicht viel verschlimmern, daß er zusätzlich müde ist. Nun, Goethe ist dieser Mensch; denn er ist Gott. Wenn Gott morgens an Schläfrigkeit leidet, freilich, dann kann ja doch die Sonne nicht aufgehn.

Nur ist ein Unterschied. Götter werfen ihre Schatten auf unsere Welt, aber ein recht gutes Gefühl für Stimmigkeit verbietet ihnen, zwischen uns zu wandeln. Wir verehren sie, wofern ihre Erhabenheit durch Vergangensein oder Entfernung abgemildert ist, – um mit uns zu leben, reichen einfach ihre Manieren nicht hin.

Ich räume ein, daß meine Angriffe an Feinheit verloren und oft auf die Stufe sinnloser Schmähungen und ungezielter Beleidigungen herabsanken. Aber wie zielt man aufs Wesenlose? An welcher Ferse trifft man einen Gott?

Eine Schwäche, die alle am sorgsamsten verbergen, zeigt er am liebsten: Furcht. – Ich fürchte mich vor der großen Welt, vor Ihren Augen, vor Ihrem Pudel. – Wie bringt er dies Geständnis vor? Mit der selbstzufriedenen Miene, mit der andere gestehen, eine Schlacht geschlagen zu haben. Ich schimpfe drauflos:

– Sie fürchten sich keineswegs, mich aufzufordern, obgleich
Sie beim Kontertanz eine höchst ungeschickte Figur
machen.
– Meine Furcht, ohne Sie zu sein, war stärker.
Ich sage, was mir einfällt:
– A propos, Sie reiten auch nur eben leidlich.
– Schlechter als leidlich, und ich habe ernstlich im Sinn, es
aufzugeben.

Es aufgeben! Das Reiten! Wieder dieses Ausweichen ins
unverfolgbarste Paradox. Gibt es auf der Welt einen einzigen Mann, der nicht an der Torheit krankt, zu glauben, er
sei der anmutigste und sicherste Reiter? Ich darf zu Ihnen,
der Sie im Herzogtum am anerkannt besten zu Pferd sitzen,
so sprechen. Ein Mann, der nicht reitet, ist wie eine Frau,
die nicht stickt. Goethe nebenbei, er stickt nicht übel, keineswegs übel.

Mir ist noch übrig zu sagen:
– Lügen Sie nicht, ich kenne Sie.
– Woher?
– Ich kenne die Männer.
– Alle, meine Liebste?
– Alle.
– Aber dafür reicht kein Leben.
– Ich kenne meinen Vater, ich kenne Stein, ich kenne den
Herzog. Glauben Sie, ein anderer Mann könne so völlig
entgegengesetzte Eigenschaften haben?
– Sie haben Recht, nein.
– Ah, Sie geben mir Recht?
– Aber ich bin kein Mann, Lotte. Ich bin Goethe.

Dies war verhängnisvoll wahr. Es fiel mir wie eine Binde von
den Augen. Goethe war kein Mann, weil er es nicht für
erforderlich hielt, einer zu sein, und ich, durch Vernunft und
Erfahrung gegen die Liebe zu jeglichem Manne gefeit, liebte
nun ... liebte nun ... liebte ... *Sie läßt die Tasse fallen, sammelt
die Scherben auf.*

Ja, es war Liebe, Josias, reinste, edelste, hingebendste Liebe. Aber derjenige von uns beiden, der geliebt hat, war ausschließlicher Maßen ich.

III

DIE FRAU VON STEIN *fährt fort*

Goethe, so glauben viele, sei nach Weimar gekommen und habe sich, binnen weniger Tage, willenlos in mich verliebt. Der wirkliche Hergang war anders. Goethe kam nach Weimar mit dem festen Vorsatz, ein Verhältnis mit mir zustandezubringen.

Vergessen wir nicht: dieser aufstrebende junge Advokat und berüchtigte Poet gelangte zum ersten Mal in bessere Kreise. Er hatte sich eine Dame von Hof zu lieben vorgenommen, und Herr Doktor Zimmermann hatte ihn auf mich neugierig gemacht. Es ist nur natürlich, daß er nach kurzer Umschau gefunden hatte, daß ich seinem Plan hinreichend entsprach, und daß er mir also versicherte, sein Herz gehöre mir für ewig. Ein sehr gewöhnlicher Unsinn, aber was soll das Wort Liebe in dem Zusammenhang? Ich maße mir keineswegs die Vorzüge an, die genügen, um die Liebe eines Goethe zu begründen. Aber hätte er nicht wenigstens vorher einen Blick auf mich werfen können, bevor er beschloß, mich zum Gegenstand seiner weltbedeutenden Leidenschaft zu erklären? Auf die Gefahr hin, der Eitelkeit überführt zu werden: ich hatte das Bedürfnis, mit meiner Person, unwichtig, wie sie einmal ist, an dem Geschehen beteiligt zu sein.

Aber das bewerkstelligte sich nicht leicht. Ich sah schnell, daß ich die falsche war, und daß das nicht an mir lag. Jede wäre die falsche gewesen. Diese glücklichste Befindlichkeit des Herzens haben ihm die Götter versagt. Er ist jeder aufrichtigen Zuneigung unfähig. Ihm ist kein Gefühl bekannt, weil ihm keins fremd ist; er glüht auf Beschluß, weil er niemals glüht.

Goethe ist Junggeselle. Ein Junggeselle aber – wenn ich je eine Erfahrung gemacht habe, dann diese – ist ein Mann, der nicht lieben kann. Im Gemüt eines Unverheirateten über dreißig werden Sie unfehlbar eine morsche Stelle wahrnehmen, die im Wachstum begriffen ist. Die Ehe, Josias, – mag sein, unter dem Gesichtspunkt, aus dem sie eingegangen worden, unter dem Gesichtspunkt der Liebe betrachtet, ist sie eine Täuschung. Aber es zeugt von keinem aufrechten Herzen, in dieser Hauptangelegenheit des Lebens voraussichtig gehandelt zu haben. Goethe liebte nicht einmal Loulouchen.

Übrigens, eines Tages schenkte ich ihm ein blaues Band, er genoß diesen Triumph sehr. Hinterher mußte er ansehn, daß ich Loulouchen ein lila und silbernes Bändchen umgebunden hatte. Das hat ihn mächtig verstimmt.

Die Junggesellen wollen uns weismachen, sie mieden die Anstrengungen der Ehe, weil sie für die Liebe geboren seien. Was sie in Wahrheit meiden, sind die Anstrengungen der Liebe.

Welche Opfer habe ich nicht um meiner Liebe willen gebracht. Ich mußte für Goethe Zeit haben, ungeachtet meines reichlich gefüllten Tagesplanes. Ich mußte mich zur frühesten Stunde in meinem Staat und Putz herzeigen, ungeachtet meiner häuslichen Verrichtungen. Ich mußte die Vertraulichkeit unseres Umgangs ermöglichen, ungeachtet der Forderungen des äußern Rufs, von denen zu schweigen, welche die innere Stimme der Sittlichkeit erhebt. Von Goethe wurde kein Gegenopfer verlangt. Er hatte Muße, Oden zu machen und sich zu frisieren, wann immer ihm danach zu Mut war, und was seinen Ruf betraf, konnte der durch Unvorsicht nur gehoben werden.

So nämlich steht es um das amouröse Wesen der Junggesellen. Sie freuen sich festlicher Stunden; danach eilen sie in ihre Kammer und erholen sich.

Und wenn ich mich zu irgendeinem Zeitpunkt der törichten Einbildung hätte hingeben mögen, Goethe könne mich lieben, so hätte er allerdings gesorgt, daß diese Einbildung mir rasch vergangen wäre. Das erste, was er mir mitteilte, war seine unumstößliche Absicht, Junggeselle zu bleiben. Er schrieb eigens ein Theaterstück, worin stand, er werde mich auf der Stelle heiraten, falls ich nur erstens zwanzig Jahre jünger und zweitens seine Schwester wäre. In der Tat, das war recht artig zu lesen.

Als ihm der Doktor Zimmermann meinen Schattenriß vorgelegt hatte, hatte er darunter geschrieben: »Siegt mit Netzen«. Mit Netzen, ich? Ich? O Goethe, du schändliches Weib.

Aber nun fragen Sie mich, Stein, wie es möglich war, daß ich zu diesem Mann oder Menschen, oder was immer, dessen Gleichgültigkeit ich im Augenblick durchschaut hatte, mich mit solch unwiderstehlicher Macht hingezogen fand. Nun, mein Guter, es war eben um dieser Gleichgültigkeit willen. Wissen Sie nicht, daß wir Frauenspersonen lieben müssen, wo wir nicht siegen können?

Goethes Gewalt über mich beruhte in der Grenzenlosigkeit seiner Eigenliebe. Und das Geheimnis seiner Eigenliebe wiederum war: sie war um die Liebe zu keinem anderen Menschen vermindert.

Sonst, wenn wir ehrlich sein wollen, hatte er nicht eben viel zu seinen Gunsten vorzuweisen. Er liebte sich ohne besonderen Grund, und das Mißverhältnis zwischen der Höhe seines Selbstgefühls und dem Mangel an wirklichen Erfolgen ist die Formel, die ihn erklärt.

In der Tat ist Goethe bei allem, was er erstrebte, gescheitert.

Es ist ihm mißlungen, sich in einem Beruf einzurichten. Jeder weiß, daß er seinen Ehrgeiz darein setzte, ein Maler

zu werden, und daß er es nicht erreicht hat. Nun ist er am
Ende wieder zur Schriftstellerei zurückgekehrt, also nichts
geworden. Schließlich Schriftsteller, das ist kein Beruf.

Bei den Frauen war er stets glücklos, und wie dürftige Erobe-
rungen er gemacht hat, erkennt man daran, daß er nie ver-
absäumt, auf sie hinzuweisen. Ich erinnere mich an einen
Brief aus der Schweiz, worin er alle besucht und mir versichert, wie innig sie an ihm, als einem Unvergeßlichen, hängen; übrigens reibt er mir ihre Tugenden unter die Nase,
um zu betonen, daß ich deren entrate. Die Liste ist reichlich albern. Ein bis heute unverdorbenes Schäfermädchen
namens Friederike, eine hüpfende Muntere namens Lili
und, wenn ich ihm glauben wollte, die Branconi, die
Kokotte. Es ist unwidersprochen: all diese Tugenden habe
ich nicht. Ich habe mit seinen Verflossenen eines gemein-
sam: daß ich dem Geschick danke, welches nun auch mich
von ihm befreit hat.

Sagen Sie, ist heute nicht Posttag? Es soll nichts zur Sache,
es fiel mir nur eben ein.

Seine politischen Ziele, gottlob, widerlegten sich selber. Mir
ist recht deutlich, daß er sich mit dem Herzog zusammen
vorgenommen hatte, uns Adelige mit der Ehrenlast des
Steuerzahlens zu beglücken. Aber unser Fürst hat rechtzei-
tig erfaßt, daß seine bestgefüllte Kasse sehr wenig sicher
stände, wenn er ausgerechnet diejenigen treuen Seelen in
den Schuldturm beförderte, die bereit sind, sie gegen den
Neid des Pöbels zu verteidigen.

Was Goethen aber die größte Enttäuschung beschert hat,
war sein närrischer Ehrgeiz in Betreff auf die menschliche
Rasse überhaupt. Wie eifrig war er nicht, sie zur Humanität
zu bekehren, nur war die Menschheit nicht eben so eifrig,
ihm zu folgen. Herr von Kotzebue hat hierzu eine sehr tref-
fende Anmerkung beigetragen. Früher, so sagte er, reichte
es für uns Deutsche hin, Gemüt zu haben, heute muß es

unbedingt Humanität sein. Humanität, was ist das Rechtes? Brauchte das Ding einen lateinischen Namen, wenn es sich fühlen ließe? – Und ich sagte zu Goethe: Geduld, mein junger Freund, der Fortschritt kommt bestimmt, und ich bin überaus froh, dort zu leben, wo er nicht kommt.

So viele Zwecke Goethe also hatte, so viele Gründe hatte er, mit sich unzufrieden zu sein. Um nun seine Eigenliebe nicht in Gefahr zu bringen, hatte er sich für diese Unzufriedenheit eine Ursache zurechtgemacht: das Wetter.

Unter seinen Schimpfworten ist das Wort Wetter das wütendste. Er ist fähig, vom Henker mit Verständnis zu reden, nicht vom Wetter. Er spricht vom entsetzlichen oder vom unerträglichen oder vom thüringischen Wetter, aber es bedarf dieser verdammenden Schmucknamen nicht, das Wort Wetter allein sagt schon alles. Es wird nur von einem einzigen, noch tödlicheren Fluch übertroffen, dem Wort Jahreszeit. Dieser Unchrist, der an keinen Teufel glauben will, glaubt statt an denselben ans Wetter, und es gibt gar keinen Unterschied; vom Wetter nämlich hat er beschlossen, daß es an allem schuld sein muß. Der Himmel Weimars ist seine Hölle. Das Wetterglas ist sein Kruzifix, vor ihm verrichtet er seine Andacht.

Im November ist es das neblige Wetter, im Dezember das stürmische, im Januar das strenge, im Februar das feuchte, im März das unvollkommene, im April das launische, und so geht es immer fort. »Bei solchem Himmel«, sagt er, »ist mir selten recht wohl, Sie wissen es, liebe Frau«; ich habe die Stube heizen müssen wie einen Backofen; wir schreiben Juni. Er langweilt mich einen vollen Abend mit Kopfhängerei; – »Sie müssen heute Nachsicht mit mir üben, Lotte, in diesen Monaten macht mich das Wetter zu manchem Guten untüchtig«; es handelt sich um den Juli oder den August. Ich sehe die herrlichste Sonne scheinen, aber ich habe Nachsicht zu üben.

Ich bin eine kranke Frau, Goethe ist ein kräftiger Mann dem
Zeit seines Lebens nie etwas gefehlt hat. Ich würde mir,
geplagt, wie ich bin, nicht gestatten, mich auf einen kleinen
Regenschauer oder den Föhnwind herauszureden. Es zeugt
von unglaublich wenig Haltung, es ist ein mehr als unstatthaftes Sichgehenlassen. Es ist der Ausdruck eines nicht zur
innern Stimmigkeit gediehenen Gemütes, das den eigentlichen Quell seiner Mißgelauntheit vor sich selbst geheimhält, daher diese, wie das in solchen Fällen sich gewöhnlich
beobachten läßt, in verwandelter Form umso ungehemmter hervorbricht. Oder, wie unsere liebe Göchhausen einmal mit so treffender Spitze fallen ließ: Er glaubt, seine
Stimmung richte sich nach dem Wetter. Die Wahrheit ist
natürlich, daß sich das Wetter nach seiner Stimmung richtet.

Ja, Stein, so war das Scheusal beschaffen, das ich aus dem
Seelengrund liebte. Er war leer im Herzen, zerstört im Sinn
und zerstörerisch in allem seinen Trachten.

Ich wollte ihn mir erhalten. Ich wollte, daß er mein sei,
solange ich das wünschte, und daß ich es sei, der, wenn es
genug war, ihm den Abschied gab. Wie kam, daß es mir
gelang? Wie ging zu, daß ich diese wunderbare Leistung
vollbrachte? Nun, ich weiß die Erklärung. Mich rettete der
Abscheu vor seinem Geschlecht. Die Angst, die ich vor ihm
hatte, machte mich zum Sieger über ihn; meine Flucht
erwies sich als der einzig wirksame Angriff.

Hätte ich Goethe vertraut, er hätte mich gefressen und aus-
gespien. Ich wies ihn zurück und sah, wie in diesem Mann,
der nicht lieben konnte, eine Art Eifer entstand, sich meiner zu bemächtigen.

Halten Sie eine Sekunde inne, mir scheint, ich höre die
Post. So, das ist Einbildung?

Ja, ich hatte seither reichlich Gelegenheit, die Ordnung der

Griffe auszuarbeiten, mittels deren der Mann sich an die
Kette legen läßt. Da er, außer zu den gemeinsten Trieben,
zu keiner Empfindung fähig ist, muß die Frau sich zu seiner Aufgabe machen. Einer Aufgabe kann er nicht wider-
stehen. Seine männliche Natur befiehlt ihm, dieselbe, um
den Preis seiner Selbstachtung, zu lösen.

Bleibt die Frau standhaft, wird der Mann leiden: keineswegs
an Liebesqual, umso mehr aber an seiner Unzulänglichkeit.
Er beschäftigt sich nach einer gewissen Zeit überhaupt nicht
mehr mit der Frau, sondern lediglich mit sich selbst. Er
liebt nicht das Weib, welches sich ihm widersetzt, sondern
das Leid, welches sie ihm zufügt, und die Liebe zu Leiden
ist die einzige Art Liebe, die von Dauer ist.

Gleich am Anfang hat mir Goethe eins von seinen Gedichten geschickt. Es ist übrigens inzwischen gedruckt, gar nicht
ohne Beifall.

>>Der du von dem Himmel bist,
    Alle Freud und Schmerzen stillest,
    Den, der doppelt elend ist,
    Doppelt mit Erquickung füllest.
    Ach ich bin des Treibens müde
    Was soll all die Qual und Lust.
    Süßer Friede,
    Komm ach komm in meine Brust<<.

Das habe ich nicht nur einmal gelesen; Sie bemerken ja, ich
habe den Wortlaut behalten. Man soll freilich bei Schrift-
stellern grundsätzlich nicht hinhören. Sie sagen, was sie
wollen. Ob es die Wahrheit ist, die sie vorbringen, oder
nicht, sie drücken es gleich gut aus; aus ihren Redensarten
ist nichts zu entnehmen.

Aber hier das, das spürte ich, das war echt. Das endlich kam
aus dem Kern. Dieser Götterliebling, der alles zu haben
schien, was ein Mensch besitzen kann, brauchte doch eines:

Herzensfrieden, und mein Entschluß stand auf der Stelle
fest: den darf er mir niemals bekommen.

Ich bin nicht eitler, als eine Frau soll, aber auf diese Erkenntnis habe ich heute noch Grund, stolz zu sein. Es war wie eine
Eingebung oder eine Erleuchtung. Was ich nur aus dem
Gefühl heraus getan, wurde plötzlich klar und bewußt. Die
Dinge des Herzens lagen in ihrem ganzen Zusammenhang
vor mir, und ich überschaute, gleichsam vom höchsten
Standpunkt, was ich Ihnen soeben dargelegt habe und was
ich Ihnen, vor jenem bedeutsamen Tag, nicht hätte darlegen können.

Goethe war gewohnt, daß die Weiber ihm nachliefen. Das
meint, er kannte ausschließlich Frauenspersonen, denen er
seine Leidenschaft antrug und aus deren armseligen Nein
er getrost folgern durfte, daß er nur eine gehörige Weile
zuzuwarten brauchte, bis ihm, früher oder später, ihr arm-
seliges Ja in den Schoß fallen mußte.

Nun, ich sagte erst ja und dann nein, das war ihm allerdings
neu.

Ich schrieb ihm einen Brief, worin ich ihm versicherte, daß
mir die Welt, von der ich mich so los gemacht, wieder lieb
– wieder lieb durch ihn – geworden; daß ich vor einem halben Jahr noch bereit gewesen zu sterben, und ich seis nicht
mehr.

Und nachdem ich ihm Zeit gelassen hatte, das zu verdauen,
reiste ich mit seinem Zunftgenossen Lenz, den er, dessen
Begabung wegen, sehr fürchtete, nach Kochberg ab.

Verstehen Sie, was bedeutet, sich zur Aufgabe machen?

Ich hatte im fernern nur mehr zu verhindern, daß er vollständig an seiner Eignung für diese Aufgabe verzweifelte und
die Sache etwa, als eine undurchführbare, fallen ließ. Aber

hierfür genügen, wo der Anfang stimmt, ermutigende Winke
von solcher Undeutlichkeit, daß kein vernünftiger Mensch
bereit wäre, die mindeste Hoffnung auf sie zu setzen.

Ich glaube, mein Hauptvergnügen war, ihm vorzuwerfen, er
liebe mich nicht. So sehr das zutraf, in seiner Vorstellung
war es eine harte Ungerechtigkeit. Und er konnte es überdem für ein Versprechen ansehen, als würde ich, falls er sich
nur genugsam anstrengte, meine Liebe sichtlich bekunden,
was ich doch weder im Sinn noch – das eben ist das Ge-
schickte – mit einer Silbe versprochen hatte.

Posthorn, sehr fern.

Da, das Posthorn. Ich habe es vorhin sehr wohl richtig
gehört. Das Ohr einer Frau übertrifft das des Mannes an
Feinheit, wie übrigens auch alle ihre sonstigen Sinne. Keine
fünf Minuten, und die Kutsche hält am Schloßberg.

Worüber sprachen wir noch? Richtig, über die Liebe.

Nur der Mann – das wäre vielleicht die Regel, die aus dem
Fall sich ableiten ließe – ist wirklich um seine Sicherheit
gebracht, der spürt, daß er bei näherem Kennenlernen
verliert. Wir müssen dem Mann also vortäuschen, der erste
Eindruck von ihm habe uns überwältigt. Läßt unsere Begeisterung dann nach, so setzt er alles daran, jene ursprüngli-
che Wirkung, obgleich er sich deren nie vermutend gewesen, aufs Neue hervorzurufen. Ich verachte Sie, – das stört
keinen Mann. Aber: Mein Herr, ich habe Sie doch wohl
überschätzt, – daran behält er zeitlebens zu knacken.

Unsere Enttäuschung am Mann, das versteht sich ja von
selbst, erstrecke sich nicht auf die Gaben, deren er erman-
gelt, sondern auf die, die er hat. Insonders Goethe war an
keinem seiner Fehler, er war allein an seinen Vorzügen fest-
zunageln. Er hatte gelernt, seine Schwächen mit Eigenliebe
zu panzern, aber seine Tugenden waren vollständig unge-

wappnet. An seinen Tugenden hegte er nie den mindesten
Zweifel.

Goethe hat Vorzüge, welche sehr besonderer Natur sind. Er
ist treu – seinen Entwürfen. Er ist aufrichtig – gegen die
kommenden Geschlechter. Er ist gerecht – in seinen litera-
rischen Hervorbringungen. Wenn er gegen unsereinen treu,
aufrichtig und gerecht ist, und das ist er, so ist das doch
immer nur der Abfall davon. Eben dieser Umstand aber, der
uns so tief verletzt, ist für ihn ein Grund, auf besagte Eigenschaften eine gewaltige Menge zu halten. Es genügte, seine
Vertrauenswürdigkeit in irgendeinem Punkt in Frage zu
stellen, um ihn in Qualen und somit in Flammen zu setzen.

Schrieb er zehn Briefe, beschuldigte ich ihn, er vernachläs-
sige mich. Ließ ich ihn warten, schalt ich ihn unpünktlich.
Sandte er mir seine ersten Aurikeln oder Pfirsiche oder Spar-
gel, verschenkte ich sie an die nächstbesten Leute und bestritt
zugleich, daß er überhaupt jemals an mich denke. Ich habe
mich oft selbst gewundert, was er sich alles gefallen ließ.

Aber Männer neigen dazu, die Schuld an ihren Mißgeschik-
ken in der Liebe eher bei sich als der Geliebten zu suchen,
wohl weil ihre Eitelkeit sich mehr darauf richtet, eine feh-
lerlose Geliebte zu besitzen, als selbst fehlerlos zu sein. Man
wird also mit ungerechten Beschuldigungen kaum jemals zu
weit gehen. Goethes Verranntheit in der Hinsicht war allerdings unübertrefflich. Ich konnte ihm vorwerfen, was mir
beliebte. Bevor er sich eingestanden hätte, daß er einen albernen Teufel verehrte, war er bereit, sich einzureden, er sei ein
ausgemachter Narr. Er glaubte, er habe mir Anlaß zu fal-
schem Verdacht gegeben, und er trat, wie toll ich es nur
trieb, mit unerschütterlicher Ausdauer den Gegenbeweis an.

Für seine besten Beweise hielt er seine Kunstwerke, mit
ihnen kam er mir immer wieder. Und seine ständige Verzweiflung rührte daher, daß ich sie nicht gelesen habe.

Diese einfache Unterlassung war unter meinen Zügen sicherlich nicht der schlechteste. Es klingt so simpel. Jeder weiß doch, was von Erdichtungen zu halten ist. Dichter, so pflegt man ja zu sagen, sind Menschen, die aussprechen können, was andere Leute nur fühlen. Die Bestimmung ist gut, aber zu kurz. Die vollständige Bestimmung lautet: Dichter sprechen aus, was alle Menschen fühlen, ausgenommen sie selbst. – Dennoch, ich versichere Sie: es bedurfte einer überaus gründlichen Einschätzung aller Umstände, um darauf zu verfallen.

Nun sagen Sie doch nicht, Sie hätten ihn ja auch nicht gelesen. Gewiß haben Sie das nicht, Stein, aber das ist etwas anderes: schließlich hatten Sie nicht den mindesten Grund dazu. Übrigens kostete es selbst mich keine sonderliche Mühe. Soweit ich beim Anblättern feststelle, sind das alles kalte Sachen, sehr langweilig, sehr erklügelt und sehr gegen das Schamgefühl. Aber worauf es ankam, war nicht, daß ich sie nicht las, sondern daß ich es zugab.

Nichts ist leichter, als einen Autor glauben zu machen, man kenne ihn. Wenn Gott meinem Geschlecht die Gabe versagt hat, irgendetwas zu verstehen, so hat er uns doch die Gabe verliehen, auszusehen, als ob wir alles verstünden. Man gibt dem Autor ein Stichwort; er läßt sich weitschweifig über seine gehabten Absichten aus; man blickt ihn seelenvoll an und seufzt: so habe ich es gefühlt und hätte es doch nicht sagen können; – jeder Autor wird einen für den vertrautesten Kenner seiner Schriften halten.

Ich verweigerte diesen Dienst. Ich gab mich nicht ehrerbietig.

Ich sagte:
– Was sollen mir Ihre künstlichen Reime, mein Freund; ich habe mit Goethe zu schaffen, nicht mit dem berühmten Dichter.
– Aber Goethe ist Dichter.

Und ich entgegnete:
– Leider, mein Freund; wie sehr wünschte ich, Sie wären
  einfach der Hofgärtner Meier.

Begreifen Sie, Stein; mit dem schlichten Satz waren dem
Simson die Haare abgeschnitten.

Ich will aber bei dem Beispiel bleiben und Ihnen vor Augen
führen, wie es mir ergangen wäre, hätte ich mich auf seine
Dichterei eingelassen. Es hatte nämlich eine Menge Bewandtnis damit.

Zunächst: weshalb soll ich ihm erlauben, aus seinem Handwerk, aus dem er ohnehin genug Ansprüche ableitet, so als
hätten andere Menschen keine Arbeit und hätte ich nicht
immerhin ein Haus zu beaufsichtigen und ein dahinküm-
merndes Gut zu verwalten, – weshalb soll ich ihm erlauben,
aus seinem Handwerk auch noch Gewinnpunkte in der
Liebe zu sammeln?

Reicht nicht vielleicht hin, daß er tagaus, tagein aus seiner
Liebe Gewinnpunkte in seinem Handwerk macht?

Ich gewähre ihm einen Kuß. Der Kuß bringt ihn in Begeisterung. Die Begeisterung münzt er um in ein Gedicht. Für
dies Gedicht, letztendlich also für meinen Kuß, nimmt er
Geld; damit dürfte der Handel ja wohl abgeschlossen sein.
Soll ich ihn zusätzlich noch mit Küssen bezahlen, für meine
eigenen Küsse?

Ob Sie es glauben oder nicht: eben das verlangt er. Meine
Gleichgültigkeit kränkt ihn. Er dichte jede Zeile nur für
mich – sehr schön, aber für wen läßt er sie dann drucken?

Er verfasse, sagt er, den Tasso und die taurische Iphigenia,
um mich so recht ersichtlich zu lieben. Natürlich liebt er
mich, um den Tasso und die Iphigenia verfassen zu können.
Ich bin ein Gerät, das auf seinen Schreibtisch gehört.

Das Ärgerlichste ist, daß er, wenn er an diesen dramatischen Gedichten sitzt, dabei fühlt, wie er zu fühlen das Recht nur hätte, wenn ich ihm erlaubte, bei mir zu sitzen. Er versetzt sich in eine Einbildung, als liebten wir einander; er sorgt für den Gang unserer Liebe, ohne mich zu fragen. Er liebt für zwei, für mich gleich mit. Wie anders soll ich mich des erwehren, als indem ich seine Arbeit störe, wo ich vermag, und ihn in die harte Wirklichkeit zurückrufe?

Er litt dann, gewiß. Ich darf aber hinzufügen, er litt nicht ungern. Er hatte eine dermaßene Wohlredenheit beim Leiden, eine solche Unverschämtheit des Ausdrucks in der Pein, daß ich stets einen heimlichen Genuß dahinter witterte. Ich habe einige Ursache, zu bezweifeln, ob der Mensch auf der Folter verstummt: nach dem, was ich weiß, schreit er. Goethe freilich, und hierin hat er die Wahrheit gesagt, dichtet.

Ein Poet hat mehr Übel zu erleiden als wir? Eine Ölhaut kommt auch öfter in den Regen.

Er litt gern, weil er nicht leiden konnte, so wie er gern liebte, weil er außerstande war zu lieben. Ich bin überzeugt, in dem Augenblick, wo er aufgehört hätte, poetischen Zins davon zu ziehen, hätte er all sein Unglück abgestreift wie einen nassen Mantel. Ja, aber bin ich, eine Frau mit den gewöhnlichen Regungen jeder anderen Frau, dazu da, einem Unzerstörbaren die Neugier zu befriedigen, wie es einem etwa zumut sein könnte, der leidet? Das heiße ich ein Spiel mit mir getrieben.

Wehe der Unglücklichen, die unternimmt, einen Dichter zu lieben. Ich kann in der Tat bis auf den heutigen Tag nicht sagen, wer es eigentlich war, der wen gepeinigt hat. Goethe natürlich, er nannte mich grausam. Jeglicher Mann schilt eine Frau launisch, wenn sie sorgt, daß er an ihr festhält, und wechselhaft, wenn sie ihn zwingt, beständig zu sein. Sie wollen uns gern verraten und recht ungern verraten werden.

Aber nun stimmt alle Welt in den Verdacht ein und schilt mich grausam, und Sie, Josias, führen eine Aussprache mit mir und bedeuten mir, ich hätte Goethe mit meiner Grausamkeit vertrieben; meine Grausamkeit sei der Grund seiner nunmehrigen Abwesenheit. Ich sage Ihnen bündig: wenn es einen Grund seiner Anwesenheit gab, über endlose zehn Jahre hinweg, so war es meine Grausamkeit. Fragen Sie mich nicht, warum Goethe fortging. Fragen Sie: warum blieb er so unglaublich lange hier?

Und dann gebe ich Ihnen zur Antwort: weil ich ihn liebte, und auf die Weise, die ihm bekam. Bedürfen nicht selbst die Götter zu ihrem Thron des Übels? Hängt man nicht sogar am Leben mit all seinem Ungemach und Kummer, eben um dieser seiner Grausamkeit willen? Man hängt am Leben, weil man von jedem Schlag, den es einem versetzt, tiefer in die Wut getrieben wird, zu beweisen, daß man ihm Glück abringen kann. Ja, Stein, der Mensch liebt das Leben, weil es ihn nicht liebt.

Posthorn.

Die Post. Lassen Sie mich zum Fenster treten; ich wüßte zwar niemanden, der im Augenblick an uns zu schreiben hätte ... Der Kutscher müßte gleich zu sehen sein.

Posthorn.

Wie, man fährt bereits zum Posthause weiter? Ich hatte also wieder richtig gefolgert. Ich sagte, wir erwarten keinen Brief, und schon bekommen wir keinen.

Ich will frei heraussprechen, Josias. Gesetzt, Goethe hätte die Aufdringlichkeit besessen und mich mit einem Schreiben belästigt, worin er mich um Verzeihung anbettelt: ich hätte ihm nicht verziehen. Wie immer Ihr Urteil und das Weimars über mich ausgefallen wäre, zehn Jahre sind um, und zehn Jahre sind genug. Ich habe diese ewige Arbeit satt, diese Quälerei einer einseitigen Neigung, wo alle Plage der Liebenden zufällt und aller Genuß dem Geliebten. Das kann mir keiner verübeln. Das ist unzumutbar und längst vergessen. Da kommt Seidel.

Ach so, er hat die Sendung vom Diener in Empfang nehmen lassen. Da Seidel den Brief hat, konnte ihn der Postkutscher nicht bringen.

Nein, Geliebter, ich wußt es. Du kannst nicht meine Arme, meinen Busen nicht fliehn. Nicht fliehn.

Ab. Vorhang.

IV

Der Herr von Stein hat sich auf die Veilleuse gelegt. Die Frau von Stein kommt mit einer Kiste.

DIE FRAU VON STEIN

Wo blieben wir stehen? Sprach ich nicht von meinen Armen oder dem Busen etwas? Nun wohl, anstatt auf mich einzureden, täten Sie besser, Sie übten Geduld und hörten mir drei oder vier Sätze lang zu. Ich bin gewillt, mich vollständig zu erklären.

Erwarten Sie aber nicht allzuviel Überraschungen. Es gibt kaum Neues nachzutragen. Goethe liebte mich, das erwähnte ich bereits, ich erwähnte auch, daß ich Goethe liebte. Jedes Schulkind kann sich ja zusammenzählen, daß wir einander liebten.

Es ist nicht nur ein Brief, es ist sogar eine Kiste. Aus Rom, in Italien. Was will er denn dort? *Öffnet die Kiste.*

Ich sollte das am ehesten wissen, meinen Sie? Ich weiß es auch am ehesten. Er hadert wieder einmal mit seinem Schicksal. Wie alle mit sich unzufriedenen Menschen hat unser gemeinsamer Freund ein zwangartiges Bedürfnis zu verreisen, je weiter, je lieber. Es ist natürlich sinnlos. Wenn es ihm gelänge, aus der Welt zu verreisen, – noch auf dem Mond wäre er ja nicht aus sich selbst herausgefahren. Er würde noch auf dem Morgenstern die Teegesellschaften, die Rezensenten und das Wetter verdammen. Er allein ist seine Krankheit, und der einzige Mensch, der sie heilen könnte, bin ich. – Sehen Sie, hier ist schon der Brief. *Sie legt den Brief auf ein Gueridon.*

Lassen Sie weiter sehen. *Sie packt eine Nachbildung des Herakles Farnese aus.* Aha, ein Kunstwerk, von Gips eines. *Stellt den Herakles auf den Brief.*

Warum ich den Brief nicht öffne? Ja länger Sie mich mit
Fragen überschütten, Josias, desto länger haben Sie nur auf
die Antwort zu warten. Muß ich die Farbe seines Herzens
aus seiner Tinte erfahren; kenne ich nicht diese künstlichen
Dunkelheiten, diese verwirrenden Zusammensetzungen und
betörenden Versprechen? Ich habe nicht nötig, den Brief zu
öffnen, übrigens ist es etwas wie eine Gewohnheit.

Ich pflegte die Briefe, die er mir schrieb, oft ungeöffnet
liegen zu lassen, so daß er sie, wenn er Besuch machte,
erblicken mußte. Sie können sich vorstellen, welchen Schaden die Vorstellung von seiner Vortrefflichkeit hierbei
erfuhr.

– Wie, Sie haben meinen Brief nicht gelesen?
– Ich fand noch nicht die Zeit, mein Teuerster.
– Nicht die Zeit, für ein Blatt von mir?
– Hat es denn solche Eile?
– Ich sprang nachts aus dem Bette, um ihn zu schreiben, gab
  meinen höchst nötigen Morgenschlaf daran, um ihn abzu-
  senden, und Sie bringen es übers Herz, ihn einen vollen
  Tag lang ungelesen zu lassen.
– Einen Tag?
– Doch fast schon.
– Es sind drei Tage, mein Teuerster; dieser Brief ist von vor-
  gestern; der heutige, wenn einer da ist, wie Sie sagen,
  wird sicher im Vorzimmer sich finden lassen.

O ja, es ist ein wundervolles und einmaliges Glück, von
einem Dichter geliebt zu sein.

Ein Dichter, Josias, ist ein Mensch von höherem Rang als
mancher unter den Edelleuten. Ihnen fehlt für solche Wert-
ordnung der Empfindsamkeit das Verständnis. Sie würden
das Genie auf eine Waage stellen wollen wie einen Zucht-
eber, und Sie kämen zu einem recht falschen Ergebnis; denn
Goethe wurde umso magerer, je heftiger er liebte. Ihre
Stumpfheit ist Ihre Entschuldigung, um derentwillen ich

bereit bin, mir Ihre dauernden Anklagen schweigend anzuhören. Ein Wort zu dem Punkt noch, dann sind Sie wieder
an der Reihe. Um die Seele eines Dichters, aber Sie kapieren mich nicht, kreist das All. Die Wirklichkeit ordnet ihn
nicht ein, er ordnet die Wirklichkeit um sich: Der Dichter
ist immer die Mitte. Die Mitte der Welt in Flammen gesetzt
zu haben, Josias, das erwärmt. Ich nehme an, daß Nero beim
Brand von Rom nicht gefroren haben wird; dies eine Mal
wenigstens nicht.

Wir liebten uns anders und mehr als Menschen sonst, und
unser Entzücken war dem der Sterblichen nicht zu verglei-
chen.

Wir gingen Arm in Arm an der Ilm hin, und die alten Kopf-
weiden nickten so recht traulich, und das Wehr rauschte von
Ferne, der Mond aber füllte das liebe Tal oder, wie ich besser sage, Busch und Tal mit dem Glanze des Nebels. Und
Goethe hielt seine feste Hand auf der meinen und sprach
leise und sehr gut und wußte mir alles, was ich sah, in Worte
zu setzen und zu deuten, und derart, daß es immer auf das
Gefühl Bezug hatte, das uns beiden zugleich den Busen
durchdrang. Ach, und ich schmolz unter seinen Worten und
Küssen. Ich spürte meine Hilflosigkeit schwinden, ich vergaß meine Armut und daß ich nichts Wichtigeres als nur ein
Weib war; ich ahnte, daß ich für ewig seine Magd sein durfte
und ihm doch – denn er hatte mich durch seine Liebe an
seine Seite emporgehoben – und ihm doch gleich. Die
Umarmung, der solche Stunden vorhergehn ...

Es wird Sie, wie ich voraussehe, überraschen, zu erfahren,
daß unsere Wonnen vor denen des Fleisches und der Ner-
ven keineswegs haltmachten. Ich bin indes entschlossen,
Ihnen nichts zu verbergen. Ich willfahre damit Ihren aus-
drücklichen Bitten.

Es war die Nacht zum zehnten Oktober achtzig.

Goethe war mit dem Herzog, auf dem Heimweg von einer
Amtsreise durch die Landesteile, in Kochberg eingekehrt;
er litt unterm Nebel und unterm Vollmond, war auch vom
Wind zu Pferd recht gepeinigt und wollte raschestens zu
Bett. So nahm ich Rücksicht und begleitete ihn durch den
Park bis vor seine Kammer, ich wußte ja, er würde sich nicht
rauben lassen, mich wieder zum Schloß zurückzuführen. Er
tats und mußte sich auf ein Glas der Gesellschaft beimischen.
Sie, Stein, weilten zu Hildburghausen und hatten sich des
dortigen hohen Sterbefalles anzunehmen.

Sie waren froh, mich bei leidlicher Unterhaltung zurückzu-
lassen; übrigens rechneten Sie fest mit meiner Abneigung
gegen die mechanische Vereinigung mit einem Geschlecht,
von dem Sie erfahren hatten, wie unerträglich mir seine
Gebärden und Ausdünstungen sind. Dies sind Gegenstände,
die gesprächsweise zu berühren sich unter Eheleuten wohl
am wenigsten schickt. Aber letzten Endes, wir leben in
einem aufgeklärten Jahrhundert. Der Geist der Untersu-
chung hat manches Befreiende, wenn man ihm nicht gestattet, aufs gemeine Wesen überzugreifen. Ich bin ganz offen.

Ich bin sehr wohl fähig zu jenem körperlichen Erleiden,
welches die Frauen in Ihren Augen so sehr ziert, weil es
Ihnen das Gefühl der Kraft einflößt. Ich weiß, daß ich Sie
in Staunen setze, mein Gemahl, aber nichts ist müheloser
für mich zu erreichen als das. Es fällt mir oft schwer, es zu
unterdrücken, wenn ich reite oder mir im Schlaf das Hemd
zwischen die Schenkel gerät. Es fiel mir äußerst leicht, es zu
unterdrücken, während Sie unsere sieben Kinder, mittels
meiner, in die Welt oder auch geraderen Wegs in den Himmel pflanzten.

Es ist ein angenehmes Erleiden, gewiß, und eben daher so
verabscheuenswürdig. Ein eingeflößtes Gefühl, meinem
Innern fremd, das überdies auf ekelhafte und demütigende
Weise zustandekommt. Eine Lust, mit der ich, so wird es
verlangt, mein Unterworfensein beglaubige.

Unsinnig genug versuchten Sie, mich jene Erregung auf Ihre plumpe Weise zu lehren. Was ich in der Tat gelernt habe, war, daß, was die Männer den Liebesakt nennen, eine Sache ist, die man, wo möglich, vermeiden, wo nicht, so schnell wie möglich hinter sich bringen muß. Meine Gleichgültigkeit führte bei Ihnen bald zum Überdruß; bedarf es anderer Beweise, daß es dem Mann ausschließlich um die Ausdehnung seiner Vormacht auch auf die nächtlichen Stunden des Tages zu tun ist? Warum ist er auf der Stelle entmutigt, wenn ich ihm meinen Beifall versage? Was, wenn er diese abstoßende Verrichtung so liebt, kümmert ihn, ob ich stöhne oder nicht? In seinem Ohr ist mein Stöhnen genau dasselbe Geräusch, wie wenn ich ihn alle Morgen um das Haushaltsgeld bitte.

Sie haben mein Unvermögen, an das Sie um Ihres Selbstgefühls willen glauben mußten, immer auf meinen Mangel an Leibsfülle geschoben. War je ein Wüstling ahnungsloser? Diese kreischenden fetten Weiber, welche Sie für sinnlich halten, – wissen Sie nicht, daß die niemals etwas empfinden? Nein, Sie wissen es nicht, weil alle Männer ihren Appetit mit dem der Frau verwechseln. Sobald eine Frau sie reizt, halten sie sich für reizend.

Ich sage Ihnen also jetzt, daß meine Gliedmaßen für die Beglückungen der Leidenschaft geschaffen sind, und wenn Sie das Gegenteil annahmen, schlossen Sie von sich auf Goethe.

Ums Haar wäre selbst ich in den nämlichen Fehler verfallen. Auch ich wähnte Goethe aus dem gleichen Stoffe wie Sie, und solange ich in dem Irrtum war, behielten Sie ja Recht: ich war die Wonne, die mich erwartete, nicht zu empfangen fähig. Vier tränenreiche Jahre kämpfte Goethe, und alle anmutigen Gottheiten mit ihm, gegen den Unterricht, den ich bei Ihnen genossen hatte. Vier Jahre sträubte ich mich gegen die Erkenntnis, daß es unmöglich ist, ein Genie nicht zu lieben.

Sie sind uns in den grünen Salon gefolgt, Josias. Verharren Sie nun dort, bis ich meine Erzählung vollständig zu Ende gebracht habe.

Der Herzog wollte lange nicht schlafen; als er endlich zu Bette ging, befand sich Goethe in dem wachesten Zustande der Übermüdung, hatte auch nicht wenig zugesprochen. Er fiel sogleich über mich her. Er raste in einem Taumel, der kaum aus seinem irdischen Innern herkam; ich ließ mich, noch völlig gegen meinen Vorsatz, hineinziehn. Ich erfuhr mit wachsender Seligkeit das Brausen seiner Begierde, den Sturm seiner begeisterten Ausrufe, den Donner seiner braunen Augen. An seinem und meinem Leib war nichts Gemeines. Unsere staunende Leidenschaft, die nicht von der Welt mehr war, wirbelte uns zu jenen geistigen Welten empor, die zwischen uns und der Ewigkeit liegen und deren unterster wir vielleicht nach dem Tode uns nähern dürfen; ja, Stein, dieser Mann, dieser Mensch, dieser Dichter hat mich, in jener Nacht zum zehnten Oktober achtzig, zum ersten Mal in meinem Leben so unaussprechlich bekleckt, ich meine: beklückert. Josias Stein, ich habe mich versprochen. Ich will sagen, dieser Genius der Deutschen hat mich in der Nacht zum zehnten Oktober achtzig unaussprechlich beglückert ... unaussprechlich beglückert ...

Sie stößt gegen die Figur, dieselbe droht zu kippen.

Fürchten Sie nichts, ich werfe nichts zu Boden. Der Herakles, er hat gekippelt, da sehen Sie, er steht schon wieder ruhig. Ich brauche ihn ja nur an der Keule festzuhalten. *Der Herakles fällt herunter. Sie beschäftigt sich mit den Trümmern.*

Nun, es sieht allerdings aus, als wäre ich Ihnen noch einige Ergänzungen schuldig.

V

DIE FRAU VON STEIN *fährt fort*

Die genauere Form des Berichts erfordert die Vorausschik-
kung, daß unser gemeinsames Glück nach vier ungetrübten
Jahren in eine Art Krise geriet. Ich ermüdete in meinem Einsatz. Mir ging die Kraft verloren, die ich brauchte, um mich
Goethe zu verweigern.

Sie haben entnehmen können: die Durchführung einer
Liebe ist eine Arbeit, worin Sorgfalt alles ist und die liebende
Frau nichts dem Zufall überlassen darf. Der Geliebte liebt
nur wahrhaft, solange er in Tätigkeit gehalten ist, und es ist
freilich genugsame Beschäftigung für einen Menschen,
einen Menschen pausenlos zu beschäftigen.

Mein bevorzugter Streitpunkt war einer, dessen Ergiebig-
keit ich mir im Grunde bis heute nicht erklären kann. Ich
weiß, er ist unerschöpflich; ich berechne seinen Erfolg; und
im tiefsten Herzen verstehe ich gar nichts. Er bestand sehr
einfach darin, daß ich nicht zugab, Goethe zu lieben.

Ich meine nicht etwa das Fortlassen von Handlungen, die
tatsächlich zur Liebe gehören; ich rede ausdrücklich vom
bloßen Nichtbenutzen des Wortes. Es ist unglaublich, welche Wirkung diese Formsache auf einen Mann ausübt. Ich
kann es allenfalls auf die übertriebene Bedeutung zurückführen, welche Männer Spielregeln, Verträgen und anderen
Dingen, die keine sind, unterlegen. Ich liebe dich, – man sagt
es, oder man sagt es nicht; was ist dabei? Was ist geändert,
wenn man es nicht sagt? Was ist gebessert, wenn man es
sagt?

Aber Goethe schien dem Verschweigen dieses Satzes die
Bedeutung eines Schanzwerks beizumessen, wohinter unge-
zählte Streitmächte des Aufruhrs, Heere des Widerstands

und Rückhalte heimlicher Überlegenheit biwakierten. Es war gar nichts dahinter, nur eben ein Hauch fraulicher Vernunft.

Kein Mittel, sagte ich, war so mächtig, und keines hat mich so wenig Mühe gekostet.

– Liebst du mich, Lotte?
– Nein, mein Geliebter.
– Abscheuliche: ein Geliebter, das ist einmal ein Mensch, welcher geliebt ist.
– Ist er das?
– Ja, wenn Worte eine Logik haben.
– Nun, Sie haben die Logik auf Ihrer Seite, seien Sie doch also zufrieden.

Unter derlei erfrischenden Gesprächen flogen uns die Tage dahin. Aber ich glaube, jede Liebe hat eine Zeit, die uns als die heiterste erscheint, weil die eigentlichen Schwierigkeiten noch erst nicht aufgetaucht sind. Ich durchforsche mich oft, was mich bewog, Goethes Verlangen nach einem Liebesgeständnis nachzugeben und mir den Zügel aus der Hand nötigen zu lassen.

Es waren nicht seine Drohungen. Solange ein Mann droht, leidet er, und alles liegt, wie es soll. Goethe war im Drohen von blühendem Erfindungsreichtum.

Am belustigendsten waren seine Anstrengungen, mir Eifersucht einzuflößen. Zu dem Zweck bediente er sich einer Sorte von Frauenzimmern, der von ihm sogenannten Miseln, worunter er von der Kalb und der Werthern über die Tiefurter Bauernmägde bis hinab zur Theaterdirne Schröter alles verstand, was Röcke trug und bereit war, seine Possen länger als fünf Minuten zu erdulden; übrigens war ihm beigefallen, ausgerechnet jene Rollen, die er eigens für mich geschrieben zu haben vorgab, mit der Schröter zu besetzen. Es begann mit der Iphigenia, wozu er selbst den

Orest machte. Ich hatte nichts zu tun, als nicht hinzugehn, und hatte ihm den Abend gründlich verdorben.

Nein, das alles bedeutete nichts. Es hätte mich nur beruhigt, wenn es nicht doch auch ein wenig ungezogen gewesen wäre.

Natürlich drohte er auch, sich zu töten, womit er ausdrükken wollte, daß er vorhatte, für eine Weile ein schlechter Gesellschafter zu sein. Das war lästiger, aber mit einem Wort weggemuntert, das man dann nur schnell wieder zurücknehmen mußte.

Seine Hauptdrohung aber war die, mich zu verlassen. Er rät mir, nicht für alle Zeit auf seine Fassungskraft zu bauen, er kündigt das Ende seiner Leidensfähigkeit an; eines Tags, versichert er, werde er den Mund auftun, ja handeln. Er schreibt auch hierzu ein schönes Stück, worin er mir wegläuft und ich ihm, reuegepeinigt, auf einen hohen Berg nachsteige. Für wie dumm hält er mich? Ein Mann, der länger als fünf Tage nichts unternommen hat und mich die Stunde fürchten machen will, wo er sich in Wahrheit entschließen werde.

Was meine Festigkeit erschütterte, war in der Tat etwas vollkommen anderes. Ich bemerkte Zeichen von Einverständnis mit der Welt an ihm, Zustände von Wohlbefinden, die über das Maß hinausgingen, das ich ihm zuteilte. Seine Briefe enthielten, statt Beschwerden, unendliche Beschreibungen von Felsenzähnen oder -türmen und dem weißgrün-graulichen Dampf der Eisgebirge, und was dergleichen berichtenswerte Sachen mehr sind, und er hatte die Unverschämtheit, sie, nach seinem Vortrag, von Philipp Seidel aufschreiben zu lassen und mich, es geht mir kaum über die Lippen, aufzufordern, sie für den Buchdrucker durchzusehen. Das waren schlimme Zeichen. Dieser Überdruß war nicht erheuchelt, diese Kränkungen hatten nichts sichtbar Erarbeitetes mehr an sich.

Gewiß, ich hätte auch eine solche Strecke überdauern müssen. Die Liebe, Stein, ist ein Messer, das zweie halten; sowie ich ja sagte, hielt er das Heft in der Hand und ich die Klinge. Aber Weib ist, wie der Brite sagt, der Name der Schwachheit. Von jener thüringer Reise hatte er mir gar nicht mehr oder höchstens von Wiesenwässerungen was schreiben wollen. Sorge überwältigte mein Urteil. Ich beging den entscheidenden Fehler; ich gestand ihm, ihn wiederzulieben, und in dem Augenblick, das war mir sofort klar, hatte ich mich geschnitten.

Nun gab es eine Verabredung, auf die er sich berufen konnte, einen Sachverhalt, aufgrund dessen er Meinungen über meine Handlungen wagen durfte. »Wenn du mich liebst, Lotte, warum willst du dann nicht ...«. Bei besserer Überlegung hätte auch das noch nichts gelten müssen. Aber in meinem damaligen Zustand der Verwirrung war mit der Torheit des Liebesgeständnisses die Pflicht, mich ihm hinzugeben, unmittelbar verbunden.

Es war die Nacht zum zehnten Oktober achtzig, die mich in diese tiefste Erniedrigung führte und anschließend – durch das Wunder, von dem Sie schon die Andeutung haben – auf die Höhen des unwiderruflichen Triumphes. Goethe hatte seine Gelegenheit, und er versagte.

Ich begriff nicht sogleich das Kostbare dieser Wendung. Ich kam mir, ich spreche mit Freimut, zunächst einfach an der Nase herumgeführt vor. Seine ganze bisherige Unterwürfigkeit hatte keinen anderen Grund als bloß den? Was ich anfangs für jünglingshafte Scheu, später für Gehorsam und endlich für sittlichen Verzicht genommen, – es war nicht mehr als das? Ich hatte mir alles eingeredet; schlimmer noch: er hatte mir alles eingeredet, all meine Siege, auf die ich mir doch manches zugute getan hatte.

Ich bedurfte der Frist eines vollen Tages, bis ich die Dinge mit besserer Überlegung ansehen konnte. Und dann kamen die Briefe.

Zuerst versuchte er es mit der frechen Stirn. Der Zettel flatterte, wenig nach Mittag, ins Haus, und ich muß ihn jetzt herbeischaffen; denn bei einem solchen Text traut keiner seinen Ohren allein; man muß das gesehen haben. Ich habe ihn bestimmt aufgehoben. Aber wo nur? Hier? Nein, die sind von Einsiedel. *Sie findet eine Hutschachtel.* Hier, das müssen Goethen seine sein. Ich bin eine ordentliche Person. Es kommt nicht auf die Weise an, Ordnung zu halten; Ordnung ist, wenn man findet, was man sucht.

Vom zehnten Oktober achtzig.

Sie liest. »Bestes Gold, sende mit Philipp Ihr Schnupftuch, das mir auszuleihen Sie die Gewogenheit hatten. Es ist bei der Morgensonne gewaschen, wie Schnee geplättet und mit Lavendel gesprengt; ich hatt noch lang meine Freude an der artigen Kante, bis ichs endlich doch aus Händen geben mußte. – Ich muß alles verlieren, damit Sie alles behalten sollen. – Danke auch nochmals für das Lexikon, welches mir eben jetzt recht unentbehrlich ist. Das oktoberliche Wetter macht mich jeder Barmherzigkeit würdig. – Habe auf den Mittag die Schrötern zu Tisch gebeten«.

Das ist ein schönes Schreiben, nicht? Ich frage mich, ob er es eines Tages noch in eine Sammlung aufnimmt. Wem desgleichen aus der Feder kommt, warum sollte er das Gefühl haben, es nicht zu drucken? Die anderen Briefe sind dann mehr nach der Regel. Entschuldigungen, Selbstvorwürfe, Klagen über die menschliche Schwäche. Freilich immer noch gesprenkelt mit Bissen gegen mich und Schweinereien von der Schröter. Ich habe sie kaum mehr angesehen: ich war aus dem Schneider.

Ja, Josias, mein einziges Ungeschick hatte mir – und das ist vielleicht der Lohn, den Gott für solche bereithält, die gera-

des Wegs ihre Straße gehen und sich um Schimpf und Lob
nicht kümmern – zum höchsten Erfolg geholfen. Einer
rechtschaffenen Natur gerät auch ein Irrtum zum Rechten.
Sie haben die neue Lage verstanden?

Ich verweigerte Goethe, was ich gar nicht besaß und was
Goethe gar nicht wollte. Eine solche Bindung ist in der Tat
unzerreißbar.

Es war jetzt die Frage eines knappen halben Jahres, bis ich
einen förmlichen Vertrag mit ihm hatte, worin ich die
Zusage meiner immerwährenden Freundschaft gegen das
Versprechen seines immerwährenden Wohlverhaltens ein-
tauschte. Ich wußte, er konnte es nicht brechen. Und er
wußte, daß ich es wußte.

Das ist der eigentliche Grund, Josias, weshalb ich diesen ita-
lienischen Brief mit solchem Gleichmut unerbrochen lasse.
Ich kenne seinen Inhalt, Zeile um Zeile. Und Sie?, erraten
Sie ihn noch immer nicht?

Goethe hat einen letzten Entschluß übrig, und daß er ihn
gefaßt hat, zeigen die romanhaften Umstände seiner Abreise
und die übermäßige Entfernung seines Zufluchtsortes. Nun,
auch ich habe mich entschlossen. Ich nenne Ihnen mit der
Auflösung das Rätsel; denn ich sehe, daß Sie nichts erraten
haben. Ich werde ihn heiraten, Josias.

Ja, mein Gemahl, ich kann Ihnen die lästigen Umstände
einer Scheidung nicht ersparen. Nichts spricht gegen Sie,
zu viel spricht für diesen Antrag. Meine Ruhe – das sage ich
nicht, um zu schmeicheln – finde ich auch bei Ihnen, aber
die Ehe mit Goethe wird eine dauernde Kette von Auf-
merksamkeiten, Einfühlungen und verständnisvollen Handlungen sein. Ein Gleiches wüßte ich von keinem andern
Mann zu erlangen. Solche Entsagung leistet allein ein
Unvermögender, ohnmächtig zum Treubruch und im ste-
ten Gefühl seiner Schuld.

Die Materie unseres Gesprächs ist verbraucht. Wir stehen vorm Abschluß. Sie befahlen mir, Sorge zu tragen, daß Goethe uns erhalten bleibe. Wohlan, Stein, er bleibt bei uns, aber ich nicht bei Ihnen. Ihr Befehl ist vollzogen, anders als Sie hofften. Wenn Sie fortfahren wollen, einen Vorwurf gegen mich zu erheben, müssen Sie ihn ändern. Ich versündige mich gegen meinen Stand; ich weiß es. Und ich sage Ihnen: diesmal werde ich die Meinung der Beobachter auf meiner Seite haben. *Sie nimmt den Brief.*

Ich habe Goethe zu dem gemacht, was er ist. Zu einem Staatsbediensteten, der eine öffentliche Stellung auszufüllen weiß, zu einem Kopfe, dem, wenngleich er selten gelesen ist, keiner gern widerspricht, und nicht zuletzt zu einem Mann, der, ungeachtet ihm die Frauen fremd bleiben müssen, auf zehn Jahre erfüllter Liebe zurückblickt. Ich bin seine Frau. *Sie öffnet den Brief.* Wer will mich aufhalten, wenn ich nun den letzten Schritt tue, um von der Charlotte von Stein zur Charlotte von Goethe herabzusteigen?

Hören wir also. Wir kennen bereits die Antwort. *Sie liest in dem Brief, murmelt über Unwichtiges hinweg, zitiert mit zunehmender Verwunderung die folgenden Stellen:* »Ich bin wohl, habe das schönste Wetter und geht mir alles glücklich ... Alle Wetter sind schön ... Das Wetter fährt fort, über allen Ausdruck schön zu sein ...«.

Sie sagt: Nun, es ist wohl warm dort unten.

Diese Abhängigkeit vom Wetter, muß ich sagen, zeugt von unglaublich wenig Haltung, es ist ein mehr als unstatthaftes Sichgehenlassen. Es ist der Ausdruck eines nicht zur innern Stimmigkeit gediehenen Gemütes, das den eigentlichen Quell seiner Mißgelauntheit vor sich selbst geheimhält, daher diese, wie das in solchen Fällen sich gewöhnlich beobachten läßt, in verwandelter Form umso ungehemmter hervorbricht. Oder, wie unsere liebe Göchhausen einmal mit so treffender Spitze fallen ließ: Er glaubt, seine

Stimmung richte sich nach dem Wetter. Die Wahrheit ist natürlich, daß sich das Wetter nach seiner Stimmung ... nach seiner Stimmung ...

Sie läßt die Hand mit dem Brief sinken. Sagt O mein Gott, warum ist nur alles für uns alle so sehr viel zu schwer?

DAS ENDE

ROSIE TRÄUMT

Legende in fünf Aufzügen
Nach Hrosvith von Gandersheim

PERSONEN

Diokletian
Fides   ⎫
Spes   ⎬ *seine Töchter*
Rosvitha   ⎭
Gallikan
Bradan, *König der Karpen*
Emmerich   ⎫
Pafnutius   ⎬ *Klausner*
Paul, *ein vandalischer Landsknecht*
Ernst, *ein Hausierer*
Gotthold, *ein toter Sodomiter*
Der Teufel
Henker
Sisinius, *Hauptmann*
Thais, *eine Buhlerin*
Die Jungfrau

ERSTER AUFZUG

Wald

Diokletian, Gallikan. Gefolge.

DIOKLETIAN
Es ist für Rom. Der Gang des Krieges fordert,
Daß wir, du, Caesar, mein gewählter Sohn,
Mein Gallikan, in diesem Wald und ich,
Uns nun und die Kohorten trennen müssen.
Ich geh nach Norden, wo der Alemanne
Durch Trotz Vernichtung bittet. Bringe du
Im Süd indes der Karpen Volk zum Wimmern.

GALLIKAN
Ich wills.

DIOKLETIAN
　　　　Dann ungesäumt. Es ist seltsam, immer
Nur mit der Arbeit wächst die Arbeit. Rom
Stand nie so groß und nie so wenig fest.
Des Reiches Grenze wird mit jedem Sieg
Nur immer länger für den äußern Feind,
Die Fläche angreifbarer für den innern.
Ist noch etwas zu reden?

GALLIKAN　　　　Eh wir ziehn,
Vermähle mir, Augustus, deine Tochter.

DIOKLETIAN
Du wünschst höchst plötzlich, Caesar. Welche ists,
Die du begehrst?

GALLIKAN　　　Gleichviel.

DIOKLETIAN　　　　　　Wie, alle drei?

GALLIKAN
Mich treibt Vernunft, nicht mindestes Begehren.
Kein Wunsch ist dies, ein Ratschlag. Wenn den Fels
Du spalten mußt, den feindabwehrenden,
Den stolzen Kaiserthron von Rom, in zwei,
Erschein er dem Barbaren doch wie einer

Und will ich so erhöht, als wär ich selbst
Augustus Jovius, dem Bradan drohen.

DIOKLETIAN

Du denkst mir aus dem Herzen. Du verdientest,
Wär nicht August August, August zu sein.
Man sende nach den kaiserlichen Jungfraun!
– Ich laß sie wählen, Gallikan. Wo eine
Dich wählt, erleichterts das Geschäft. Wo keine
Dich wählt, wählst du.

Fides, Spes.

Da sind sie. Fides, Spes,
Ihr hört und folgt, weshalb Rosvitha nicht?

SPES

Herr, sie vernahm und schickte sich zum Kommen.

DIOKLETIAN

So bringt sie sich um die Gelegenheit.
Ich warte nicht. Vernehmt: der Caesar freit
Um euer eine. Wo in einer Neigung
Von euch sich oder Vorsatz hat gebildet,
Ihm zu gehören, sprech sie freien Muts.
Den jede will, ich geb ihn ihr zum Gatten.

FIDES

Der Antrag ehrt mich.

SPES   Für den Antrag Dank.

DIOKLETIAN

Wie, ihr weicht aus? Es ist kein bessrer Mann.

FIDES

Kein bessrer.

DIOKLETIAN Dennoch wollt ihr einen andren?

FIDES

Herr, keinen andren, wenn wir einen wollten.

DIOKLETIAN

So wollt ihr keinen? Tausend, und der Grund?

FIDES

Ein Mann, der Achtung wert, er ist dem Weib
Ein Halt im Leben, und er trägt es sicher,
Bis, heiter oder rühmlich, beider Tage

Sich endigen. Auch mit mehr Recht wird keiner
Geachtet als der tapfre Gallikan.
Und doch nur eine hält, die Unschuld, uns
Im andern Leben, das kein Ende hat.

DIOKLETIAN
Zum Henker, ihr seid Christinnen?

FIDES, SPES   Wir sinds.

DIOKLETIAN
Zum Henker, – nun, das war nicht hingescholten
Als Redensart. Den Henker! – Gott in Rom
Heißt einzig einer, ich. Ich bin der best
Und höchste Jupiter. Man fällt zum Boden
Bei meinem Eintritt, küßt den Purpursaum
Des seidenen Gewands mir, und in Angst.
Kein Römer ist, wer nicht zum Kaiser betet.

Auftritt der Henker, küßt Diokletians Saum, fällt hin.

GALLIKAN
Wer ist der Affensohn?

DIOKLETIAN   Der ist mein Henker.
Hier steht der Theolog, der euch bekehrt,
Wo ihrs nicht selber tut. Ich frage nicht
Zum dritten Mal. Wer geht mit Gallikan?

FIDES, SPES
Wir wollen gehen mit dem wahren Gott.

DIOKLETIAN
Sprich du ihr Urteil, Caesar.

GALLIKAN *zum Henker*   Richte sie.

DIOKLETIAN
Kurz und sehr gut. Die zwei sind meine Kinder.
Doch jeden Bürger hat August zum Kind,
Und Kindsrecht soll das Bürgerrecht nicht brechen.

HENKER Es wird ohne Verzug geschehen, Caesar. Es ist mir
ein Vergnügen, ein ehrenvolles Vergnügen.

GALLIKAN Was, diese Vollstreckung vergnügt dich?

HENKER Eine vergnügensvolle Ehre, ich will ausdrücken, ich
bin vergnügt, mich dermaßen geehrt zu sehen.

GALLIKAN Weshalb fällst du um?

HENKER Ich stolperte über das Richtschwert.

GALLIKAN Du bist wohl ungelenk?

HENKER Die Wahrheit zu sagen, ich bin die ungelenkigste Figur zwischen dem Atlasgebirge und den Alpen.

GALLIKAN So scheinst du mir wenig geeignet für dein Amt, Bursche.

HENKER Ungelenk, o Caesar, bin ich nur während der Freizeit. In meinem Fach wird mich keiner an Fertigkeit übertreffen. Zwei zarte junge Damen mit Schwanenhälsen, das ist eben gerade eine Kleinigkeit für mich.

GALLIKAN Eine Kleinigkeit? Diokletians Töchter hinrichten, eine Kleinigkeit?

HENKER Eine hochbedauerliche Kleinigkeit, eine kleine Hochbedauerlichkeit, klein, so will ich mich verstanden wissen, in rein fachlicher ... *Er fällt hin.*

GALLIKAN Ich frage mich in der Tat, ob wir diesem Hampelmann die nötigen Gaben zutrauen dürfen.

FIDES

Nein, Caesar, zögre nicht. Zu nahe winkt
Der holde Anblick von dem Himmelreich.
Du machtest uns, es rasch zu schauen, hoffen.
Schick uns nicht weiter vor dem Tor zum Glück.

GALLIKAN Dann ans Werk, Fachmensch, zeig uns, was du kannst.

HENKER Ich bitte also die jungen Damen, daß sie mich bei meiner schwer und schändlichen Verrichtung durch trostreichen Zuspruch unterstützen, mir auch, was ich ihnen Leids antue, verzeihen mögen. *Er fällt hin.*

FIDES

Wir loben dich.

SPES   Und rühmen dein bei Gott.

FIDES, SPES *knien hin*

O Himmels Gunst, in solcher Jugend selig.

HENKER Dank, ergebensten Dank. Das Hälschen bitte nach vorn. So, sehr schön. Danke. *Er köpft beide mit einem Schwertstreich.*

GALLIKAN Gut gemacht.

DIOKLETIAN
Nun, Gallikan, die Burg von Sirnium
Bleibt leider leer an kaiserlicher Frucht.
Der Plan war gut. Es kam, daß er mißlang.

Rosvitha, mit einer Bonbontüte.

Halt, nein. Rosvitha hatte ich vergessen.

ROSVITHA
Der Vater ruft?

DIOKLETIAN   Das Kind verweigert sich?

ROSVITHA
Nein, nein, was sprichst du da? Ich bin ja hier.

DIOKLETIAN
Doch später als die andern.

ROSVITHA   Ist es möglich?
Wie kann das sein? Ich höre den Befehl,
Lege das Kleid ab, richte mir die Haare,
Schlüpf in das gute Kleid, das will nicht sitzen,
Zieh in geschwinder Hast ein andres an
Und such zu dem die passenden Sandalen,
Und räum die Truhe auf, füttre die Spitzmaus
Und steck die Tüte Bomboms ein und gehe.
Vater, ich ging im selben Augenblick,
Worin du riefst.

DIOKLETIAN   Und zwischen deinem Gehn
Und deinem Kommen lief der Faden ab
Von deinen Schwestern.

ROSVITHA   Fides, ach, und Spes,
So starbt ihr wohl und seid für Jesus tot?
Unglückliche Rosvitha. Ewiges Schwelgen
Hast du durch böses Trödeln dir verscherzt.

DIOKLETIAN
Man treibt mich heut zum Wahnsinn, Henker!

GALLIKAN   Warte.
Laß mich versuchen, ob die Törin sich
Bestimmen läßt durch gütliche Vernunft.
Sieh her, ich will dich heiraten, Rosvitha.

ROSVITHA

O wunderhübsch.

DIOKLETIAN   Du willigst ein?

ROSVITHA   Ich darf nicht.

GALLIKAN

Du sagtest: wunderhübsch.

ROSVITHA   Ich mag Anträge.

Ich hatte lange, fast sechs Wochen, keinen.

GALLIKAN

Erwäge denn, Rosvitha, dieses Antrags
Höchst ernsten Umfang. Meine Taten kennst du.
Ich handle stets bedacht und selten schlecht.
Und nimmer will ich anders als dein Vater,
Sowenig jener anders als die Welt.
Und wenn ich um die Antwort dich ersuche,
Die dich als Gattin mir verbindet, will ich,
Was jeder will.

ROSVITHA   Nicht jeder. Gott will nicht.

GALLIKAN

Gott? Denk mal, Rosie: will der nicht dein Bestes?

ROSVITHA

Und er allein kann wirken, was er will.

GALLIKAN

Ich bin dir gut, ich kann dir alles geben.

ROSVITHA

Alles, die Unschuld, rauben willst du mir.

GALLIKAN

Ich will sie tauschen gegen Reicheres.

ROSVITHA

Nichts bleibt mir übrig, wenn ich sie verlor.

GALLIKAN

Mit Perlen will ich dich und Seide schmücken.

ROSVITHA

So feines Kleid, um mich im Schmutz zu wälzen?

GALLIKAN

Das hätte ich verlangt?

ROSVITHA   Im Schmutz der Sünde.

GALLIKAN

    Als Sünde schmähe nicht, wovon du machst,
    Daß es mir beifällt, weil du lieblich bist.

ROSVITHA

    Du findst mich lieblich?

GALLIKAN   Sehr, und kann dich lieben.

ROSVITHA

    So liebe Gott, der mich so lieblich schuf.

GALLIKAN

    Soll ich vom Tischler essen, statt vom Tisch?

ROSVITHA

    Ich bin nicht witzig, Feldherr. Hierauf weiß ich
    Keine Erwiderung. Wir redeten
    Vom Lieben, nicht vom Essen. Aber wenn
    Ich in dem Punkt, das weiß ich, nachgab, war
    Mein Dasein eitel und mein Heil verloren.

GALLIKAN

    Nichts unterm Himmel ruht auf einem Punkt.

ROSVITHA

    Im Himmel doch vielleicht.

GALLIKAN   Es ist zu dumm.

ROSVITHA

    Wie unverstanden vor der Ewigkeit
    Steh ich am Tage, der die Gräber leert,
    In meiner großen Weltlichkeit und Schwäche.
    So hab ich Gott gelobt, in solcher Sorge,
    Begreifst du nicht, in dieser einen Sache
    Zusammen mich zu nehmen.

DIOKLETIAN   Schluß. Du sagst
    Dem Caesar, was du gern von ihm empfängst,
    Hand und Erhöhung oder Tod und Schande.

ROSVITHA *betet*

    O strenger Schöpfer, zitternd im Gebet
    Fleh ich den Mut von dir, der Neigung mich
    Zu widersetzen und der Pflicht zu folgen.
    Denn meine Lust, du kennst sie, ist sehr groß,
    Zu tun, was ich nicht sollte.

DIOKLETIAN   Da, sie schwankt.

ROSVITHA

Du bist die Hilfe, Gott. Jetzt bin ich stark.

GALLIKAN

So hast du für das Sterben dich entschieden?

ROSVITHA

Nein, für das Leben. Meine heiße Lust
Zieht mich zu Jesus. Aber griff ich jetzt
Nach der erwünschten Krone, sandte ich
Dich unbelehrten Heiden ja zur Hölle.
Es ist dein Urteil, das ich wenden muß,
Indem ich deine Untat widerrufe.
Du arme Fides, dauernswerte Spes,
Vergebt, daß aus der Paradieseswonne
Ich euch, um den zu retten, niederwinke.
Es ist für eine Seele. Stehet auf.

FIDES

Sieh uns denn wandeln, Caesar.

SPES   Und bereue.

HENKER Hiervon nehme ich keine Schuld auf mich. Der
Unfall bringt mich selbst in Verzweiflung, aber glaubt mir,
Kaisers, sobald man es irgend mit Christen zu tun hat, gehen
die Pannen los.

DIOKLETIAN

Wie nun verfahren? Wenig Frist mehr läßt
Uns Roms Bedrängnis.

GALLIKAN   Gib mir dies dein Kind
Als Dienstmagd mit, zur Strafe oder Heilung.

ROSVITHA

Willfahre ihm.

GALLIKAN   Du faß mich recht, ich fordre
Dich nicht als Weib mehr, nur als Sklavin noch.

ROSVITHA

Von Herzen gern.

GALLIKAN   Du bist sehr demutvoll.

ROSVITHA

So wills mein Glaube, Jesus will es so.
Die Demut, überdem, gibt mir die Zeit,
Die Schwächen meiner Gegner auszuspähen.

GALLIKAN
Sklavin wird Kebse heißen. Anders noch
Geht Unschuld als im Brautbett zu verlieren.

ROSVITHA
Gott steht mir bei.

GALLIKAN   Dann, daß auch ich des Beistands
Nicht ganz ermangle, bitte ich den Kaiser
Um diesen Ehrenmann, dir zum Geleit.

ROSVITHA *zum Henker*
Komm, Freund.

GALLIKAN   Und mußt du dauernd Bonbons fressen?

ROSVITHA
Aber es kostet Kräfte, fromm zu sein.

DIOKLETIAN
Die Fehlgeschlagne, nimm sie, Gallikan.
Tu, wie du magst, an ihr. Sie ist mein Kind nicht.
Den da entbehr ich schwerer, nimm ihn auch.
Und fort in deinen Krieg, ich geh in meinen.

Nach zwei Seiten ab. Auftreten Emmerich und Pafnutius.

EMMERICH Du bist lau geworden, mein Bruder Pafnutius.
Willst du mir nicht in die Hauptstadt folgen und die Buhlerin Thais zur Tugend zurückführen?

PAFNUTIUS Welche Hauptstadt?

EMMERICH Gallikans Hauptstadt, Sirnium.

PAFNUTIUS Höchst ungern, mein Bruder Emmerich. Ich
bin nicht Klausner geworden, um meinen Wald zu verlassen.

EMMERICH Wir leben in der Einöde um Christi willen, wir
verlassen sie also nicht, wenn wir Christi Weg schreiten.

PAFNUTIUS Das ist richtig. Nur verhält es sich eher so, daß
ich Christi Weg eingeschlagen habe um der Einöde willen.

EMMERICH Wie verstehe ich dich? Hausest du nicht im
Wald, weil du gläubig bist?

PAFNUTIUS Nicht hauptsächlich.

EMMERICH Weshalb dann hauptsächlich?

PAFNUTIUS Weil ich über fünfunddreißig bin.

EMMERICH Und Jesus?

PAFNUTIUS Jesus wußte, warum er es nur bis dreiunddreißig machte. Die Menschen lieben, das hätte er übers Fünf-
unddreißigste hinaus nicht durchgehalten. Wenn ich Gott
wäre, und auf die Erde verschlagen, was täte ich? Mich mit
dreiunddreißig hängen lassen, eben das und nichts anderes. Ich bin nicht Gott, unglücklicherweise. Ich kann mir
die Sache nicht richten. – Aber schon gut, gehen wir nach
Sirnium und läutern wir die Buhlerin, deren wollüstiges
Treiben, wie du in Erfahrung gebracht hast, so sehr zum
Himmel schreit; übrigens nehme ich an, daß unsere Mühe
vergeblich sein wird.

EMMERICH Weshalb, mein Bruder Pafnutius, wenn du nicht
in Wahrheit gläubig bist, kämpfst du denn für das Gute?

PAFNUTIUS Um den Sieg des Gesindels über mich nicht
vollständig werden zu lassen. Es ist ihnen gelungen, mich
aus ihrer Welt zu vertreiben; es soll ihnen nicht gelingen,
mich in einen ihresgleichen zu verwandeln. Gehen wir nun?

EMMERICH Mein Bruder Pafnutius.

PAFNUTIUS Mein Bruder Emmerich?

EMMERICH Ich habe es mir hin und her überlegt, ich lasse
dich doch lieber allein gehn. Mir fehlt heute die Lust, dich
zu begleiten. *Ab. Zurück* Mein Bruder Pafnutius.

PAFNUTIUS Mein Bruder Emmerich?

EMMERICH Der Herr begleite dich. *Ab.*

PAFNUTIUS Amen. Ich danke dir. *Ab.*

ZWEITER AUFZUG

Herberge

Gallikan, Henker, Hauptmann

GALLIKAN
Ist Nachricht von den Karpen?
HAUPTMANN   Herr, sie stehn,
So sagt die jüngste Zeitung, auf der Böschung
Des Tals, das hinter jenem Berg sich dehnt.
GALLIKAN
Die Schlacht hat ihre Mulde und Gefäß,
Da läuft kein Blut ab. – Übrigens, heut Morgen,
Daß das Gemetzel mich bei Stimmung findet,
Hab die Rosvitha ich zu schänden vor.
Geh zu ihr, Schurke, und entkleide sie.
HENKER
Sehr wohl.
Ab.
GALLIKAN He, stolpere nicht.
HENKER   Gewiß nicht, Herr.

*Der Henker fällt hin, alle ab. Vor der Herberge Paul, Ernst, Gott-
hold, von der anderen Seite Pafnutius.*

ERNST Du, der Mann da!
PAFNUTIUS Beliebt dir etwas, mein Sohn?
ERNST Hier in der Nähe soll eine Schlacht abgehalten wer-
den, kannst du uns sagen, wo?
PAFNUTIUS Warum sucht ihr, was alle Verständigen meiden?
PAUL Wir kommen von Thais, der Buhlerin, und haben nötig,
unsere Mittel aufzufrischen.
PAFNUTIUS In der Schlacht, wie geht das?
ERNST Ich hausiere mit einer stinkenden Salbe gegen Filz-
läuse, die ich erfunden habe.
PAFNUTIUS Hilft die? Gegen Filzläuse, höre ich, weiß nicht
einmal der Teufel ein Kraut.

ERNST Nein, aber der Teufel hat mir die Gabe verliehen, meine Salbe zu verkaufen, obgleich sie nicht hilft.

PAFNUTIUS Unglaublich.

ERNST Willst du nicht eine Büchse? Sie kostet nur zwanzig Sestertien.

PAFNUTIUS Das dünkt mich wohlfeil. *Kauft. Sagt zu Paul* Wovon nährst du dich?

PAUL Ich bin ein vandalischer Landsknecht.

PAFNUTIUS Freund, du siehst nicht eben aus, als ob du viele totschlügest.

PAUL Nein, aber der Teufel hat mir die Gabe verliehen, daß ich niemals totgeschlagen werde; so kann ich mich ohne Leibsgefahr verdingen.

PAFNUTIUS Beim Gallikan?

PAUL Ja, beim Gallikan.

PAFNUTIUS Oder beim Bradan?

PAUL Ja, ja, beim Bradan.

PAFNUTIUS Beim Gallikan oder beim Bradan?

PAUL Was fragst du mich? Wer ist Gadan, wer Brallikan?

PAFNUTIUS Ihr seid eine ausgesuchte Truppe, das merke ich bereits. Wer ist der?

ERNST Rücksicht, Mensch. Sprich ihn nicht so heftig an.

PAFNUTIUS Was fehlt ihm?

ERNST Tritt mit mir beiseite. *Tun es.* Er heißt Gotthold und ist ein toter Sodomiter.

PAFNUTIUS Was für eine neue Sauerei ist das nun schon wieder? Es gibt bei den niederen Tieren so sehr viel mehr Arten als bei den höheren. – Er ist tot, meinst du?

ERNST Ja, aber man hat vergessen, es ihm mitzuteilen, und wir wollen es ihm nicht sagen. Man kann ihm den Ganymed vorhalten, ohne daß ihm die Spucke kommt. Wir haben eine letzte Anstrengung gemacht und versucht, ob Thais bei ihm Absonderungen hervorruft, aber vergebens. Nun ja, er bekommt jetzt auch langsam Moos in den Ohren.

PAFNUTIUS Thais, wieso die? Thais ist doch kein Junge.

ERNST Du kennst Thais nicht.

GOTTHOLD Ernst, wo bleibst du?

ERNST Gleich.

GOTTHOLD Gotthold will zu den Soldaten.

PAFNUTIUS Vermißt er nichts?

ERNST Nicht viel, er hatte schon immer was Verstorbenes in
seinem Wesen. Erst war er zu anspruchslos für Weiber, dann
bald auch zu genügsam für Knaben, aber der Teufel hatte
ihm die Gabe verliehen, jedem hübschen Buben begeh-
renswert zu erscheinen, obgleich er, mit Aufrichtigkeit zu
reden, wenig Gebrauch davon machte. Das ist auch der
Grund, warum ihm nun nicht auffällt, daß er tot ist.

PAFNUTIUS Weshalb hat ihn der Teufel nicht geholt?

ERNST Keine Leute, vermute ich. Die Zeiten, nicht wahr? Die
Zustände.

PAFNUTIUS Allerdings, wenn viele sind wie ihr, hat der Teufel Überstunden. O ihr verfluchten, wertlosen, arbeits-
scheuen Strolche, habt ihr denn wohl nie über das Geheimnis der göttlichen Trinität nachgedacht?

PAUL, ERNST, GOTTHOLD *fallen auf die Knie* Schuldig,
schuldig. Wehe uns Verlorenen.

PAFNUTIUS So klingt das schon besser. Geht hin und handelt wie anständige Menschen, was, dies nebenbei, nicht
leicht ist; dann seid ihr gerettet.

PAUL, ERNST, GOTTHOLD Nein, es ist zu spät.

PAFNUTIUS Es ist niemals zu spät.

ERNST Aber wir haben dem Teufel unsere unsterblichen Seelen versprochen.

PAFNUTIUS Na und?

ERNST Er hat es schriftlich.

PAFNUTIUS Auch das noch. – Den Teufel! Den Teufel her,
sage ich.

PAUL Ob er wohl kommt?

ERNST Er kommt, ich rieche ihn.

Auftritt ein ungeheurer Ziegenbock, es ist der Teufel.

TEUFEL Wer schreit denn hier herum?

PAFNUTIUS Sprich nicht, ich spreche. Wie nennst du dich?

TEUFEL Jupiter.

PAFNUTIUS Nie gehört.

TEUFEL Hör mal, aber das ist stark. Wirklich? Nie gehört, sagst du? Jupiter, nie gehört?

PAFNUTIUS Heißt du nicht Satan oder Uriel oder Meister Fliegendreck?

TEUFEL *vage* Nein, nein, weshalb sollte ich denn so heißen? Jupiter, bemühe dich doch, dich zu erinnern. Homer schreibt ja viel über mich.

PAFNUTIUS Ich lese keine schöngeistigen Sachen.

TEUFEL Nein?

PAFNUTIUS Über das Alter bin ich hinaus.

TEUFEL Was liest du denn inzwischen?

PAFNUTIUS Memoiren, wenn es hochkommt.

TEUFEL Pech und Schwefel, so muß ich mich an die Arbeit machen und mein Leben überdenken.

PAFNUTIUS Du solltest besser das Geheimnis der göttlichen Trinität ...

TEUFEL Halt, halt. Verlange von mir, was du willst, aber sprich den Namen nicht aus.

PAFNUTIUS Wohlan. So gib diesen Elenden die Urkunden zurück, die du ihnen abgeschwatzt hast.

TEUFEL Abgeschwatzt? Ich ihnen? Du hättest dabei sein ...

PAFNUTIUS Keine Erörterungen. Die Urkunden, sage ich, oder ...

TEUFEL Schon gut, hier sind sie. *Gibt Ernst und Paul seine Urkunde.*

PAFNUTIUS Auch dem.

TEUFEL Dem auch?

PAFNUTIUS Ja.

TEUFEL *gibt Gotthold die seinige* Ihr seid jetzt die Stärkeren, was? Ihr werdet sehen, wie man lebt, ohne Jupiter zu kennen. *Verschwindet.*

PAFNUTIUS Erledigt. Ihr gehört wieder dem Herrn.

ERNST Du hast uns gerettet, heiliger Mann. Soll ich dir aus Erkenntlichkeit eine Büchse Filzlaussalbe zum halben Preis ablassen? Zehn Sesterzien nur, das ist geschossen.

PAFNUTIUS Nun ja, Filzläuse, in der Tat, sie sind eine schreckliche ... O du abgefeimter Spitzbube. Willst du dich wohl endlich aufführen, wie es sich für einen Geretteten schickt? Raus, ihr Proselyten. *Er jagt sie mit Fußtritten von der Bühne. Er sagt* Meine Straße führt nach Sirninum. *Ab.*

In der Herberge, Verschlag mit einem eisernen Ofen. Rosvitha. Auftritt, mit seinem Koffer, der Henker; er packt die Instrumente aus.

ROSVITHA Könntest du dich nicht beeilen? Ich muß bekennen, das Warten fällt mir nicht leicht.

HENKER Wegen der Angst, nicht wahr?

ROSVITHA Wegen der Vorfreude.

HENKER Vorfreude, Fräulein? Das tut mir wohl. Ich bin der beste Mann in meinem Fach, aber ich habe in den dreißig Jahren, die ich es ausübe, von keinem meiner Patienten auch nur ein würdigendes Wort vernommen.

ROSVITHA Viele Leute sind sehr töricht. Sie glauben, das Leben ende mit dem Tode; deshalb können sie deine Kunst nicht achten.

HENKER Das mag ihr Grund sein, aber es bleibt viel Selbstsucht dabei.

ROSVITHA So mach endlich fertig und töte mich.

HENKER Töten? Nein, nein, so weit sind wir ja nicht.

ROSVITHA Was, bloß Folter?

HENKER Keine Folter.

ROSVITHA Boshaftes Scheusal, das du dich weigerst, mir zur Süße Gottes zu helfen. Siehst du nicht, daß ich vor Begierde fast platze?

HENKER Iß nicht so viel Bonbons auf einmal. Du wirst Leibweh kriegen.

ROSVITHA Ich kriege nie Leibweh.

HENKER Nie? Erstaunlich.

ROSVITHA Was aber hast du vor?

HENKER Nichts, was der Rede wert wäre. Ich werde dich nackt ausziehn, anschließend wird Gallikan kommen und dich schänden.

ROSVITHA Barmherziger Himmel, nackt ausziehn?

HENKER Ja, das ist schon alles.

ROSVITHA Ich verbiete es dir.

HENKER Du brauchst dich vor mir nicht zu schämen, Jungfrau. Der Henker ist wie ein Arzt, der Mensch ficht ihn nicht an. Er erhält fürs Männchen den gleichen Handwerkslohn wie fürs Weibchen, das ist ihm ein Stiefel. Der Unterschied zum Arzt ist: die Kuren zum Tod gelingen sicherer als die zum Leben; jedenfalls galt das bis zu den Jesusleuten.

ROSVITHA Jesus wird mir beistehen.

HENKER Jesus wird dir nicht beistehen, und ich werde dir jetzt den Gürtel durchschneiden. Ich bitte dich also, daß du mir meine üble und grausame Tat verzeihen sollst.

ROSVITHA Ich verzeihe dir.

HENKER Ich danke dir.

ROSVITHA An mir wird es nicht liegen, wenn du für ewig in der Verdammnis schmorst.

HENKER An wem dann?

ROSVITHA An deinen Schweinereien.

HENKER Das war ein starker Ausdruck, an dergleichen mag ich mich nicht gewöhnen. Denkst du unverschämtes und störrisches Biest, ich hätte vergessen, wie du mich vor Diokletians Augen zum Spott gemacht hast? Noch heute erzählen meine Neider hinter der Hand, ich hätte deine Schwestern verfehlt. Wir wollen doch ausproben, ob ich dich verfehle. Nicht wackeln. *Er schneidet am Gürtel.* Nicht wackeln, sage ich. *Er schneidet.* Halte einmal die Schere, wir benötigen einer größeren. *Er schneidet, die Schere zerbricht.* Schund. Mit solchem Werkzeug soll der Mensch nun arbeiten. Na ja, wir werden das Problem auch noch lösen. Beginnen wir eben mit dem Gewand. *Er nimmt die große Zange, reißt an dem Stoff über ihrem Busen.* Warum reißt es nicht?

ROSVITHA Es kann nicht.

HENKER Was ist da?

ROSVITHA Jesus, er steht mir bei.

HENKER Jesus soll sehen, wer ihm beisteht, wenn ich ihn erwische.

ROSVITHA Bemühe dich nicht, meine Unschuld genießt den Schutz des Himmels.

HENKER Maul. Beide Hände auf den Ofen stützen, richtig. *Er hebt ihr von hinten den Rock hoch, es mißlingt. Er nimmt eine*

Brechstange, benutzt sie als Hebel; der Rock läßt sich nicht lüften; er arbeitet schwer.

ROSVITHA Willst du es nicht aufgeben?

HENKER Der Rock ist schon oben.

ROSVITHA Du täuschst mich.

HENKER Ich sehe ja schon ein Stück Backe.

ROSVITHA Was gibst du vor zu sehen?

HENKER Ein Stück Hinterbacke. Wahrhaftig, es ist mehr an dir dran, als man zunächst so vermuten möchte.

ROSVITHA Wie ward dir das bekannt?

HENKER Wenn ich sie ja sehe.

ROSVITHA Meine Hinterbacke?

HENKER Gleich sehe ich die andere.

ROSVITHA O du häßlicher alter Versucher, du willst meinen Glauben prüfen, aber Jesus läßt nicht zu, daß du zwei Hinterbacken von mir erblickst. Ich weiß, daß du schwindelst.

HENKER *Wirft die Stange hin* Übersinnliche Scheiße. Aber warte, ich habe noch einen anderen Apparat eingepackt. *Er greift sich an die Hose.*

Gallikan draußen.

GALLIKAN Henker.

HENKER Mein Caesar.

GALLIKAN Hast du sie ausgezogen?

HENKER Du hast es mir befohlen.

GALLIKAN Komm heraus. *Henker kommt.* Ist sie hübsch?

HENKER Nein.

GALLIKAN Das ist schlecht. Ist sie willig?

HENKER Nein.

GALLIKAN Gut, so ist es besser, als wenn sie häßlich und dann auch noch willig wäre. Du kannst gehen. Geh schnell, ich bin in Hitze. *Der Henker fällt mit seinen Instrumenten hin, sammelt sie ein. Gallikan währenddessen*
Oft liebt man, was man haßt. Ich hasse Keuschheit.
Und wie der Krieger, den nach Kampf gelüstet,
Den Feind liebt, der die Gegenarbeit schafft,

Lieb ich die Gegenwehr der keuschen Weiber,
Weil sie die Lust erst möglich macht des Schändens.
Das Nein der Blödheit reizt mehr als das Ja
Aus Kennerinnenmund. Das unter Zwang
Gespreizte Bein bebt tiefer innen als
Das gern geöffnete. Entsetzens Kälte
Ist höchste Wirkung, gründlicherer Tod
Als den man sonst besorgt. Weiber, ich mag sie
Genotzüchtigt und ihre Bäuchlein blutig.
– Noch da, du Esel? Schließ mich ein, daß keiner
Ihr Schreien mithört und mein Wüten hindert
Ich will verborgen sein, ich lege Wert drauf.
Geht hinein, der Henker schließt ab.
Noch einmal schließe um, dann geh auch du.
HENKER *noch einmal schließend*
Ich geh und weg hier und zu meinem Kaiser.
Ab.
GALLIKAN
Verzog er sich? Gut. – Rosie, bist du da?
Sei ohne Sorge, ich bins, Gallikan.
ROSVITHA
Der gute Caesar naht mit schlechtem Vorsatz.
Er denkt des Leibs und denkt der Seele nicht.
O hilf ihm, Jesus.
GALLIKAN   Zeig dich her, mein Mädchen.
ROSVITHA
Tu Wunder, Herr, daß er nicht Böses tut.
GALLIKAN
Hier steckst du ja.
ROSVITHA   Ich dort? Ich stecke hier?
GALLIKAN *hält den Ofen für Rosvitha*
Glaub mir, entkleidet bist du niedlicher.
ROSVITHA
Ach ja, es ist das Wunder, ich verstehe.
GALLIKAN
Zwar hast du krumme Beine, kurz und krumme,
Aber ich mag das, wirklich. Fühlsamkeit
Wohnt in den fetten Gliedern. Die Gazelle

Hat überhohe Füße und ist trocken
Und faserig im Fleisch. Siehst du, dein Hals
– *er liebkost das Ofenrohr* –
Ist lang und anmutvoll, und einen Rumpf,
Runder als deinen, hielt ich nie im Arm.
Du mußt nicht zürnen, wenn, obgleich ein Mann,
Mit Blicken ich und Händen dich betaste.
Wer dir den Körper, denk mal, Rosie, gab,
Obs dein Gott war, ob meiner oder keiner,
Kann sein, daß er ihn so erfreulich fügte
Um andern Zweck als Freude? Kann mein Streicheln
Dir derart schmecken, wie es, weiß ich, muß,
Damit du es nur ausspeist? Mach dich weich,
Mein Kind, du fühlst nicht, wenn du dich verhärtest.
Wohl hast du Recht auf Glück nach deinem Zuschnitt
Und darfst dich dem dir Falschen widersetzen,
Doch Widerstand mit allem Grund in sich,
Ein Widerstand nur für den Widerstand,
Taugt in der Liebe nicht und nicht im Staat.
Spür meine Lippen. Wie, du scheust mich noch?
Gut, Kind, ich bin kein Unmensch. Die Natur,
Bekanntlich, hat dem jungfräulichen Boden
Angst beigemischt, um zu vermeiden, daß
Unrechter Same aufgeh vor der Frist.
Wir sind mit uns allein und unbelauscht.
Versprichst du, vor der Welt zu tun, als ob,
Was sollte, wär und meine Pflicht vollzogen,
So laß ich ab und will mit einem Kuß,
Mit einem Busendrucke mich begnügen.
Den Rest empfang ich später, wenn du erst
Zu geben lerntest. Nein! auch hierauf Sträuben?
Rosie, so große Furcht ist ungezogen.
Ich bin der Caesar. Mehr: ein Mann, der liebt
Und Anspruch hat auf Beßres als ein Laß mich.
So schäbig dankst du mir mein Zartgefühl?
Jetzt muß ich dich besitzen. Meine Roheit
Setz auf die Rechnung deiner Störrischkeit.
Er wirft den Ofen um, sich drüber.

Verzeih, Liebste. Das Loch, wo ist das Loch?
Öffnet die Ofentür.
Was, ist es schon so groß?
Eine Rußwolke.   Pfui, und so schwarz.

Trompeten.

Wer ruft?

Hauptleute mit den Legionen.

HAUPTMANN
   Die Schlacht.
GALLIKAN   Sofort.
HAUPTMANN   Sind wir zur Unzeit?
GALLIKAN
   Die Schlacht ist nie zur Unzeit.
DAS HEER   Heil dem Caesar.
GALLIKAN *geschwärzt, bricht die Tür auf und tritt vor das Heer*
   Es wird ein Volk gegeben haben, Römer,
   Genannt die Karpen, die, des Vorzugs halb,
   Sich in den Nebelklüften selbst zu fressen,
   Auf Kriegsart lärmten wider die Gesittung
   Des sonst zerrissnen Erdballs, unser Reich.
   Ihr werdet heute sie getroffen haben.
   Ihr braucht euch ihren Namen nicht zu merken.
DAS HEER
   Führe uns Gallikan.
ROSVITHA   O führ ihn, Jesus.

DRITTER AUFZUG

Feldherrenhügel

Bradan.

BRADAN

Das eitle Rom, dem fremder Völker Brauch
Sich malt als Unordnung, das spricht, nicht zuhört,
Und anders nicht als mit dem Schwert verhandelt,
Wird sich nach diesem Tag, wenn es sein Blut
Hinströmen sieht aus einem Weichenbiß,
Sehr wundern. Meine wilden Kämpfer sind
Nach vielen Siegen stark in Siegeslaune.
Der Platz hier auch ist gut. Er gibt allein
Vom vollen Schlachtental den Überblick.
Nichts weiter fleh ich heut, ihr Heidengötter,
Als daß dies wird, wie es wahrscheinlich ist.
– Wer naht? Ein römischer Hauptmann, einen Lappen
Erhoben statt der Lanze? Rom will hören?
Was hat das für Bewandtnis? Tritt herbei.

Hauptmann.

HAUPTMANN

Mich sendet Gallikan. Er selber harrt
Am Fuß des Hügels, und er folgt mir schnell,
Wenn dir genehm ist, ihm das Ohr zu bieten.

BRADAN

Der Caesar ist willkommen.

HAUPTMANN   Ich bestells.

Ab.

BRADAN

Erhabene Stunde. Gallikan vor Bradan.

Gallikan.

GALLIKAN

Mein königlicher Bruder, kurz und knapp
Nach Kriegerart, ich sitze in der Patsche
Und weiß mir nicht heraus, wenn du nicht hilfst.

BRADAN

Dem Adler Roms und Nennsohn des August
Erfüll ich jede Bitte, die ich kann.

GALLIKAN

Das Treffen läßt sich gut an.

BRADAN   Es verspricht.

GALLIKAN

Mein Heer füllt Grund und Hang des halben Felds.

BRADAN

Die andre Hälfte hält mein Volk besetzt.

GALLIKAN

Ich sah die kühnen Recken stehn der Karpen.
Ihr Ruf ist furchteinflößend. Was ich sah
An Eisenmännern, Keulenschwingern, pfeil-
aussäenden Reitern, übertraf den Ruf,
Im Fall ich richtig sah.

BRADAN   Im Fall, wieso?

GALLIKAN

Offen zu sein, ich sah sie ungenau.
Offen zu sein, ich säh sie gern genauer.

BRADAN

Wie deut ich dies Verlangen?

GALLIKAN   König, schau,
Die andern Gipfel alle in dem Rand
Von dieser Schüssel Martis heben kaum
Sich merklich aus dem Boden, unwegsam
Sind ihre Kuppen, brombeerüberstachelt,
Und alles fehlt, wovon man Schatten hat.
Hier ist der Ort geschickt, ist Sicht aufs Ganze.
Und so ich dich in deiner Kunst nicht störe
Durch meine Gegenwart, so wär mir lieb
– Dies, edler Bradan, mein Begehr – die Schlacht
Vom selben Fleck her wie du selbst zu lenken.

BRADAN
Du sprachst zu lang, Caesar. Es ist eine kleine
Gefälligkeit.

GALLIKAN   Du bist sehr aufmerksam.

BRADAN
Wohl, wann beginnen wir?

GALLIKAN   Wanns dir beliebt.

BRADAN
Du bist der Gast.

GALLIKAN   Dies kommt dem Hausherrn zu.

BRADAN
Die karpischen Reihen stehn bereit. Vielleicht
Fehlt dir noch was zu ordnen?

GALLIKAN   Teurer Gegner,
Dem Römer folgt die Ordnung, wo er steht.

BRADAN
Nein, nein, nach dir.

GALLIKAN   Wenn du erlaubst.

BRADAN   Ich wills.

GALLIKAN
Zwar ists mir peinlich, aber deine Großmut
Verdient, daß man durch Artigkeit sie achte.

BRADAN
Ich danke dir.

GALLIKAN   Es sei.

BRADAN   Nun.

GALLIKAN   Dir zu Ehren.
Hauptleute, hebt die Adler.

BRADAN   Ins Gefecht.

Schlachtlärm.

GALLIKAN
Die Plänkler sind zerschlagen.

BRADAN   Es sind Plänkler.

GALLIKAN
Hilfsvölker, was?

BRADAN   Man nimmt sie mit dazu.

GALLIKAN
Die Reiter setzt du rechts ein?
BRADAN   Ja, sie rollen
Dir gleich die Flanke auf.
GALLIKAN   Wenn Feindesrat
Du nicht verschmähst: ich nähme sie zurück
Und führt den Angriff links. Links bin ich schwächer.
BRADAN
Dies leuchtet ein und dünkt mich vorzuziehn.
Doch hast du keinen Rückhalt in den Büschen?
GALLIKAN
Wo?
BRADAN
        Links
GALLIKAN Links?
BRADAN   Ehrlich.
GALLIKAN   Ehrlich, hab ich einen.
BRADAN
Ha ha, fast säße ich auf deinem Leim.
GALLIKAN
Na, nichts für ungut.
BRADAN   Mann, wir sind im Krieg.
Ich laß sie, wo sie dir mißfallen, rechts.
GALLIKAN
Die Burschen donnern wie die wahren Teufel.
BRADAN
Nun, deine Lanzentruppe hält sich brav.
GALLIKAN
Ja, abgeschlagen.
BRADAN   Nur die erste Welle.
Was von der Mittelfront?
GALLIKAN   Die Phalanx steht,
Ein glühender Turm von Bronze, pfortenlos.
BRADAN
Sie steht, doch rückt nicht vor.
GALLIKAN   Der Tag ist lang.
– Hauptmann.

Hauptmann, mit ihm Rosvitha.

HAUPTMANN   Mein Feldherr.
GALLIKAN   Zwei illyrische
  Kohorten an den rechten Flügel.
HAUPTMANN
                                Ja.
  Ab.
BRADAN
  Und wer ist das?
GALLIKAN   Wer?
BRADAN   Dieses sanfte Mädchen?
GALLIKAN
  Das? Richtig, Bruder, ich vergaß, ich hab
  Mein kleines Nuttchen heut mit hergebracht.
  Sie hats mir abgeschwatzt, im Bett. Verzeih,
  Sie will mich unbedingt mal siegen sehn.
BRADAN
  Das wird sie nicht, ha ha.
GALLIKAN   Wetten, sie wird.
BRADAN
  Es tut sich wenig.
GALLIKAN   Ja, das Ding geht zäh.
  Wie wärs mit Käse?
BRADAN   Du hast Käse?
GALLIKAN   Hier,
  Und Zwiebeln.
BRADAN   Mann, das ist, wonach mir ist.
  Ich dachte, Rom speist Pfauen nur aus Samos
  Und Austern aus Tarent.
GALLIKAN   Nicht, wo ich Rom bin.
ROSVITHA
  Wir weichen.
GALLIKAN   Wo?
ROSVITHA   Dort, dort am linken Flügel.
  Weshalb nur zogst du die Illyrer ab?
GALLIKAN
  Davon verstehst du nichts.

BRADAN   Sie hat doch recht
Rechts gegen meine Reiter sind sie nutzlos,
Links fehlen sie.
GALLIKAN   Hauptmann.
Hauptmann.   Was du noch hast,
Nach links.
Hauptmann ab.
               Wie schmeckt der Käse, König?
BRADAN   Köstlich.
GALLIKAN
Am besten geht er mit dem roten Chier.
BRADAN
Er mundet auch nicht schlecht zu Römerblut.
GALLIKAN
Ein Witz.
BRADAN   Du bist nun rechts wie links im Wanken.
GALLIKAN
Es juckt mich nicht, solang die Mitte steht.
ROSVITHA
Siehst du die Wolke, Caesar?
GALLIKAN   Welche?
ROSVITHA   Die.
GALLIKAN
Was solls mit ihr?
ROSVITHA   Wenn ein Gewitter käme.
GALLIKAN
Das ist ein Sommerdunst, der gleich zerrinnt.
ROSVITHA
Ich meine ja nur, wenn.
GALLIKAN   Was dann?
ROSVITHA   Nun ja,
Die karpischen Schwerbewaffneten, sie tragen
Doch Eisenhelme und mit blanken Spitzen?
BRADAN
Richtig.
GALLIKAN
        Hör auf.
ROSVITHA   Sie müßten also doch

In einem wohlgezielten Donnerwetter
Vom Blitz erschlagen werden.

GALLIKAN   Unsinn. Schluß.

ROSVITHA
Ich könnte, will ich sagen, Jesus bitten ...

GALLIKAN
Auf keinen Fall.

ROSVITHA   Du glaubst ja nicht an ihn.

GALLIKAN
Natürlich nicht.

ROSVITHA   Warum dann darf ich ihn
Nicht bitten?

GALLIKAN   Weil es sich nicht schickt, deshalb.
Rosvitha betet.
Ich sag dir, laß die Finger von der Wolke.
Kannst du nicht hören?

ROSVITHA   Aber Gallikan,
Ich habe keinen Finger an der Wolke.

GALLIKAN
Ich meine, mache nichts mit ihr.

ROSVITHA   Was sollte
Ich mit ihr machen?

GALLIKAN   Da, sie kommt doch näher.

ROSVITHA
Ja, das Gewitter, siehst du, es zieht auf.

Unwetter.

BRADAN
Weh, meine Schwerbewaffneten.

GALLIKAN   Unfaßbar.
Wie tausend Dolche zucken tausend Blitze
Auf jeden Mann, sein Rettendes, das Eisen,
Zieht ihm den Tod ins Hirn. Und in des Quells,
Des nahgelegnen, sonst nach Himmelsfeuer
Stets durstige Kehle fällt nicht einer. König,
Sieh mich beschämt. Du glaubst an Hexerei
Nicht mehr als ich. Doch auch untaugender

Versuch zum Schimpflichen bedeckt mit Schimpf.
Ich wollt, sie lebten.

BRADAN   Was geht immer schief.
Es war ein Unglücksfall und einberechnet
Im Überschlag des Glücks. Die Schleuderer marsch,
Die Bogenschützen.
Gibt durch Zeichen Befehle.

GALLIKAN   Gut.

BRADAN   Es kommt noch besser.
Die Hunde.
Bellen.

ROSVITHA   Was ist das?

GALLIKAN   Molosser Hunde.
Da siehst du, Rosie, dem die Niederlage
Beschlossen ist, dem hilft kein Zauberkniff.

ROSVITHA
Wahrhaftigen Gottes, er gewinnt aufs Neue.

GALLIKAN
Und bete mir nicht wieder.

ROSVITHA   Nicht, weshalb?

GALLIKAN
Sieg ist unmöglich.

ROSVITHA   Caesar, du begehrst
Doch das Unmögliche wie jedermann,
Und willst doch nicht versuchen, es zu tun?

GALLIKAN
Du irrst dich, Rosie. Ich versuche, es
Nicht zu begehren.

ROSVITHA   Laß mich beten.

GALLIKAN   Nein!
Es geht um meine Ehre.

ROSVITHA   Es geht darum,
Daß wir das Feld behaupten.

GALLIKAN   In der Tat,
Du bist am schlimmsten, wenn du praktisch bist.
Was liegt dir eigentlich an meinem Sieg?

ROSVITHA
Du mußt die Heiden schlagen.

GALLIKAN   Bin ich keiner?

ROSVITHA
   Du siegst, Gott will es, für das Reich der Christen.

GALLIKAN
   Das Christenreich? Wo soll das liegen?

ROSVITHA   Bald.
   Der Tag ist nah, wo eingerenkt die Glieder
   Der kranken Erde sind. Das alte Rückgrat
   Mit Petri Grab, dem Dom der Katakomben,
   Der Märtyrer unschätzbarem Gebein,
   Es sinkt beruhigt in sein mittleres
   Gelenk zurück. Wo, wenn er wiederkommt,
   Soll Jesus wohnen als in Rom.

GALLIKAN   Zu blöd.
   Was du da schwatzt, da hör ich gar nicht hin.
   Aber ich sag dir was: um dein Gefasel ganz
   Zerstört zu wissen, ist mir beinah lieb,
   Daß wir inzwischen schon verloren haben.

ROSVITHA
   Was haben wir?

BRADAN   Triumph.

Karpisches Siegesgeschrei.

ROSVITHA   Gott, wende noch!

GALLIKAN
   Wie jetzt?

BRADAN   Wir fliehn?

Römisches Siegesgeschrei.

GALLIKAN   Nein, das ist ekelhaft.

BRADAN
   O Pein der Schmach.

GALLIKAN   O Übermaß der Schande.
   Sie wenden sich ab.

Auftritt der Hauptmann.

HAUPTMANN

Höchst unerwartet, Herr, der Tag ist unser.

Uns kam Entsatz. Der Karpe staunt und stirbt.

Du glaubst mir, Caesar, nicht? Du willst nicht sehen?

GALLIKAN

Ich will nicht sehen.

ROSVITHA　　　　　Melde uns das Wunder.

HAUPTMANN

Drei Männer nur, die zu uns stießen, doch

Jeder drei Heere wert. Zumitten ficht

Ein kleiner Kerl, der Tracht nach ein Vandale,

Und schlägt und haust, und keiner hält ihm stand.

Am rechten Flügel geht ein schielender Mensch

Mit einem Kästchen vor dem fetten Leib.

ROSVITHA

Mit einem Kästchen?

HAUPTMANN　　　　Richtig.

ROSVITHA　　　　　　Es enthält

Ein Knöchlein wohl von einem Martermann.

HAUPTMANN

Nein, Läuse.

ROSVITHA　　Läuse?

HAUPTMANN　　　Filzläuse. Sie quellen

Wie eine graue Lava aus dem tiefsten

Krater des Widerlichen und ergießen,

Die Beine hoch den Rossen überziehend,

Sich auf den stolzen, pfeilbewehrten Reiter,

Der schaudernd abspringt und, sich kratzend, fällt.

Links aber ...

ROSVITHA　　Links?

HAUPTMANN　　　Nun, Rom hat freie Bahn.

ROSVITHA

Wer schafft ihm die?

HAUPTMANN　　　　Feldherr, es sagt sich schlecht

Vor einer Dame.

GALLIKAN　　　Sprich, und ohne Scham.

Das Ding ist abgebrühter als wir alle.

HAUPTMANN
   Beim linken Heer erscheint ein linker Bursche
   Von höchst verwestem Schick, ein halber Leichnam
   Und ungescheuertes Skelett. Er tritt
   Vor unsern goldnen Adler hin und läßt
   Die Hosen runter. Die molossischen Rüden,
   Die doppelt mannsgroßen, verlieben sich
   In seine dürr und duftenden Hinterbacken
   Und lecken ihn, und folgen, wo er geht.
   Er aber, zu dem Felsgrund führt er sie
   Des Quellbachs, hängt sich da an eine Wurzel,
   Und die Molosser, geil, ihn anzuspringen,
   Verfehlen ihn und liegen nun zerschmettert.
   Du glaubst mir nicht?
GALLIKAN   Ich will nicht.
   Trompeten.
HAUPTMANN   Da, du mußt.
GALLIKAN
   Den Sieg denn will ich glauben, nicht den Hergang.
HAUPTMANN
   Du mußt auch das. Hier kommen unsre Engel.

Paul, Ernst, Gotthold; sie knien vor Rosvitha.

ERNST
   Heilige Rosvitha, auf dein frommes Bitten
   Haben wir dem Gallikan den Sieg erstritten.
PAUL
   Wir wandelten in Gott den Lasterpfad.
   Das krumm Vergangene, Er biegt es grad.
GOTTHOLD
   Für diesen Tag hat Er uns aufgehoben.
   Wir ziehn den Hut. Den Sold bezahlt man oben.
   Sie ziehn den Hut und sterben.
ROSVITHA
   Es ist vollbracht. Genieße deines Glücks.
BRADAN
   Weh, Freiheit, Ehre, Land, alles verloren.

Stürzt sich ins Schwert.

GALLIKAN
  Wasser.

ROSVITHA
            Was fehlt dir, Gallikan?

GALLIKAN   Mich dürstet.

ROSVITHA
  Trink aus dem Quell.

GALLIKAN   Fließt hier ein Quell? Ich hab ihn
  Bislang ja nicht bemerkt.
  Trinkt.

ROSVITHA   Du kennst ihn.

GALLIKAN   Nein.

ROSVITHA
  An diesem Quell ja unterm Blitzstrahl sanken
  Die Schwerbewaffneten.

GALLIKAN   Nein, der fließt drüben.

ROSVITHA
  Ich hab ihn hergebetet.

GALLIKAN   Nein.

ROSVITHA   Laß nachsehn.

GALLIKAN
  Das will ich. Hauptmann.

HAUPTMANN   Caesar.

GALLIKAN   Geh und prüfe,
  Ob jenes Rinnsal du und Hundegrab
  Am Ort, worein Natur es senkte, findest.

HAUPTMANN
  Ich eile, Caesar.
  Ab. Nach einer gewissen Weile zurück.
            Er ist weg.

GALLIKAN   Der Quell?

HAUPTMANN
  Das Bett ist leer, die Wasser sind versiegt.

GALLIKAN
  Du sahst schlecht hin.

HAUPTMANN   Ich prüfte, Herr, sein Wegsein
  Erst mit dem Fuß, den durch den Burzeldorn

Ich schob; dann nahm ich auf mich, mit der Zunge
Den Sand zu lecken: Herr, der Sand ist trocken.

ROSVITHA
Du mußt dich schon gewöhnen, mir zu glauben.

GALLIKAN
Glaubst du mir denn?

ROSVITHA   Ja, Römer.

GALLIKAN   Dann vernimm.
In meiner Stadt lebt eine alte Freundin
Mit Namen Thais, einst mir eng vertraut
Und noch, die in den seltsameren Künsten
So sehr geschickt ist dieser Fleischeswelt,
Daß sie den reinst und unschuldvollsten Jüngling
Zum Wollüstling, die anständigste Frau zur
Verworfnen macht. Ihr übergeb ich dich
Zu leichten Händen. Sie, mit Rat und Beispiel,
Soll, was ich nicht vermocht, an dir bewirken.
In ihrem Bett wirst du als Lehrling gehn.

VIERTER AUFZUG

Haus der Thais

Pafnutius.

PAFNUTIUS Ich habe mir von einem christlichen Bruder seinen Steuereinnehmersmantel geliehen, damit die Buhlerin
Barvermögen bei mir vermutet; es gehört ja zu meinem
Plan, daß ich liebenswert erscheine. Der Pförtner war bereits
sehr höflich. Er hat mich mit Herr angeredet. Geschmeiß,
alle. O Herr, ich erkenne, daß du uns den Ekel an der Welt
als dein bestes Geschenk gegeben hast; er macht uns den
Tod, den wir sonst fürchten würden, zum erwünschten
Freund. Ich bin nun bald vierzig, Herr, und habe die Schöpfung begriffen; segne deinen Diener und lasse ihn bald sterben. *Greift nach einem Flacon.* Syrisches Glas. Persische
Essenzen. Armes Tier, das ist, woran du hängen mußt. Und
du wirst mich für ebenso verblendet halten, wie du bist, und
mit dem Fleisch schaukeln, welches das Gerippe deines
Beckens notdürftig verhüllt, und du wirst deine Täuschung
über dich selbst zu befestigen trachten, indem du dich
anstrengst, mich zu täuschen. O Herr, ich danke dir, es ist
wieder einmal durch und durch zum Kotzen.

Thais.

THAIS Sei willkommen, Fremder. Mein Verwalter sagt mir,
du begehrtest mich zu sehen.
PAFNUTIUS Der Ruhm deiner Schönheit, der, wie ich wahr-
nehme, kleiner ist als deine Schönheit, ist weithin zu mir
gedrungen. Aber ich bin hochbetagt, ich weiß nicht, ob ich
dir gefallen kann.
THAIS Mir gefällt jeder, dem ich gefalle. *Legt den Riegel vor.*
PAFNUTIUS Du meinst vielleicht in Wahrheit, dir sind alle
im selben Maß gleichgültig?
THAIS Hierin irrst du, Fremder. Sie sind mir alle gleich wider-

wärtig. Mit den Männern in Sirnium steht es wie mit den Bananen in Sirnium: man bekommt nur entweder unreife oder verdorbene.

PAFNUTIUS Halt, was willst du mit der Duftflasche?

THAIS Schmeißen.

PAFNUTIUS Das Glas ist überaus kostbar.

THAIS Syrisch.

PAFNUTIUS Der Wohlgeruch einmalig.

THAIS Persisch.

PAFNUTIUS Ihr Besitz macht dich beneidenswert.

THAIS Ja, ich kann mit ihr schmeißen. *Wirft sie auf den Boden.* Ach, mein Herr, ich wollte, es käme einer des Wegs, um mich aus dieser unbeschreiblichen Langweile zu erlösen und mich von meinem häßlichen und überflüssigen Treiben zu bekehren.

PAFNUTIUS Etwa wohl ein heiliger Mann der Christen?

THAIS Ja, am besten ein heiliger Mann der Christen.

PAFNUTIUS Forderst du mich nicht auf, den Mantel abzulegen?

THAIS Lege ihn ab, wenn du mußt.

PAFNUTIUS *tut es* Sieh her, Verlorene.

THAIS O, du bist ein gesegneter Eremit. Dich hat Gott zu mir gesandt, ich erkenne es, du bist seit Jahren nicht gewaschen. Ich bitte dich, Vater, lege mir die strengsten Bußen auf; denn mein Leben war Schlamm, und mein Herz ist voll Niedertracht.

PAFNUTIUS Zerknirsche dich doch nicht so tief. Manches spricht bestimmt für dich.

THAIS Ich denke auch, daß einiges zu meiner Rechtfertigung zu sagen wäre.

PAFNUTIUS Ich wüßte freilich nicht, was.

THAIS Ah, ich bin ein Greuel, nicht wahr? Ein Gestank und ein Unrat. Ich bin abstoßender als ein Wurm.

PAFNUTIUS Nicht übertreiben, Schätzchen.

THAIS So beginne doch endlich mit meiner Bekehrung.

PAFNUTIUS Ist deine Gier nach Gott wirklich so groß?

THAIS Unendlich groß, mein Vater.

PAFNUTIUS Weshalb?

THAIS Die Gier nach Gott ist die einzige, die nicht durch Sättigung endet.

PAFNUTIUS Steht es so? Dann will ich dir die Anfangsgründe
der Christenlehre beibringen.

THAIS *kniet hin. Es klopft.* Fort. Wer stört mich hierbei?

HAUPTMANN *draußen* Mach auf, Thais. Ich bin es, Sisinius,
der Hauptmann des Gallikan

THAIS Sisi, es geht wirklich nicht.

HAUPTMANN Befehl des Caesar.

PAFNUTIUS Öffne. *Legt den Mantel um.*

Thais öffnet. Hauptmann mit Rosvitha.

HAUPTMANN Du hättest dich um unseretwillen nicht zu
bedecken brauchen, Bürger. Das Fräulein ist zwar fürs erste
noch Jungfrau, aber je toller es hergeht, so wünscht es der
Caesar, desto besser.

THAIS Wer ist das unglückliche Kind?

HAUPTMANN Die Tochter des Diokletian und nachfolgende
Sklavin des Gallikan, die sich aber in beiden Verrichtungen
sehr ungefällig gezeigt hat. Du möchtest sie, bittet der Caesar, als Gehilfin annehmen, für Beistandleistungen und
Handreichungen; sie soll dein Geschäft gleichsam von der
Pike auf einüben. Sie ist Christin, und der Caesar vertraut
deiner Meisterschaft die Aufgabe an, sie von dieser Schwer-
mut zu heilen.

THAIS Sie ist Christin?

HAUPTMANN Das ist der eigentliche Haken.

THAIS Ich behalte sie. Und bestelle dem Caesar, er wird sie,
er komme, wann er will, als das nämliche wiederfinden, was
ich bin.

HAUPTMANN Auf dich ist Verlaß. Ans Werk, Bürger, es soll
dich diesmal mit zweien nicht mehr kosten als mit einer.
Oder sind dir zwei zu viel?

PAFNUTIUS Nein, Hauptmann. Ich wünschte mir tausend.

HAUPTMANN Die schartigen Degen sind die tapfersten.
Machs gut, Thais. Die Kleine heißt Rosvitha.

THAIS Machs gut, Sisi. *Hauptmann ab.*

ROSVITHA Meine Schwester, du bist höchst lasterhaft und höchst unglücklich.

THAIS O ja, das bin ich. Vernimm ...

ROSVITHA Nicht wahr, aber fasse Zuversicht; kein Laster ist so beleidigend, daß Jesu Großmut es nicht vergeben könnte. Du kannst dir nicht vorstellen, Schwester, wie lasterhaft zum Beispiel ich bin. Deine Laster dulden keinen Vergleich mit meinen. Ich nasche Zuckerzeug wie eine Raupe, ich komme überall hin zu spät, und ich hadere mit dem Herrn, obgleich ich ihm so sehr verfallen bin. Die Sehnsucht, in seinen Arm zu sinken, macht mich störrisch und unleidlich; es geht so weit, daß ich die Fäuste balle und mit den Füßen aufstoße, wenn wieder ein Tag vergangen ist und ich die Marterkrone wieder nicht erhalten habe, wobei schließlich klar sein sollte, daß er den Tag in seinem unerforschlichen Ratschluß am richtigsten bestimmen kann. Es gibt viele Laster, Schwester, ich habe sie alle; aber die Ungebärdigkeit in der Sehnsucht ist vielleicht das bemerkenswerteste unter ihnen, und es wäre schon ein großes Wunder, wenn Jesus es mir verzieh, bei aller Liebe.

THAIS Wollen wir nicht auch von meinen Lastern reden?

ROSVITHA Tue ich das nicht?

PAFNUTIUS In der Tat, du sprichst ausgezeichnet, aber wer Einfluß nehmen will, sollte gelegentlich auch zuhören.

ROSVITHA Zuhören auch?

Thais ab, Rosvitha und Pafnutius folgen.

Vor dem Haus Gallikan, Hauptmann.

GALLIKAN Geht es vorwärts?

HAUPTMANN Du folgst mir sehr schleunig. Das Fräulein ist keine halbe Stunde hier.

GALLIKAN In einer halben Stunde kann viel getan sein. Ich prüfe die Ausführung meines Befehls, ich verlange zu erfahren, um welche Strecke wir in dieser halben Stunde vorwärts gekommen sind.

HAUPTMANN Weit, nach dem, was mir der Verwalter zuträgt.

GALLIKAN Was machen Rosie und Thais?

HAUPTMANN Sie sitzen bei Musik am Feuer ...

GALLIKAN Bei Musik, so beginnt Ausschweifung.

HAUPTMANN Beschäftigen sich mit ihren Schätzen und Geschmeiden ...

GALLIKAN Mit den Geschmeiden, da ist sie auf dem Weg.

HAUPTMANN Und freuen sich in Erwartung ihres gemeinsamen Bräutigams.

GALLIKAN Ihres Bräutigams, sagst du das?

HAUPTMANN Ja.

GALLIKAN Ihres gemeinsamen?

HAUPTMANN So sagt der Verwalter.

GALLIKAN Nun, das ging schneller, als ich voraussetzte. Wir sind ganz schön weit vorwärts, ganz schön weit. Endlich hat sie erfaßt, was sie sollte; sie gibt sich mit dem Vergnügen zufrieden und denkt sich die Wunder dazu. Ich will hineingehn.

Auftritt im Haus Thais, gefolgt von Rosvitha und Pafnutius, alle mit Kleidern und Juwelen beladen. Sie werfen die Schätze ins Feuer. Gallikan.

GALLIKAN Thais, alter Heimathafen, wie läuft die Schiffahrt? *Küßt sie.* Ich habe inzwischen die Karpen geschlagen, Rosie wird es dir erzählt haben. Was hast du da überm Schoß? Ist das nicht der Brokat, den ich dir mitgebracht habe? Er macht dir Spaß, was?

THAIS Heute ja, Gallikan. *Wirft den Brokat ins Feuer.*

GALLIKAN Ich hatte ihn aus China. Ich meine, der Mann, den ich hatte, war aus China. Wirfst du die Pantoffeln auch ins Feuer?

THAIS Wenn es mir doch Spaß macht. *Tut es.*

GALLIKAN Es waren die mit den goldenen Sohlen, oder? Aber gut, Kinder, ich bin kein Spielverderber. Ich erobere schon wieder was. Ist das die tyrische Schminke für die Brustwarzen?

THAIS Richtig gemerkt.

GALLIKAN Ins Feuer. *Er wirft sie hinein, alle lachen.* Macht Spaß, was? Warum ist keine Musik?

ROSVITHA Aber wir haben Musik, Gallikan.

GALLIKAN Ich höre nichts.

ROSVITHA Du hörst nicht hin.

GALLIKAN Ich kann nichts hören. Wo ist das Orchester?

ROSVITHA Oben.

GALLIKAN Wieso?

ROSVITHA Die Planeten sind das Orchester.

GALLIKAN Ha ha, die Planeten. Wie heißt das Stück, das sie
spielen?

ROSVITHA Die Harmonie der Sphären. Es gibt kein süße-
res, Gallikan.

GALLIKAN Und warum höre ich es nicht?

THAIS Ja, warum hört er es nicht?

PAFNUTIUS Hierfür pflegen verschiedene Gründe angeführt
zu werden: der Umstand, daß man den Klang der Sphären
von Geburt an gewöhnt ist, die aufsaugende Dichte des
Äthers oder aber die Vorsorge Gottes, der nicht will, daß
der Mensch durch Verzückung an diesen Tönen vorzeitig
von der Lust der Ewigkeit erfahre und von seinen welt-
lichen Bewandtnissen ganz abgebracht werde. Wie dem sei,
Tatsache ist, daß kein sterbliches Ohr sie zu erlauschen vermag.

GALLIKAN Ich denke, diese Mädchen hören sie?

PAFNUTIUS Im geistigen Ohre.

GALLIKAN Was ist das?

PAFNUTIUS Ihr Verlangen, sie zu hören.

GALLIKAN Verlangen ist nicht Hören.

PAFNUTIUS Es ist mehr.

GALLIKAN Da bin ich anderer Meinung.

PAFNUTIUS Ja, du bist ein Dummkopf.

GALLIKAN Du heißest deinen Kaiser einen Dummkopf?

PAFNUTIUS Ich habe die Gewohnheit, alle Personen, die
anderer Meinung sind als ich, Dummköpfe zu heißen. Ich
hatte zu selten Anlaß zu gegenteiligen Erfahrungen.

GALLIKAN Du meinst, du hast noch keinen getroffen, der klüger war als du?

PAFNUTIUS Doch, einen.

GALLIKAN Wen?

PAFNUTIUS Mich.

GALLIKAN Ich mag Spaß, aber du bist ein sehr unverschämter Bräutigam.

PAFNUTIUS Das ist wieder dumm.

GALLIKAN Wie, bist du nicht unverschämt?

PAFNUTIUS Ich bin nicht der Bräutigam.

GALLIKAN Ich hätte es mir sagen können. Du trägst ein gutes Kleid, wie ein Beamter, vermagst jedoch bis zu einem gewissen Grade zu denken. Ich folgere also, daß du der Kuppler bist.

PAFNUTIUS Diesmal irrst du nicht, mein Amt ist Kuppeln. Es wird aber, was mich ein wenig verdrießt, in diesem Haus nicht benötigt.

GALLIKAN Weshalb nicht?

PAFNUTIUS Die Damen lieben meinen Auftraggeber auch ohne meine Überredungskunst. Ich wünsche dir ein ewiges Leben, Caesar. *Geht.*

GALLIKAN Ich wünsche dir, daß du dir auf der Schwelle den Hals brichst.

PAFNUTIUS Das wäre zu viel Glück. Trotzdem: danke. *Ab.*

GALLIKAN Schuft von einem Kuppler. Wer ist der Bräutigam? Rosvitha!

ROSVITHA Du nennst mich Rosvitha?

GALLIKAN Ich nenne dich Rosvitha.

ROSVITHA Du bist wohl böse?

GALLIKAN Antwort. Wer ist der Bräutigam?

THAIS Unser Bräutigam ist Jesus.

GALLIKAN Jesus!

ROSVITHA Ja, aber das weißt du doch längst, Gallikan.

Vorm Haus, Emmerich und Pafnutius.

EMMERICH Wohin, Pafnutius, mein Bruder?

PAFNUTIUS Bist du es, Emmerich? Höre, du magst zufrieden sein; die Buhlerin Thais ist ganz umgewandelt und ein fleckenloses Lamm in Christi Herde.

EMMERICH Ja, aber wohin lenkst du deine Schritte?

PAFNUTIUS Heim in den Wald; denn es zieht mich zu dem

harzigen Duft der Pinien und den Spinnweben, die zwischen den Stämmen hängen.

EMMERICH Ich beklage deine Lauheit, mein Bruder Pafnutius. Willst du mir nicht in die Hauptstadt folgen?

PAFNUTIUS Welche Hauptstadt?

EMMERICH Diokletians Hauptstadt, Nikomedeia.

PAFNUTIUS Höchst ungern, mein Bruder Emmerich. Was für ein Gewerbe hast du denn da wieder aufgestöbert?

EMMERICH Vernahmst du nicht, daß der Heidenkaiser zurückgekehrt ist?

PAFNUTIUS Nein.

EMMERICH Er feiert seinen Sieg über die Alemannen in einem sehr stattlichen Triumph. Dies aber, so denke ich, ist die Gelegenheit für alle wahrhaften Brüder im Glauben, die Gassen zu füllen und die Freiheit zu verlangen und dem götzendienerischen August die Meinung zu sagen.

PAFNUTIUS Vielleicht will er sie nicht wissen.

EMMERICH Vermutlich nicht.

PAFNUTIUS Nun, so mache ich mich doch gleich auf den Heimweg.

EMMERICH Er will unsere Meinung nicht wissen; daher wird erforderlich, daß wir sie mit seltenem Nachdruck und ausgefallenen Mitteln vortragen. O mein Bruder Pafnutius, erkennst du denn nicht, daß Rom untergeht?

PAFNUTIUS Warum glaubst du, daß ich Christ bin?

EMMERICH Auf nichts mehr ist Verlaß; wer als Kaiser aufsteht, schwimmt abends in der Kloake, die Tischler machen wacklige Bänke. Die Sitten der Elemente sind aus den Zügeln wie die der Menschen. Die Dürren fallen auf den Winter, die Regenzeiten auf den Sommer, der Römer betet die skythischen Götter an, der Skythe die römischen. Die Graupen werden jeden Tag teurer und die Philosophen jeden Tag billiger. Die öffentlichen Plätze sind voll von Räuberbanden, Schauspielern und geheimen Polizisten; der Kaufmann zweifelt am gemünzten Geld wie am Schuldbrief und treibt Barren auf, um sie in seinem Garten zu beerdigen; zwei Handwerke blühen noch, das der Hurenwirte und das der Konkursverwalter.

PAFNUTIUS Malst du die Lage nicht übermäßig schwarz?

EMMERICH Ein Krieg folgt dem anderen.

PAFNUTIUS Hieran ist nichts Neues.

EMMERICH Die Post findet den Empfänger nicht mehr.

PAFNUTIUS Die Post, das ist freilich wahr. Wenn es sich denn nicht vermeiden läßt, mein Bruder Emmerich, gehen wir nach Nikomedeia und sagen dem Augustus die Meinung.

EMMERICH Du hast es also eingesehen, mein Bruder Pafnutius?

PAFNUTIUS Ich muß wohl.

EMMERICH Du gehst nach Nikomedeia?

PAFNUTIUS Du nicht?

EMMERICH Weißt du, mein Bruder Pafnutius, wenn du mußt, so geh.

FÜNFTER AUFZUG

Palast in Nikomedeia

*Der Henker, wartend. Vom Triumph kommen Diokletian, Fides,
Spes, Gallikan, Rosvitha. Gefolge.*

DIOKLETIAN
　Es ist was wie eine Störung in den Himmeln.
　Zwar das Getriebe läuft der Sternenkörper,
　So wie es muß und vorberechnet ist,
　Doch eine dunkle Kraft, scheint uns, durchscheuert
　Die Gunst der Strahlen. Rom, wie immer, siegt.
　Nur, das ist neu an dieser Zeit, es wird
　Des Siegs nicht froh. Der uneinträgliche
　Sieg tilgt die Kosten nicht. Gewinn zahlt drauf.
　In jedem Plan steckt Unart. Vom Triumph
　Kehrt der Augustus heim zu andrem Ärger.
　Zurück denn zum Geschäft.
GALLIKAN　　　　　　　　Mein Herr und Vater.
DIOKLETIAN Warte, Gallikan, warte einen Augenblick. *Zum
　Henker* Wie geht es deinem Hund, frißt er noch nicht?
HENKER Nein, mein Kaiser. Wenn ich ihm ein rohes Ei, in
　Honig verrührt, mit der Hand eingebe, so speit er es mir
　aus.
DIOKLETIAN Ich hoffe in der Tat, daß es nicht die Staupe
　ist.
HENKER Bestimmt nicht. Aber seine Augen sind entzündet.
DIOKLETIAN Tränen sie?
HENKER Ach, sie sondern sogar eine eiterige Flüssigkeit ab;
　dennoch ist sein Blick so seelenvoll und verständig wie stets.
GALLIKAN Verständig, woran erkennst du das?
HENKER Er vertraut mir, mein Caesar.
GALLIKAN Diokletian, hast du uns, Rosvitha und mich, von
　Sirnium abberufen, um uns das Gewäsch dieses Elenden
　anzuhören?

DIOKLETIAN Personal will bedient werden, das ist so.
– Zurück denn zum Geschäft. Indem das Reich
Mit einer Faust den Alemannen würgte,
Schlug mit der andern es, dem Gallikan,
Den struppigen Karpen. Wie dem Sohn geziemt,
Tat er dem Vater gleich, und Anspruch hat
Er auf den Festzug, minder nicht als ich.
O Gallikan, ich neide ihn dir wenig.
Was für ein Tag das. Was für Volk am Rand.
Das Stinken ihrer Frömmigkeit verletzte
Die Nasen unsrer duftgewohnten Götter,
Und ihrer Stimmen schmutziges Geräusch
Sank, eine heisere Wolke, quälend über
Nikomedeias Kuppeln. Eine Massen-
demonstration von Einsiedeln. Das mir.
Natürlich: der sie einrief, ein gewisser
Pafnutius, ist dingfest, die Arena
Wird ausgebaut, ein schneller Auftrag ist
Ins Land Pannonien unterwegs um Bären.
Doch seh ich Weiterungen ab der Sache
Und starken Zwang, daß ich ihr Einhalt tu.
Und eh ich deiner Ehrung, Gallikan,
Wie billig, Platz geb, dulde noch drei Sätze.

GALLIKAN
Hier wird besprochen, was du ansprichst.

DIOKLETIAN   Ja.
Rosvitha, sag uns, wie es mit dir steht.
Antworte uns nicht flink. Du weißt den Sinn
Von unsrer Frage und wohin sie zielt.
Willst, unter sonstigen Unfugs Widerruf,
Du zugestehn, daß in dem weiten Rom
Kein Gott ist als August, und Jupiter,
Von dem der abstammt? Übereile nichts.

ROSVITHA
Was ich bekennen muß, wird nicht gemodelt
Von Ort noch Stunde oder dem, der lauscht.

DIOKLETIAN
Nie schadet Überlegung. Überleg

Dir, was du sagst. Du sprachst bereits. Du sprichst
Nur einmal noch. O sprich: ich schwöre ab.
Zeigt auf den Henker.
Der Mann ist dir bekannt?

ROSVITHA   Ja, er ist lustig.

DIOKLETIAN
Vernimm, bevor du anbeginnst, die Schwestern.

ROSVITHA
Sie wissens schwerlich anders als ich selbst.

FIDES
Die Macht der Himmlischen erweist sich hier.
Schau doch, Rosvitha, hin: der Vater opfert
Dem Jupiter und siegt.

SPES   Das ist ein Zeichen.

FIDES
Der alte Himmel steht wohl noch. Gib nach.

ROSVITHA
Ihr ärmsten Wesen.

DIOKLETIAN   Rede so nicht fort.

ROSVITHA
Ich liebe Jesus, und du bist kein Gott.

DIOKLETIAN
Du wünschst zu sterben, stirb. Es war schade um
Die viele Zeit.

GALLIKAN   Sie ist nicht schuldig.

DIOKLETIAN   Was?

GALLIKAN
Sie sprach nur, was sie muß. Muß nicht die Frau
Denselben Himmel loben wie der Gatte?

DIOKLETIAN
Doch wohl.

GALLIKAN   Rosvitha ist mein Weib.

DIOKLETIAN   Seit wann?

GALLIKAN
Seit du sie mir vertrautest.

DIOKLETIAN   Eh, als Sklavin.

GALLIKAN
Des Kaisers Tochter hat man nicht zur Magd.

DIOKLETIAN
   Nun, selbst im Fall ...
GALLIKAN   Ihr Wille ist der meine.
   Ich bin ein Christ, sie folgt mir hierin nach.
   Wenn hier ein Kopf fällt, muß es Caesars sein.
DIOKLETIAN
   Warum nicht beide, deiner nicht und ihrer?
GALLIKAN
   Dagegen ist kein Grund. Warum nicht beide?
DIOKLETIAN
   Das hat dir nicht geholfen, Guter. Das
   War schlau, das war höchst menschlich. Das war mir,
   Erlaube schon, zu wenig kaiserlich.
   Nein, du enttäuschst mich, Gallikan, mein Sohn.
   Du bist zum Herrschen mannigfach veranlagt,
   Doch wer ein Volk zu ordnen hat, darf nie,
   Mit ihm zu fühlen, in Versuchung kommen.
   Ihr Urteil gilt und deins. Dein Kopf, mit dem
   Du ihren retten wolltest, ist verloren.
ROSVITHA
   Von deinen Wundern, Gott, war dies das größte.
GALLIKAN
   Was für ein Wunder?
ROSVITHA   Das an dir.
GALLIKAN   Welches?
ROSVITHA
   Daß du bekehrt bist und im Glauben stark.
GALLIKAN
   Sei doch nicht albern.
ROSVITHA   Bist du denn kein Christ?
GALLIKAN
   Natürlich nicht.
ROSVITHA   Nicht?
GALLIKAN   Nein.
ROSVITHA   Und tatest das?
   Dann bist du einer.
GALLIKAN   Denk mal, Rosie: wenn

Dein Gott so mächtig wäre, wie du wähnst,
Weshalb kein Wunder, uns vom Tod zu heilen?

ROSVITHA
Vom Tod geheilt, o Gallikan, du bists.
Du stirbst als Zeuge, gehst ins ewige Leben,
Und sicher darf ich sein, dich dort zu finden
Im Glanz und der Verklärung.

GALLIKAN   Es ist zu blöd.

DIOKLETIAN Das ist meine Meinung, machen wir ein Ende.
Zum Henker Wirf die Ungeratene vom Stadtturm, und den
Kopf des Feldherrn kannst du, wenn du ihn abhast, auf einer
Lanzenspitze dem Heer zeigen.

HENKER Hören ist gehorchen, aber wen behandle ich als
ersten?

GALLIKAN Mich natürlich. So viel Schonung sollte selbst
dein schurkisches Herz zu fühlen wissen.

HENKER Lieber Herr, was nennst du Schonung? Mancher
sagt, einen Nu länger gelebt ist ein Dreck aber so viel wert
wie tausend Leben, mit dem Nichts verglichen, und mancher wieder denkt sich, wenn schon ins Gras gebissen sein
muß, dann besser hopp hopp. Die Frage ist nicht leicht zu
beantworten.

GALLIKAN Keine Frage ist es.

HENKER Das mag sein, aber über die Fragen, die ich aufgebe,
wird nachgedacht. Mein Beruf bringt mit sich, daß ich fast
nur mit reizbaren Leuten zu tun habe. Trample nicht mit
den Füßen, Fräulein, iß deinen Bonbon herunter. Es ist
keine Abhilfe, und du gehst jetzt mit. *Mit Rosvitha nach oben.*

ROSVITHA Weißt du nicht, daß ich nur einen Finger zu sprei-
zen brauche, um so sanft wie das Blütenblatt einer Lilie zu
Boden zu schweben?

HENKER Versuche es nur ruhig.

ROSVITHA Ja, ich werde mich hüten. Gallikan.

GALLIKAN Was, Rosie?

ROSVITHA Gleich hören wir sie.

GALLIKAN Wen?

ROSVITHA Die Musik der Sphären.

GALLIKAN Bestimmt, Rosie. Stirb schön, Rosie.

ROSVITHA Stirb schön, Gallikan. *Ab.*

GALLIKAN

Höchst abgeschmackt. Man stirbt für einen Gott,
Den es nicht gibt, verfolgt von einem, den
Es auch nicht gibt. So jagen Schatten Schatten.
Der Tod, er ist kein Irrtum, wie man sagt.
Er ist ja so viel besser als das Leben.

Henker.

HENKER Jetzt – *er fällt hin* – du.
Köpft den Gallikan, zeigt sein Haupt auf einer Lanze herum.
                    O Herr der Welt, nun hätt ich Anspruch,
Denk ich, auf Lohn. Mein Werk ist abgeliefert.

STIMME

Den Lohn, der dir gebührt, empfange ihn.

Auftritt ein Blitz und zerschmort den Henker.

DIOKLETIAN

Erledigt denn. Mit was man sich so aufhält.

Baumeister.

Baumeister, bist du fertig? – Römer, hört
Ein Kurzes noch von mir, es ist ein Abschied.
Mich juckt das Herrschen nicht so sehr, daß nicht
Ich einen andern Ehrgeiz vorzög: Kaiser
In Rom gewesen sein und unermordet.
Ich ließ ein Hüttchen bauen zu Spalatum.
Dorthin will ich mich abziehn, Wirsing pflanzen
Und hinaltern, kaum froh, doch ungeplagt.
Ab. Kommt wieder
Ach ja, die Krone. Nehm sie, wer sie mag.
Stellt sie auf den Thron. Ab.

Verwandlung: Himmel. Eine einförmig und mechanische Musik.
Gallikan; er trägt die Lanze mit seinem irdischen Kopfe.

GALLIKAN *zu seinem Kopf*
Ich schütt mich aus. Mann, Mann, es gibt ein Jenseits.
Der größte Possen, Mann, in deinem Leben
Kommt nachher. Ists ein guter oder schlechter?
Nimm dich zusammen, Mann, es ist ein Possen
Auf deine Kosten, und da lacht man leicht
Zu säuerlich, doch ehrlich: der ist gut.
Da stakest du im Kot und mühtest ab
Am Kleinen dich und blicktest weg vom Nichts,
Von dem du wußtest: es verschlingt auch das,
Und bändigtest die Träume, denen nach
Zu hängen süß und zu bequem war, und du warst
Bereit, ins Nichts zu gehn am Ende, wissend,
Du kamst von da, und dann, ich schütt mich aus,
Stehst du bei deiner Seele, Gallikan,
Hörst die Musik der Sphären, und es gibt,
Was es nicht geben kann, Vollkommenheit.
Vollkommenheit? Ja aber, wo ist Rosie?

Rosvitha, den Turm im Arm.

GALLIKAN Gott sei gepriesen, also doch nicht.
ROSVITHA Doch nicht, was?
GALLIKAN Ich fürchtete, du seiest in der Hölle.
ROSVITHA O Gallikan.
GALLIKAN Ja, schließlich haben sie dich vor mir abgeschickt.
ROSVITHA Aber ich bin unverzüglich hergekommen. Ich
habe mir rasch das Kleid durchgewaschen, man kann ja im
Himmel nicht mit dem halben Stadtgraben am Rock her-
umlaufen, und ich habe mir ein oder zwei Sekunden lang
vorgestellt, wie es sein wird, wenn Jesus mir seine liebenden Arme öffnet; das bißchen Zeit muß ich mir schon nehmen, jetzt wo es soweit ist. In der Hölle, hast du gedacht?
Pfui, Gallikan, es spricht nicht für deinen Charakter, was du
so alles von mir denkst. Ich hätte mir die ewige Seligkeit verdient, möchte ich behaupten. Eher als du
GALLIKAN Ich habe sie überhaupt nicht verdient; soweit ich
sehe.

ROSVITHA Die Gnade, Gallikan, die Gnade. Du bist nun
wohl überrascht, was?

GALLIKAN Darauf kannst du wetten.

ROSVITHA Weil du mir nie glauben wolltest. Und nun ist alles
gekommen, wie ich es dir erklärt habe, und wir sind aufer-
standen.

GALLIKAN Ja, Rosie.

ROSVITHA Im Fleische.

GALLIKAN Ja, Rosie.

ROSVITHA Aber wir sind nicht, wie es doch geschrieben steht,
unendlich viel schöner geworden. Wir sehen aus wie immer.

GALLIKAN Vielleicht gibt es an dir nichts zu verschönern.

ROSVITHA Aber jedenfalls an dir doch, nicht wahr? Du hast
immer noch dieselbe Warze an der Nase, allerdings steht
sie dir auch wieder nicht übel. Sie wird im Zusammenhang
nötig sein. Ach, Gallikan, wir brauchen bestimmt noch eine
Weile, bis wir die Vollkommenheit ganz begreifen.

GALLIKAN Du hast sie immer begriffen, Rosie. Du gehörst
hier hin. Du bist hier zuhause wie das Schwälbchen auf der
Himmelspforte.

ROSVITHA Ja, schon. Was ist das für eine langweilige Musik?

GALLIKAN Die Musik der Sphären.

ROSVITHA Sie ist wohl sehr erhaben?

Die Jungfrau geht des Wegs.

ROSVITHA Ach, liebe Frau, bitte ...

JUNGFRAU Mein Kind?

ROSVITHA Ob du ... ich weiß nicht, wie ich dich anreden muß.

JUNGFRAU Keine Förmlichkeiten hier. Sag einfach Frau
Stiftsäbtissin oder ehrwürdige Mutter, und sonst keine
Umstände.

ROSVITHA Ob du mir sagen könntest, ehrwürdige Mutter,
wo wohnt Jesus?

JUNGFRAU Ah, ihr seid Galiläer? Da habt ihr es richtig getroffen, da sind wir zuständig. Kommet denn zu mir ins Stift,
es liegt in der Gasse am Fuß des Burgbergs, Sprechstunde
ist alle Ostern.

ROSVITHA Ostern, meine Mutter? Das ist in einem drei-
viertel Jahr.

JUNGFRAU Ein bißchen Geduld, Kind, war ja noch nie ein
Fehler.

ROSVITHA Noch Geduld?

JUNGFRAU Aber was tragt ihr da beide im Arm? Zeichen?

GALLIKAN Von einem Unfall.

JUNGFRAU Märtyrer? Dann steht die Sache anders; Märtyrer werden natürlich bevorzugt abgefertigt. Nur, bitte,
macht euch keine übertriebenen Hoffnungen. Es kommen
jetzt ziemlich viele, ihr versteht. Ei nun wie immer, folgt mir
getrost; es wird sich schon etwas für euch finden.

*Der Henker, reich gekleidet, betrunken und zu Roß, mit ihm Paul,
Ernst, Gotthold.*

HENKER Schönen Gruß, Mütterchen, ich grüße dich. Seht
her, Leute, sie grüßt mich nicht wieder. Es fehlt uns, wie wir
hier vorbeiziehn, an Bewußtsein. Spei drauf. Wer ist die
Dirne; sie erinnert mich an wen; sie darf bei mir aufsitzen
und sich einen lustigen Tag machen, wenn sie will. Bist du
schon einmal auf einem Pferd geritten, Mäuschen?

GALLIKAN Kerl, ich zerspalte dir den Schädel.

JUNGFRAU Still, laß ihn prahlen. Er ist betrunken und wird
weiterreiten.

GALLIKAN He.

HENKER He, was?

GALLIKAN Fall nicht vom Pferd.

HENKER Spaßvogel.

Der Trupp ab.

ROSVITHA Frau Äbtissin, sind wir ... Sind wir wirklich im
Himmel?

JUNGFRAU Ei freilich, im Himmel.

ROSVITHA Und diese ebenfalls?

JUNGFRAU Gewiß. Alle kommen in den Himmel, wo sollen
sie sonst hin? Wir unterhalten, das versteht sich ja von selbst,

keinen Umgang mit ihnen, wenigstens nicht für die ersten
zwei-, dreihundert Jahre.

ROSVITHA Aber wo wohnt Jesus?

JUNGFRAU Mein Sohn?

ROSVITHA *fällt auf die Knie* Heilige Jungfrau: wo wohnt Jesus?

JUNGFRAU Jesus, aber den haben die Bischöfe gegessen,
weißt du das nicht?

GALLIKAN Und Gott?

JUNGFRAU Wo Gott wohnt?

GALLIKAN Ja.

JUNGFRAU Wer kann denn sagen, wo Gott wohnt? Sicherlich im Himmel.

ROSVITHA Aber wir sind im Himmel, sagst du.

JUNGFRAU In diesem. Der hier herrscht, heißt Aeon oder
Längere Zeit, und im nächsten Himmel regiert ein gewisser Nous, was meist mit Verstand übersetzt wird, das immerhin scheint festzustehen, aber Gott? Es gibt so viele
Himmel, doch kaum weniger als sieben, wenn das schon
reicht. Einige vertreten die Meinung, es walte ein unge-
zeugter Vater, ganz oben, und durch Unverdrossenheit und
reines Dranbleiben gelange man zu seiner Erkenntnis. Die
Lehre ist ja in sich nicht unstimmig, aber sie haben natürlich keinerlei Beweise.

ROSVITHA Und du selbst? Glaubst du an Gott?

JUNGFRAU Ich, an Gott?

ROSVITHA An Gott oben.

JUNGFRAU Je nun, mein Kind, ich denke, man muß glauben,
wenn man noch kann. Wollt ihr mir nicht folgen?

DAS ENDE

DIE FISCHE

Schauspiel in zwei Akten

PERSONEN

Kapitän Ologa
Oberleutnant Castillos
Oberleutnant Eraso
Professor Simon
Diego, *ein junger Indianer, sein Assistent*
Oberst Goyon, *Adjutant des Marschalls Bazaine*
Graf Pelletier, *Leutnant*
Oberst Dupin

Banditen

Die Handlung spielt, Mai 1866, in den Bergen des Rio Frio.

ERSTER AKT

Ologa, Eraso, Castillos, essend.

ERASO Der Wert einer politischen Meinung beruht in ihrer Einfachheit. Die meinige ...

OLOGA Eine Frau kann zu dumm für die Ehe sein. Eine seltsame Behauptung, die ich da aufstelle, nicht wahr? Jeder würde sagen: je dümmer, je besser.

CASTILLOS Noch ein Stück Fisch?

OLOGA Ich dachte wie jeder, ich wählte mit Überlegung. Blutjung, unter sechzehn. Klosterschule. Zur Ehrfurcht erzogen. Die Sorte mit den stillen, staunenden Augen, sehr leidlich, sehr angenehm um sich zu haben. Sie hätten mich beglückwünscht, meine Herren. Sie wären nicht darauf verfallen, daß die Dummheit meiner Gattin mich zur kaiserlich mexikanischen Armee und letztenendes in dieses widerwärtige Erdloch befördern würde. Es gibt Zusammenhänge ...

CASTILLOS Noch ein Stück?

OLOGA Ich kann nicht mehr essen.

CASTILLOS Das ist bedauerlich.

OLOGA Ich esse dennoch. Ich habe im Leben keinen so ausgezeichneten Fisch gespeist.

ERASO Gerade während eines Bürgerkrieges ist es schwer, eine einfache politische Meinung festzuhalten. Was für eine Lage, bedenken Sie.

CASTILLOS Ich glaube selbst, kein ganz ungeschickter Koch zu sein.

ERASO Wir haben einen an der Urne gewählten Präsidenten, Juarez. Wir haben einen von den Vornehmsten bestimmten Kaiser, Maximilian. Wir haben eine französische Besatzungsarmee; angeblich beschützt sie den Kaiser Maximilian, aber wie alle wissen, verfolgt Marschall Bazaine ausschließlich die Zwecke des Kaisers Napoleon. Juarez, Maximilian, Napoleon: uns bleibt zwischen drei Oberhäuptern zu entscheiden, und keiner unter ihnen, der dem Bürger Sicherheit oder auch nur Hoffnung gewährleisten könnte. In solcher Verwirrung hilft allein ein klarer, unzweideutiger Standpunkt. Ein liberaler Standpunkt. Meine Meinung über den gewählten und nun aufrührerischen Präsidenten Juarez ...

CASTILLOS Aber hätten wir nicht die Fische gefunden, säßen wir nun schon den dritten Tag bei getrocknetem Büffel. »Sie gehen als Voraustrupp in die Berge des Rio Frio. Sie finden dort und dort eine Höhle. Sie besetzen den Platz und verwehren jedermann unter allen Umständen den Zutritt; der Auftrag ist streng geheim; eine Sonderabteilung des Marschalls Bazaine wird noch am Abend eintreffen und die weiteren Handlungen übernehmen«. Sehr klar, sehr bestimmt. Warum kommt man nicht? Die Antwort liegt nahe. Schlamperei, wie immer. Nein, meine Herren, der Grund ist nicht Schlamperei wie immer. Der Grund ist, wie immer, die Guerilla. Dies ist das einzige Gebiet, das die rechtmäßige kaiserliche Regierung von Mexiko fest unter Gewalt hat. Wir sitzen in seiner Mitte, und der Grund ist die Guerilla.

OLOGA Leidenschaftlichkeit ist ein Erbteil meiner Familie. Noch jedes Hafenmädchen, jede, mit Verlaub, Heeresnutte hat mir versichert, daß ich ein unübertroffener Liebhaber bin. Ich höre da auf diese Geschöpfe, denn sie verfügen schließlich über ein fast unbeschränktes Maß an Erfahrung. Meine Gattin hingegen, – sie ist schlechterdings zu dumm, meine Bedürfnisse zu erraten. Keine Aufmerksamkeit, keine Hingabe. Nicht einmal Angst. Ich stürme auf sie ein, sie, die volle Wahrheit zu sagen, entschlummert. So blöd ist sie. *Castillos reicht ihm Fisch, er nimmt sich.* Danke, Castillos, danke.

ERASO Ein liberaler Mensch geht mit der Zeit. Ich bin für Juarez. Juarez, das ist: Sauberkeit in den Behörden, Unbestechlichkeit der Gerichte, Zusammenarbeit mit den Vereinigten Staaten. Gute Ziele. Unglücklicherweise sind meine Minenarbeiter ebenfalls für Juarez. Das fordert meinen Standpunkt heraus. Die Zeit bleibt nicht stehen. Mit der Zeit gehen, heißt: dem Heute voraneilen. Ich ziehe Schlüsse. Ich sage mir: der Krieg geht nicht gegen den Präsidenten, der ein rechtlicher Mensch ist; der Krieg geht nicht gegen die republikanische Verfassung, die eine hervorragende Verfassung ist, kaum weniger erleuchtet als die nordamerikanische. Der Krieg geht, wie zu Cortez' Zeiten, gegen die Eingeborenen. Folglich kämpfe ich gegen Juarez, für den ich bin.

OLOGA Ich muß mich behelfen, ich schlafe bei dem Dienstmädchen.

CASTILLOS Drei volle Tage, meine Herren. Und die wunderbare Errettung durch Fische. Ich habe diese Art in keinem Kochbuch erwähnt gefunden, dabei schmecken sie köstlicher als viele andere. Selbst wenn ich meine bescheidene Zubereitungskunst in Anschlag bringe, was habe ich denn schon zur Hand? Ein paar Kräuter, die man freilich kennen muß, nichts sonst. Nein, nein, es trifft zusammen wie in der Legende. Ein dunkler Kerker und ein erstklassiger Speisefisch, Dank der Jungfrau.

ERASO Der Krieg richtet sich gegen einen einzigen Feind, den Indianer. Solange das nicht verstanden wird, wird der Krieg nicht gewonnen werden. Der Indianer ist ein völlig andersartiger Mensch. Mit dem Indianer gehen keine Absprachen zu treffen. Unser gesamtes Heereswesen, unsere Kampfweise, unsere Ehrbegriffe stammen aus Europa. Sie beruhen auf der Verabredung, daß der Gegner, bei aller Feindschaft, sich seinerseits als ritterlicher Soldat zu bezeigen habe. Für den Indianer taugt das alles nicht. Es muß fallengelassen werden. Der Kaiser Maximilian kommt aus Europa, er versteht den Indianer nicht. Der einzige Mann auf unserer Seite, der den Indianer verstanden hat, ist jener französische Oberst, den sie den Schlächter nennen, Dupin.

OLOGA Eine gelbhäutige Ratte mit platter Nase, und ihr Atem riecht nach sämtlichen Ausformungen der Lauchgewächse. Aber all das, in der Tat, noch erträglicher als stille, staunende Augen. Meine Gattin argwöhnt nichts, nachts schläft sie wie eine Welpe. Und plötzlich, sehen Sie, bricht das Unheil herein. Meiner Frau wird unwohl. Sie steht auf. Sie geht im Haus herum, sucht mich. Sie ertappt uns. Scheidung steht außer Betracht; Sie müssen wissen, die Hazienden, ihre und meine, hatte ich zu einem einzigen großen Betrieb verschmolzen, der ohne bedeutenden Verlust kaum noch zu trennen ist. Und was spricht sie, in ihrem unnachvollziehbaren Stumpfsinn?

ERASO Dupin macht keine Gefangenen, er henkt. Dupin fragt nicht aus, er foltert. Dupin schafft nicht Ordnung, sondern Platz, und es ist ihm kaum weniger lieb, wenn seine eigenen Indios umgebracht werden, als die von Juarez. Und darum lautet meine einfache politische Meinung ...

CASTILLOS Wissen Sie, welchen Wochentag wir heute haben?

ERASO Ich bin für Juarez, also für Dupin.

OLOGA »Ich verzeihe Ihnen, mein Gemahl, wenn Sie auf der Stelle dieses von Ihnen entehrte Haus verlassen und sich dem Kaiser zur Verfügung stellen, den Gott unserem Mexiko geschenkt hat und der sich eben anschickt, es von den Mördern und Räuberbanden, die es notzüchtigen, zu befreien. Reinigen Sie Ihr Gewissen, indem Sie Ihr Vaterland reinigen. Am Tag des Sieges, mein Gemahl, mögen Sie ohne Furcht wieder über meine Schwelle treten«.

CASTILLOS Freitag. Hätten wir die Fische nicht, wir hätten nicht einmal Büffel kauen dürfen.

Schießerei oben.

OLOGA Achtung. An die Gewehre.

Sie nehmen die Waffen, gehen in Deckung, legen an. Auftritt, von oben, Diego, bepackt mit Werkzeug, Säcken, blechernen Behältern. Er setzt die Ladung ab.

STIMME DES PROFESSORS SIMON *von oben* Weiter, Diego. Die Grube liegt gegen Ende hin.

Auftritt Simon, folgt Diego.

SIMON Die Thermometer. Wo hast du die Thermometer? Sind die Schnüre sicher befestigt? Nein, ich mache es selbst. *Er läßt die Thermometer sehr behutsam in das Bassin hinab.*

OLOGA Halt.

SIMON Was denn?

OLOGA Stehenbleiben.

SIMON Still, es geht nicht.

OLOGA Geht nicht?

SIMON Ich kann nicht stehenbleiben. Überzeugen Sie sich
selbst, mein Herr, ich hocke.

OLOGA Die Losung, mein Herr.

SIMON Ich bitte mir entschiedene Ruhe aus, wirklich.

OLOGA Die Losung, oder Sie werden auf der Stelle erschossen.

SIMON Verdammt, schweigen Sie endlich. Was wollen Sie
hier überhaupt? Wer sind Sie?

OLOGA Voraustrupp einer Sonderabteilung Seiner Majestät.

SIMON Sehr schön. Ich bin die Sonderabteilung.

Goyon.

GOYON Guten Morgen, meine Herren.

OLOGA Kapitän Ologa und zwei Offiziere der regulären mexikanischen Armee.

GOYON Danke. Vorkommnisse?

OLOGA Keine besonderen.

GOYON Ich bin Oberst Goyon, persönlicher Adjutant des
Marschalls. *Begrüßung.*

Pelletier.

Der Leutnant ist Graf Pelletier. *Begrüßung.* Wir sind ein
wenig spät dran, nicht wahr? Ich hoffe, die Herren haben
sich nicht gelangweilt.

CASTILLOS Wir haben uns vorzüglich unterhalten, Herr
Oberst.

GOYON Das freut mich, Herr Oberleutnant. Die Wichtigkeit
unseres Unternehmens erforderte übermäßige Vorsichts-
maßnahmen. Wir mußten leider warten, bis die Straße unbedingt sicher war.

SIMON *hat die Thermometer befestigt, kommt* Sicher? Wollen

Sie mich verhöhnen, mein Herr? Wir sind angegriffen worden. Um ein Haar wäre unwiderruflicher Schaden geschehen.

OLOGA Ein Überfall?

GOYON Mindestens zwölf Banditen. Wir haben fünf Mann verloren; ein Sergeant und zwei Mann sind ziemlich schwer verwundet.

SIMON Man hat sich hinter den Kühlwagen verschanzt. Wenn sie unzerstört geblieben sind, war das reiner Zufall. Sie verantworten diese Fahrlässigkeit, und ich werde Sie beim Marschall verantwortlich machen.

GOYON Ich bedaure außerordentlich, Professor. Aber für Guerilleros kann niemand.

SIMON Niemand? Befinden wir uns an der Straße Mexiko-Stadt – Puebla – Orizaba – Veracruz?

GOYON Ja.

SIMON Es ist die Hauptstraße des Landes, nicht wahr? Der Marschall ist für sie verantwortlich, und ich werde ihn beim Kaiser verantwortlich machen.

PELLETIER Beim Kaiser? Das wird höchst unterhaltend: Bazaine verantwortet sich vor Kaiser Maximilian.

SIMON Unsinn. Bei Kaiser Napoleon.

GOYON Ich versichere Sie, Professor Simon, der Erhaltung der Ordnung auf dieser Straße gilt das Hauptaugenmerk des Oberkommandos.

PELLETIER Das stimmt tatsächlich. Sie ist unser Fluchtweg.

SIMON Der Zustand des Straßenpflasters ist unerträglich. Bemerkten Sie nicht, wie die Fahrzeuge gerüttelt haben?

GOYON Sie schienen nicht besonders darunter zu leiden.

SIMON Es handelt sich nicht um mich. Es handelt sich um die Rückfahrt. Hiernach die Schießerei, welche Leichtfertigkeit. Welch beispielloser Mangel an Sorgfalt.

GOYON Eben noch wollte ich Ihnen meine Bewunderung ausdrücken. Sie haben nicht das mindeste Zeichen von Angst wahrnehmen lassen.

SIMON Ich werde Angst haben. Es geht nicht um mein Leben. *Sieht auf die Uhr* Ah, Dummheit. Schluß. Entschuldigen Sie, ich kann das Gespräch im Augenblick nicht fortsetzen. *Er geht wieder zum Bassin, Diego zieht die Thermometer hoch.*

PELLETIER *geht zu den Mexikanern* Er hat natürlich Recht. Dieses Land ist unbeschreiblich verkommen.

CASTILLOS Das sagen Sie, Graf, der Sie übers Meer geeilt sind, um für die Mexikaner zu sterben?

PELLETIER Für die Mexikaner? Ich müßte ein Narr sein.

ERASO Ich bitte Sie, mein Herr, für wen dann?

PELLETIER Muß es denn immer für jemanden sein?

ERASO Unbedingt, ja. Kein Zweifel. Es versteht sich ja von selber. Man stirbt ungern oder für jemanden.

PELLETIER Nun gut. Vielleicht für die Mexikanerinnen.

OLOGA Welch hübsche Schmeichelei. O die Franzosen, sie sind wunderbar europäisch.

SIMON *hat die Thermometer verglichen* Ja. Ja. Mein Gott, es hat seine Richtigkeit.

GOYON *der ihm gefolgt ist* Sie stellen etwas fest, Professor?

SIMON 7,2 Grad Reaumur. Die gleiche Temperatur wie vor siebzehn Jahren. Kein Zehntelgrad Abweichung.

GOYON Was besagt es?

SIMON Es besagt dreierlei, Oberst. Erstens, daß meine Annahme hinsichtlich des Einflusses der Wasserwärme stimmt. Zweitens, daß wir dem Erfolg einen tüchtigen Schritt näher sind. Und drittens, daß wir uns auf der Rückfahrt nicht des allermindesten Fehlers schuldig machen dürfen.

GOYON Letzteres hat meine Zustimmung. – Meine Herren, wir brechen ohne Verzug auf. Die Freischärler wissen, daß wir uns hier unter der Erde verkrochen haben. Wir haben eine geringe Aussicht davonzukommen: wenn wir diesen Ort verlassen haben, bevor sie mit Verstärkung wiederkehren.

SIMON Wovon reden Sie?

GOYON Abmarsch in fünf Minuten. Beeilen Sie sich mit Ihrem Kram, Professor. Was in fünf Minuten nicht verladen ist, bleibt hier. *Will nach oben ab.*

SIMON Das ist Aufruhr, wie? Meuterei?

GOYON Sie belieben?

SIMON Haben Sie nicht Befehl vom Marschall, dieses Unter-
nehmen in der vollkommensten Weise durchzuführen?

GOYON Gewiß.

SIMON Nun?

GOYON Ich führe es durch, indem ich es abbreche. Andern-
falls würde es mit Bestimmtheit scheitern, dies wäre die
minder vollkommene Weise. Die Gefechtslage zwingt mich,
zwischen zwei unbefriedigenden Möglichkeiten zu entscheiden. Ich habe entschieden. Wir gehen.

SIMON Sie sind schlecht unterrichtet, mein Herr. Wir bleiben.

GOYON Herr, Sie stehen unter meinem Befehl.

SIMON Irrtum. Sie stehen unter dem meinigen.

GOYON Soll heißen?

SIMON Sie, Herr Oberst, ebenso wie jede beliebige andere
französische Stelle auf mexikanischem Boden, sind verpflichtet, mich, im Verfolg meiner Forschungen, uneinge-
schränkt und widerspruchslos zu unterstützen.

GOYON Der Befehl des Marschalls ...

SIMON Bah, der Marschall. Wissen Sie, warum er Sie hierher abkommandiert hat?

GOYON Das frage ich mich nicht. Ich bin Soldat, ich habe zu
gehorchen.

SIMON Nun, Sie sollen es erfahren. *Er knöpft alle seine Ober-
kleider auf, holt ein Papier aus der innersten Tasche.* Warten Sie,
Geduld. Gleich erfahren Sie es. Da. *Gibt es Goyon.*

GOYON *blickt hinein* Ein schlechter Spaß, Professor.

SIMON Mir gefällt er.

GOYON *liest* »Eine Familie in Trübsal, herbeigeführt durch
den Verlust eines Kindes. – Zwei glückliche Eltern, welche
mit ihren älteren Kindern vom Morgenspaziergang heim-
kehren, erwarten den warmen Kuß ihres Jüngsten – er
kommt nicht, wie gewöhnlich, herausgesprungen – sie betre-
ten das Haus und vernehmen nicht seine lispelnde Stimme,
noch seine unregelmäßigen Schrittchen – der Hund scheint
seinen kleinen Freund zu betrauern – die Magd, die so wenig
gewissenhafte Magd berichtet mit stockender Betonung,
zitternd und in Tränen, die furchtbare Neuigkeit – o! uner-
träglicher Gram! ihr Kind ist abhanden ...«

SIMON Hören Sie mit dem Unsinn auf, Oberst. Das wäre ein schlechter Spaß, in der Tat.

GOYON Indessen ...

SIMON Lesen Sie die Rückseite.

GOYON Die Rückseite? *Wendet das Blatt.*

SIMON Kennen Sie die Handschrift?

GOYON Allerdings. Es sind die Züge Napoleons des Dritten.

SIMON Wohlan. Lesen Sie das.

GOYON *liest* »Jeder französische Untertan ...«

SIMON Jeder.

GOYON »... von welchem militärischen oder zivilen Range er sei ...«

SIMON Jawohl, militärischen. So steht es.

GOYON »... wird angewiesen, den Professor Simon ...« Das ist nicht weniger als eine uneingeschränkte Vollmacht.

SIMON Sie sind verwundert?

GOYON Ich gestehe es.

SIMON Weshalb? Ich hatte es Ihnen bereits mitgeteilt.

GOYON Entschuldigen Sie, Professor Simon. Dieses Blatt stellt, verwaltungstechnisch gesehen, eine sehr ungewöhnliche Ausnahme dar.

SIMON Ich stelle die Ausnahme dar. Die Weisung des Kaisers ist die einfache Folge aus diesem Umstand.

GOYON Worum geht es, Professor Simon?

SIMON Es geht um die bedeutendste Leistung, welche die Naturwissenschaft in diesem Jahrhundert vollbracht haben wird.

GOYON Die Naturwissenschaft?

SIMON Richtig.

GOYON Aber das ist ausgeschlossen. Eine Entdeckung in den Naturwissenschaften kann unmöglich Seine Majestät zu einem solchen Schritt bewogen haben.

SIMON Vollkommen einverstanden. Die Entdeckung hat natürlich unerhörte Weiterungen auch in den Geisteswissenschaften.

PELLETIER Sie wollen sagen, Louis Bonaparte stelle sich mit seiner gesamten Macht hinter einen gelehrten Fortschritt?

SIMON Und warum sollte er das wohl nicht, Herr Graf?

PELLETIER Weil er unfähig ist.

GOYON Pelletier, ich bitte Sie.

PELLETIER Ein Emporkömmling, dessen Eigenschaften niemand beschreiben, dessen Vorzüge niemand finden und dessen Taten niemand verstehen kann. Seine Maßnahmen wären albern genug, selbst wenn er dies nicht bestätigte, indem er jede einzelne von ihnen wieder zurücknimmt. Seine Verbrechen sind ungeheuerlich, aber das Ungeheuer ist ein Gnom. Keiner seiner Freunde hält ihn für klug, und er führt Europa.

SIMON Ich habe die Ehre, Ihnen zu widersprechen, Herr Graf. Kaiser Napoleon ist ein Genie.

PELLETIER Weil er Sie unterstützt?

SIMON Nicht allein deshalb. Ich bin Forscher, mein Herr, ich sage Ihnen, es gibt in der ganzen Natur kein unfähiges Tier. Eine unfähige Rasse ist eine ausgestorbene Rasse. Ein unfähiges Tier ist ein totes Tier. Der Kaiser mag Ihnen mißbehagen. Das ist Ihr zufälliges, beliebiges und äußerliches Urteil. Tiere mögen Ihnen mißbehagen. Sie können erklären, dieses Tier rieche übel, jenes trage einen widerlichen Stachel und wieder jenem fehle das Vermögen zur einfachsten Selbsterhaltung. Aber dem Tier sind Ihre Abneigungen höchst gleichgültig. Für das Tier ist allein entscheidend, ob es für die Verhältnisse taugt, unter denen es lebt. Es gibt Verhältnisse, worin just das Tier überlebt, das stinkt, sticht oder sich von einem stärkeren Gegner nicht wegscheuchen läßt.

PELLETIER Worauf wollen Sie hinaus, Professor?

SIMON Sie mißverstehen den Kaiser biologisch. Kümmern Sie sich um Napoleons Umwelt, dann kapieren Sie Napoleons Größe. Der Mann ist seit fünfzehn Jahren Kaiser in Frankreich. Am Grunde eines Sumpfes herrschen andere Organismen als in den Wolken, aber ein Egel ist um keinen Deut weniger fähig als ein Adler.

GOYON Nun, Professor, ich nahm an, Sie seien im Begriff, den Kaiser zu verteidigen.

SIMON Das tue ich. Nur Flachköpfe glauben, man müsse das Bild desjenigen verschönern, den man Ursache hat zu billigen.

GOYON Wie immer, ich schätze diese Art von Gesprächen nicht. *Geht beiseite.*

SIMON Es gibt keine wissenschaftliche Verteidigung eines Individuums außer dem Nachweis seiner Eignung für seine Daseinsbedingungen. Napoleon besticht Frankreich mit wohlfeilen Geschenken? Vermutlich ist dann doch Frankreich bestechlich. Er hat kein Gewicht? Also bewegt er sich nicht auf festem Boden. Keine Farbe? Der Hintergrund ist fleckig. Seine Entschlüsse sind schwankend, unentschieden? Mithin erlauben die Machtverhältnisse in unserem Sumpf keiner Rasse, sich deutlich in ihm durchzusetzen.

PELLETIER Ihre Naturwissenschaft ist unterhaltender, als ich meinte.

SIMON Sie allein läßt ernsthafte Schlüsse zu. Geben Sie mir ein unbekanntes Lebewesen; ich untersuche seinen Körperbau und sage Ihnen, wo und wie es lebt.

PELLETIER Das gilt für Bonaparte?

SIMON Zweifellos.

PELLETIER Was entnehmen Sie seiner Kartoffelnase?

SIMON Er wittert Feinde.

PELLETIER Und Freunde.

SIMON Ein Tier braucht keine Freunde. Es hat die Feinde seiner Feinde.

PELLETIER Gut. Was entnehmen Sie seinem Zwergenwuchs?

SIMON Alle Seiltänzer sind winzig.

PELLETIER Seinem Knebelbart?

SIMON Ein Gleichgewichtsorgan, unverkennbar. Diese zitternden Spitzen, weit nach rechts wie nach linkshin ausgestreckt, fähig, die leiseste Regung auf beiden Seiten ans Gehirn zu melden: ein Gleichgewichtsorgan. Die Stange des Seiltänzers. Die Welt beobachtet die Handlungen des Kaisers und sagt, er schaukelt. Ich beobachte den Bart und sage: das Genie des Kaisers besteht darin, daß er geboren ist, um zu schaukeln.

PELLETIER Famos.

SIMON Ich höre oft fragen: warum ausgerechnet der? Die Gegenfrage des Wissenschaftlers: wer anders unter allen?

Der Kaiser Napoleon ist im vollkommensten Maße umwelt-
eingerichtet.

PELLETIER Es ist unmöglich, sich Ihrer Beweisführung zu
entziehen. Und doch, ich sehe einen Widerspruch.

SIMON Welchen?

PELLETIER Der Kaiser unterstützt Sie mit unmißverständ-
lichem Nachdruck. Was folgern Sie hieraus?

SIMON Hieraus kann ich, ob ich die Wechselwirkung nun
durchschaue oder nicht, – und da sie sich außerhalb meines
Fachgebietes vollzieht, durchschaue ich sie nicht, – nur folgern: ich unterstütze ihn.

PELLETIER In der Tat, die Kette scheint geschlossen.

GOYON *nähert sich wieder* Professor Simon.

SIMON Oberst Goyon?

GOYON Gestatten Sie noch eine Frage?

SIMON Ja, aber kurz. Ich zöge vor, meine Arbeit fortzusetzen.

GOYON Ganz kurz. Wie gelangt das Handschreiben des Kaisers auf das Blatt mit jenem, nun ja, jenem würdelosen Text?

SIMON O, aber das ist eine Geschichte. Sie führt von unserem Geschäft ab.

PELLETIER Jetzt müssen Sie. Ich nehme nie etwas übel, außer
wenn einer meine Neugierde reizt, ohne sie zu befriedigen.

GOYON Sie verstehen, ich muß Sie in diesem Punkte um Aufklärung ...

SIMON Ich sage Ihnen, die Geschichte klärt nichts auf. Also
gut. – Diego. *Er geht zum Bassin, und spricht mit Diego, der
eine Lampe aufgestellt hat und unter dem Folgenden die Vor-
gänge im Innern des Beckens beobachtet. Er kommt zurück.*
Während der Jahre, die ich mit der Vorbereitung der heutigen Ruhmestat verbrachte, lebte ich keineswegs in gün-
stigen Umständen. Die Wissenschaft, meine Herren, ist
eine Regierung, die ihre Untertanen selten sättigt. Ich
bringe keine Beschwerde vor. Sie macht uns glücklich, nur
eben nicht satt; es gibt solche Regierungen. Ich wohnte in
einem ärmlichen Hause am linken Ufer. Eines Morgens
begegnete ich auf der Stiege einem Mädchen.

GOYON Einem Mädchen?

SIMON Einem gewöhnlichen Dorfmädchen, das mit ihren Holzschuhen in Paris eingezogen war, um mit allerlei Putz– und Flickarbeiten ihr Auskommen zu finden. Sie war ein unverständiges, gemeines Ding, das dauernd ohne jeden Anlaß lachte; ihr Name war Marguerite.

PELLETIER Marguerite? Doch nicht wohl Marguerite Bellanger?

SIMON Sie kennen sie, mein Herr?

PELLETIER Nun, ein wenig.

SIMON Sie haben vermutlich bei ihr nähen lassen?

PELLETIER Wie erraten Sie das?

SIMON Es ist nicht schwierig. Sie vertraute es mir an.

PELLETIER Ihnen?

SIMON Ja. Sie sagte, es sei ihr gelungen, Kundschaft in den gehobenen Kreisen zu finden.

PELLETIER Sie hat Ihnen die Wahrheit gesagt.

SIMON Weshalb hätte sie das nicht sollen? Über Erfolge spricht man.

GOYON Fahren Sie doch fort. Sie begegneten ihr auf der Treppe ...

SIMON Nun, ich zog meinen Hut.

PELLETIER Sie zogen Ihren Hut?

SIMON Wie es üblich ist. Natürlich, ohne sie anzusprechen.

PELLETIER Ohne sie anzusprechen. Natürlich.

SIMON Kurz darauf erschien sie, unangemeldet, in meiner Dachkammer. Sie hatte irgendwo einen englischen Kupferstich von äußerster Geschmacklosigkeit aufgegabelt und bat mich, ihr die Unterschrift zu übersetzen. Sie habe, sagte sie, Vertrauen zu mir gewonnen, weil ich so höflich zu ihr gewesen sei.

GOYON Wohlan, weiter. Sie übersetzten ...

SIMON Auf dem nämlichen Papier, welches Sie in der Hand halten, Oberst. Sie war ganz außer sich vor Freude. O, Sie sind ein großer Gelehrter, rief sie aus. So muß es heißen, ich bin sicher. Es paßt genau zum Bild, jedes einzelne Wort, obgleich es doch englisch ist. Ah, mein Herr, die Wissenschaft ist groß, ich bete sie an. Selbst der Hund weint, sagen Sie, o, die Wissenschaft setzt mich in Tränen. Was schreiben Sie da? – sie blickte auf meinen Schreibtisch, an welchem sie mich unterbrochen hatte. Wissenschaft? – In der Tat, mein Fräulein, und eine, die ich nicht beherrsche. – Was soll das nur sein? rief sie, Sie, der Sie alles können? – Es ist ein Gesuch an Seine Majestät, den Kaiser, erwiderte ich; es steht allein in seiner Gewalt, mir das Erreichen meines Lebenszieles zu ermöglichen. – Gott wird Ihnen helfen, sagte sie ganz ernst. Sie sind der hervorragendste Gelehrte, den ich kenne, und dazu ein solch guter Mensch. Gott hat auch das verlorene Kind zurückgebracht, ich weiß es von dem anderen Bild, das ich aber vorläufig noch nicht bezahlen kann, und pfui über das unsorgfältige Dienstmädchen, Sie können sich nicht vorstellen, wie ich es hasse. Damit lief sie zur Tür hinaus.

GOYON Mit dem Zettel?

SIMON Mit dem Zettel. Ich schrieb mein Gesuch zu Ende und sandte es, bestens empfohlen von Professor Dumeril ...

GOYON Wem?

SIMON Professor Dumeril, dem Amphibiologen.

GOYON In der Tat.

SIMON ... an den Kaiser. Allerdings dauerte es noch volle sechs Wochen, bis ich, kurz vor Weihnachten, von unbekannter Hand in die Rue de Vignes berufen wurde.

GOYON Sechs Wochen?

PELLETIER In die Rue de Vignes, aha.

SIMON Ich befand mich vor einem Palais vom neuesten und auserlesensten Geschmack. Ein Lakai nahm mich in Empfang, er schien mich erwartet zu haben. Er übergab mich dem Hofmeister. Man führte mich in einen glänzenden Empfangsraum. Eine Tür öffnete sich, zur Tür herein trat mit vielem Anstand ...

PELLETIER Nun, wer?

SIMON Es wird Sie überraschen.

PELLETIER Marguerite Bellanger.

SIMON Ah, Sie sind auf der Spur geblieben. Sie gehen nicht fehl, sie war es, und sie hatte das besagte Blatt bei sich. Nehmen Sie das hier, mein verehrungswürdigster Herr, sagte sie, wiederum mit großem Ernste, und sehen Sie, daß Gott geholfen hat. Sie wandte sich zum Gehen, ich war entlassen und fand mich im Besitz eines Schriftstücks, das unser Jahrhundert von Grund auf verändern wird. Seltsam, nicht wahr?

GOYON Ja, gewiß. Recht seltsam.

SIMON Nun, in welcher Form der Kaiser mir seinen Beistand zu übermitteln beliebte, Sie werden eingestehen, daß er seine Pflicht vor der Geschichte erkannt und sich ihr zu stellen nicht gezögert hat.

PELLETIER Guter Mann! Sind Sie so kindlich?

SIMON Kindlich, inwiefern?

PELLETIER Diese Erklärung ...

SIMON Es gibt keine wahrscheinlichere. Prüfen wir die Erklärungen, die in Frage kommen. Die nächstliegende wäre natürlich, der Kaiser habe der Bellanger zuliebe gehandelt.

PELLETIER Wie? So sind Sie darauf verfallen?

SIMON Wer verfiele nicht darauf? Glauben Sie es etwa? Sie sind noch sehr kindlich, mein Herr. Die Jugend pflegt die Welt mit dem Auge des Romanschriftstellers zu betrachten, erst das Alter nähert sich dem Blick des Zoologen.

PELLETIER Was denkt der Zoologe?

SIMON Das Geschick einer Rasse wird niemals durch das Verhalten einzelner Exemplare beeinflußt. Mag sein, das kleine Geschöpf hat für mich gebeten. Mag sein, der Kaiser hat seinen Entschluß in die äußere Hülle einer Gefälligkeit für sie gekleidet. Aber feststeht: er hat diese weltgeschichtliche Urkunde nicht um eines Nähmädchens willen ausgefertigt. Dies wäre Zufall, und für die Wissenschaft, meine Herren, gibt es keinen Zufall.

PELLETIER Sie ziehen also vor, an Ihren Molchverständigen zu glauben?

SIMON Dumeril? Unsinn. Kein Mensch kennt Dumeril. Sein außerordentlicher Rang zeigt sich eben darin, daß nur ich ihn kenne, ich und vielleicht allenfalls noch zwei andere. Nein, wie Sie die Sache immer wenden, jede mögliche Erklärung scheidet aus, außer einer.

GOYON Die lautet?

SIMON Was für die Forschung gut ist, ist gut für das Kaiserreich. In diesem Sinne, Herr Oberst, erwarte ich Ihre sofortige, volle und rückhaltlose Unterstützung.

GOYON Sie haben über mich zu verfügen, Professor Simon.

SIMON Vorerst bitte ich um genaueste Ruhe, während wir die
Exemplare, welche Diego ausgewählt hat, einfangen. Jede
Störung könnte zu einer vorzeitigen Verwandlung führen.

GOYON Wen wollen Sie einfangen?

SIMON Die Fische. Aber es müssen kräftige, junge Tiere sein,
die aushalten, was ihnen bevorsteht.

GOYON Sie wollen nicht sagen, wir sind hier, um zu fischen?

SIMON Sicherlich, wozu sonst?

GOYON Was verlangen Sie noch?

SIMON Größte Behutsamkeit beim Abtransport. Insonders
eine vorsichtigere Fahrweise; Erschütterungen sind nach
Möglichkeit auszuschalten.

GOYON Ich bin Ihnen unterstellt, Professor.

SIMON Ja, das sind Sie.

GOYON Wieviel Zeit, rechnen Sie, würden Sie für Ihre Maßnahmen hier in der Höhle benötigen?

SIMON Ungefähr zwei Stunden.

GOYON Wenn wir langsam fahren, erreichen wir die Hauptstadt in annähernd vier Stunden. Sechs Stunden. Es besteht
eine geringe Hoffnung, daß die Banditen uns so lange unbehelligt lassen.

SIMON Wir fahren nicht nach Mexiko-Stadt.

GOYON Bitte?

SIMON Wir fahren nach Veracruz.

GOYON Professor Simon! Auf dem Weg nach Veracruz erwartet uns die halbe republikanische Armee.

SIMON Im Hafen von Veracruz erwartet mich eine Fregatte
der kaiserlichen Marine.

GOYON Wegen Ihrer Fische?

SIMON Ja doch.

GOYON Sie sind wahnsinnig. Wissen Sie, was in diesem Lande
vorgeht? Frankreich, ich verrate kein Geheimnis mehr, hat
durch schlitzäugiges Lumpengesindel, Bauern, angeführt
von einem Advokaten, seine erste außenpolitische und mili-

tärische Niederlage erlitten. Marschall Bazaines letzte Sorge ist, den Truppenabzug in geordneter Form durchzuführen. Und Sie wollen mir zumuten, wie ein Fischhändler mit seinem Karren mitten durch die Schlachtfelder zu schaukeln, langsam?

SIMON Was kümmert mich das alles?

GOYON Frankreichs Zusammenbruch, nichts?

SIMON Die Völker überschätzen ihre Zusammenbrüche. Die Bewohner des Euphrattals behaupteten nach einer Überschwemmung, die etwas nasser als gewöhnlich ablief, die Menschheit sei ertrunken. So sind sie alle. Ich finde, die Welt befindet sich sehr wohl, nach all den Untergängen.

GOYON Sie sind ohne vaterländisches Gefühl, mein Herr?

SIMON Ich versichere Ihnen, Oberst, das Kaiserreich wird in Amerika gesiegt haben, wenn vier oder fünf dieser Fische wohlbehalten in Paris eingetroffen sind.

GOYON Auf diesen Sieg muß es leider verzichten. Wir gehen.

SIMON Nach Veracruz.

GOYON Nach Mexiko.

SIMON Sie verweigern die Ausführung meines Befehls?

GOYON Ja.

SIMON Darf ich das Papier zurückerbitten?

GOYON *wirft es hin* Es ist Ihr Eigentum.

SIMON Ich benötige es für den Fall, daß ich Sie erschießen lassen müßte. Betrachten Sie sich als Ihres Postens enthoben, Oberst Goyon.

GOYON Einen Augenblick. Warten Sie.

SIMON Meine Geduld ist erschöpft. Ich habe nicht im Sinn, Geschäfte von Ernst an der geringen Fassungskraft eines Offiziersschädels scheitern zu lassen. Sie sind lästig, Goyon, in der Tat.

GOYON Ich bitte um Entschuldigung, mein Herr. Ich habe meine Befugnis überschritten.

SIMON Sie sehen es ein?

GOYON Gestatten Sie mir, die kriegstechnische Seite Ihres Unternehmens weiterhin zu leiten?

SIMON Dummheit. Dafür sind Sie ja da.

GOYON Leutnant Pelletier.

PELLETIER Herr Oberst.

GOYON Sie reiten unverzüglich ab. Sie schlagen sich nach Mexiko-Stadt durch.

PELLETIER Das ist nicht einfach.

GOYON Sie erreichen eine sofortige Unterredung mit dem Marschall.

PELLETIER Das ist schwierig.

GOYON Sie besorgen einen gut ausgerüsteten und zuverlässigen Truppenteil, der kampftüchtig genug ist, Geleitschutz bis zur Küste zu geben.

PELLETIER Das ist kaum möglich.

GOYON Sie sind, mit den Soldaten, in drei Stunden zurück.

PELLETIER Das ist ausgeschlossen.

GOYON Sie haben verstanden?

PELLETIER Jawohl, Herr Oberst. *Ab.*

GOYON *zu Ologa* Kapitän.

OLOGA Herr Oberst.

GOYON Ich ersuche die Herren, während der folgenden Stunden möglichst wenig Geräusch ...

SIMON Überhaupt keines.

GOYON Keinerlei Geräusch zu verursachen. Ich mache Sie für die Einhaltung verantwortlich.

OLOGA Zu Befehl, Herr Oberst.

SIMON Ja, und hören Sie auf, mit Ihren lächerlichen Silbersporen herumzuklirren.

Pelletier.

GOYON Weshalb sind Sie noch hier, Leutnant?

PELLETIER Die Verwundeten, Herr Oberst. Sie leiden unter der Hitze. In den Tankwagen befindet sich Eis, ich bitte vorschlagen zu dürfen...

SIMON Oberst, würden Sie den Herrn über seine Zuständigkeit belehren.

GOYON Sie haben Zeit vertrödelt, Leutnant. Ich sagte, drei Stunden; ich werde Ihnen die vergeudeten Minuten nicht abziehen. *Pelletier salutiert, ab.*

SIMON Sie verstehen meine Handlungsweise, Oberst. Ich

benötige das Eis natürlich für die Reinhaltung der Experimentbedingungen.

GOYON Ehrlich zu sein, Professor Simon, verstehe ich gar nichts. Ich weiß nicht, ob ich Sie aufhalten darf ...

SIMON Ich bin vorläufig unbeschäftigt. Diego braucht eine Weile, um sie an seine Gegenwart zu gewöhnen; sie haben kaum einen Begriff von Geselligkeit, nicht wahr? Wir versuchen, die beim Fang auftretende Erregung auf den kleinsten Grad herabzusetzen. Von Veranlagung sind sie Menschen gegenüber zutraulich, wie es ja natürlich ist.

GOYON Weshalb ist es natürlich?

SIMON Welche Frage. Nun freilich, Sie wissen nicht ...

GOYON Sie sagen es. Würde es Ihnen etwas ausmachen, mich über den Inhalt Ihrer Forschungen zu belehren? Was für eine Bewandtnis hat es mit diesen Fischen? Wieso leben sie hier unter der Erde? Worin besteht ihre Kostbarkeit? Oder ist das alles ein Geheimnis?

SIMON Es war eines. Siebzehn Jahre lang mußte ich schweigen wie ein Grab. Aber inzwischen weiß es der Kaiser, und, was schlimmer ist, Dumeril weiß es. Ich werde in diesem Jahr 1866 Recht behalten haben, oder man wird mich bis an mein Lebensende mit Hohn und Lauge überschütten. Die gelehrte Welt hat einen ausgeprägten Sinn für Scherz, wissen Sie.

GOYON Ich bin aufs äußerste gespannt.

SIMON Wir beginnen mit der Umwelt. Wo befinden wir uns, Goyon?

GOYON In einer Höhle.

SIMON Sehr ungenau, Goyon. Welcher Art Höhle?

GOYON Einem Erdloch eben.

SIMON Was, Esel, Erdloch? Aber verzeihen Sie, ich habe nicht das Recht, Sie zu prüfen. Ich vergesse stets, auf die geistigen Fähigkeiten meiner Mitbürger Rücksicht zu nehmen. Ich behandle sie immer wieder, als wären sie allesamt gebildete Menschen. Ein alter Fehler von mir.

GOYON Sie müssen sich nicht rechtfertigen. Sie werden mir verraten, in welcher Art Höhle wir uns befinden.

SIMON Es ist eine Lavahöhle, unter den Höhlenformen die

seltenste. Das ganze Rio-Frio-Gebirge ist vulkanischen
Ursprungs. Das flüssige Gestein erstarrt, wo es mit der Luft
in Berührung kommt. Die nachströmende Lava bricht sich
Ausgänge aus dieser Kruste; durch einen solchen Ausgang
sind wir eingedrungen.

GOYON Sehr begreiflich.

SIMON Fernerhin bilden sich, unter der gehärteten Schicht,
Blähungen erhitzten Gases. Wo eine derartige Blase sich
Öffnung verschafft, entsteht ein sogenannter Kristallkeller.

GOYON Das Bassin?

SIMON Richtig, Goyon. Sie sehen, die Wände sind mit Zink-
blende bedeckt, kristallinisch glatt, unersteigbar. Hinzu
kommt, daß sie sich nach oben hin verjüngen. Wissen Sie,
was sich die Natur auf diese Weise geschaffen hat? Eine
Retorte. Eine Kolbenflasche von unvergleichlicher Zweck-
mäßigkeit für eine ihrer bewundernswürdigsten Versuchs-
anordnungen.

GOYON Bitte fahren Sie fort.

SIMON Ohne Umschweife also zur Sache. Sie kennen die
Gewohnheiten der Azteken.

GOYON Nun, ich habe von ihnen reden hören. Waren sie
nicht die ursprünglichen Bewohner dieses Weltteils?

SIMON Ist das alles, was Sie wissen?

GOYON Wenn Sie mich sehr streng prüfen, ja.

SIMON Ich überfordere Sie schon wieder. Die Azteken, welche in der Tat die ausgemachtesten Dummköpfe in der
Geschichte der menschlichen Gattung waren, hielten große
Stücke auf Keuschheit, so wie sie überhaupt sämtliche
Tugenden pflegten, ausgenommen diejenigen, die irgendeinen Nutzen bringen. Sie verstehen, Oberst, sie hatten eine
unwiderstehliche Schwäche für überflüssige Tugenden.

GOYON Welche noch, beispielsweise?

SIMON Die soldatischen.

GOYON Ich verstehe. Aber waren sie nicht hervorragende
Mathematiker?

SIMON Die hervorragendsten. Sie haben eine wirklich einmalige Rechenkunst erfunden, um zwei verschiedene Kalen-
der, die beide nicht auf den Sternenumlauf stimmten, mit-

einander in Einklang zu bringen. Eine fast unlösbare Aufgabe. Aber sie haben sie gelöst.

GOYON Kommen wir auch auf die Fische zu sprechen?

SIMON Wir sprechen von nichts anderem. Meine Mutmaßung geht dahin, daß eine Anzahl schuldiger werdender Mütter – seien es junge Mädchen, die dem Ledigenheim, worin man sie hielt, entwichen waren, seien es gar Angehörige des königlichen Clans, die sich mit Exemplaren minderer Rassen vergangen hatten – als der Ehre, dem Regengott geschlachtet zu werden, unwürdig durch Abwerfen in diesen Schacht bestraft wurden.

GOYON Ersäuft, meinen Sie?

SIMON Ja. Lebend ersäuft.

GOYON Professor Simon. Sie wollen mir nicht erzählen, die Aztekinnen hätten sich in Fische verwandelt und schwämmen nun dort unten herum.

SIMON Ich erzähle Ihnen keine Märchen. Märchen sind ein trockener und höchst einfallsloser Lesestoff, verglichen mit der Naturgeschichte. Natürlich gingen sie zugrunde. Der Mensch ist ein Lungenatmer, Oberst.

GOYON Nun, aber dann ... Ich meine, ist das nicht eine ziemlich alte Geschichte?

SIMON Alt? Das fast Unausdenkbare an der Geschichte ist, wie jung sie ist. Ich bitte Sie, keine vierhundert Jahre.

GOYON Ist das nicht viel?

SIMON Nein.

GOYON Indessen, wie gelangen wir zur Gegenwart?

SIMON Wir sind so gut wie da. Im Februar 1849 ...

GOYON Vor siebzehn Jahren ...

SIMON Genau. Ich war auf einer Forschungsreise begriffen, verlor den Weg, geriet in Gefahr zu verschmachten, lauter Vorkommnisse, wie sie eben üblich sind. Ich kroch in eine Bergspalte; ich hoffte, Schatten und vielleicht sogar eine feuchte Wurzel zu finden. Die Spalte erweiterte sich zu einem Gang. Ich folgte demselben, hatte einige Klüfte und kaum kriechhohe Kammern zu überwinden und befand mich ...

GOYON Hier.

SIMON Ich entdeckte das Bassin. *Sie gehen zum Bassin.* Es
gelang mir, in meinem Hute Wasser hochzuziehen und
mich vor dem Dursttode zu retten, während welchen
Genusses ich sogleich zwei Eigentümlichkeiten feststellte.
Das Wasser war ungewöhnlich kühl, die genaue Messung
ergab sieben und zwei Zehntel Grad Reaumur, und es war
von einer nahezu breiförmigen Beschaffenheit. Diese
Dichte rührte von der Gegenwart eines mir unbekannten
Einzellers, einer Alge; es war eine Art Plankton, was ich
trank, und, wie sich herausstellte, ebenso nahrhaft. Ich kam
also schnell wieder zu einigen Kräften, die mich in den
Stand setzten, einen der Fische, deren erstaunliches aber
durch die pflanzliche Sättigung ihres Elementes immerhin
erklärliches Vorkommen mir ja keineswegs entgangen war,
zu erlegen. Es war ein älteres Tier, an dem sich ein unaus-
gereiftes Exemplar, anscheinend das Junge, festgesaugt
hatte. Ich muß Ihnen nun ein Geständnis ablegen, Oberst
Goyon.

GOYON Ein Geständnis?

SIMON Ein mehr als beschämendes. Aber es gehört zu meinem Bericht.

GOYON Ich ahne nichts.

SIMON Ich beging ein Verbrechen.

GOYON Sie befanden sich, wenn ich Ihnen gefolgt bin, allein
in der Höhle.

SIMON Keineswegs.

GOYON Nicht? Wer war denn bei Ihnen?

SIMON Der Fisch.

GOYON Allerdings. Welches Verbrechen verübten Sie an dem
Fisch?

SIMON Ich aß ihn.

GOYON Ja, was sonst?

SIMON Begreifen Sie nicht? Mich überfiel eine plötzliche
Gier. Ich hatte mehrere Stunden lang mit meinem Rock, den
ich als Netz verwendete, nach ihm geangelt. Ich nahm mir
kaum Zeit, ihn ein wenig am Feuer zu rösten, und kaute ihn
einfach in mich hinein. Restlos. Ich konnte nichts übrig lassen, wie ein Hund.

GOYON Professor, das ist sehr verständlich.

SIMON Ich habe Sie um kein Verständnis gebeten. Es gehört zu meiner Bedeutung als Wissenschaftler, daß ich in der Ausübung meines Berufes keine Fehler mache. Nein, es bleibt unverzeihlich. Ich begegne einer unbekannten Gattung. Ich werde eines Fisches habhaft, zwanzig Kilogramm schwer, farblos, mit zu großem rundlichem Kopf und schwach entwickelter Schwanzflosse, eines Fisches, den nie ein Gelehrter vor mir zu Gesicht bekommen hat, und was tue ich? Ich tranchiere ihn, statt ihn zu obduzieren. Ich ordne ihn nicht ein, ich verschlinge ihn.

DIEGO Wenn Sie mir die Bemerkung gestatten, Herr Professor: Sie überschreiten die Anweisung.

SIMON Anweisung, was? Hier gebe ich Anweisungen.

DIEGO Die überschreiten Sie. Sie sind jetzt zu laut, Herr Professor.

SIMON Ja, das stimmt. Wie benehmen sie sich?

DIEGO Es geht an. Aber es wäre besser, Sie träten vorerst noch zur Seite.

SIMON Kommen Sie, Oberst. Wir müssen Diego in Ruhe lassen.

GOYON Ihr Gehilfe ist noch sehr jung.

SIMON Schätzungsweise siebzehn. Er ist unbezahlbar. Ich bezahle ihn auch niemals. *Sie gehen in den Winkel, wo die mexikanischen Offiziere lagern.* Nun, ich habe Sie mit meinen Selbstvorwürfen ermüdet, es tut mir leid, aber sie gehören vielleicht zur Selbstachtung. Ich bin beim Ende. Ich hatte meinen Fisch verspeist, der Anfall war vorüber. Ich war wieder bei Sinnen. Mein Blick fiel auf einen Knochen, den ich auf den Boden geworfen hatte. Ich traute meinen Augen nicht. Ich glaubte, ich sei wahnsinnig geworden. Erraten Sie, was für ein Knochen es war?

GOYON Nein, nein.

SIMON Es war ein Brustbein.

GOYON Ich verstehe.

SIMON Sie haben mir nicht zugehört, nicht wahr?

GOYON Doch, Professor. Sehr gut.

SIMON Ich sagte: ein Brustbein.

GOYON Ja, ein Brustbein. Sie sagten es. O, Fische pflegen
kein Brustbein zu haben, ist das so?

SIMON In der Tat, so ist es. Fische pflegen unter keinen
Umständen, Brustbeine zu haben. Es widerspricht durch-
aus ihren Gewohnheiten.

GOYON Es war also eine sehr wunderbare Wahrnehmung,
welche Sie machten.

SIMON Das würde ich denken. Das Brustbein, Oberst Goyon,
war ein menschliches Brustbein.

GOYON Ein menschliches?

SIMON Unverkennbar.

GOYON Professor, Sie versprachen, mir kein Märchen zu
erzählen.

SIMON Märchen? Ich erwähnte es bereits, sie langweilen
mich.

GOYON Es ist kein Märchen?

SIMON Das gesamte Skelett des Fisches, den ich in jenem
Becken gefangen hatte, erwies sich als ein menschliches Skelett.

CASTILLOS Wovon reden Sie, mein Herr?

SIMON Mein Herr, Sie klirren.

CASTILLOS Ich habe mich nicht gerührt.

SIMON Sie klirren mit dem Mund.

GOYON Bewahren Sie bitte Stillschweigen, Oberleutnant. *Zu
Simon* Sie meinen, jene aztekischen Mütter ...

SIMON Es gibt keine andere Erklärung.

GOYON Warten Sie. Sie sagten selbst, es sei ausgeschlossen,
daß ein Mensch dort unten überleben könne.

SIMON Ganz und gar ausgeschlossen, ja.

GOYON Nun, wenn kein Mensch ...

SIMON Kein Mensch, Oberst. Aber ein menschlicher
Embryo.

GOYON Ein Embryo? Aber das ist ein kleiner Mensch.

SIMON Nein. Ein Embryo ist eine Larve.

GOYON Eine Larve?

SIMON Ja, natürlich. Der menschliche Embryo ist bestimmt,
ein Mensch zu werden. Aber bevor er dahin gelangt, muß
er sich einer Reihe von Verwandlungen unterziehen. Er

beginnt als Amöbe, verwandelt sich zum niedrigsten Mehr-
zeller, und so fort. In einem bestimmten larvalen Zustande
ist er etwas sehr Ähnliches wie ein Fisch. Wenn gelegentlich von einer Frau gesagt wird, sie trage ein Kind unter dem
Herzen, ist das wissenschaftlich falsch. Sie trägt eine Larve.

GOYON Und diese Fische, meinen Sie also ...

SIMON Sind nichts als die Nachkommen der Larven jener
ertränkten Schwangeren, welche ausnahmsweise außerhalb
des Mutterleibes nicht zugrunde gingen, sondern zur
Geschlechtsreife gelangten. Diese Fische sind fortpflan-
zungsfähige Menschenembryos. Fötale Väter oder Mütter.

CASTILLOS *der viel Schnaps getrunken hat* Herr, was sollen die
Witze?

GOYON Ruhe. – Professor, das klingt alles recht unwahr-
scheinlich. Ein fortpflanzungsfähiger Embryo, das ist
schließlich ein Widerspruch.

SIMON Keineswegs. Derselbe Vorgang ist in der Zwischenzeit bei einer Art von Schwanzlurchen, wenig weit von hier
übrigens, beobachtet worden. Gewisse Ausfallerscheinun-
gen in den Drüsen hemmen das Wachstum des Fötus; der
Fötus hält seine Entwicklung für abgeschlossen, und wo, wie
in unserem Fall, die Umweltverhältnisse besonders günstig
sind, macht er sich unverdrossen ans Geschäft der Zeugung.
Meine Mutmaßung, kurzum, geht dahin, daß unter jenen
Müttern einige waren, die im Todesschreck vorzeitig ent-
banden, unter denen wieder einige, deren Föten an einer
Drüsenkrankheit litten, welche ihren Eifer, sich von der
Larve zum Säugling, will sagen, vom Kiemenatmer zum
Lungenatmer zu verwandeln, hemmte, und daß von den
letztern einige in dem kalten und nährstoffreichen Wasser
eine neue Art bildeten: den homo pisciforme.

GOYON Den Fischmenschen?

SIMON Wenn Sie so wollen. Es ist nur ein Name.

GOYON Mein Gott, ich verstehe nun Ihr Entsetzen. Sie haben
ja seinerzeit einen Menschen gegessen.

SIMON Ach, das wäre wirklich nichts Neues. Bei Leichen-
öffnungen, sehen Sie, erspart ein kleiner Kosthappen oft
langwieriges Mikroskopieren der Gewebe.

CASTILLOS Ich habe einen Menschen gegessen. Am Freitag. *Fällt in Ohnmacht.*

SIMON Hören Sie das, Oberst. Ein ewiges Klirren und Klirren.

GOYON Oberleutnant, ich befahl Ihnen ... *Wendet sich um.* Nun, er scheint Ruhe halten zu wollen.

SIMON Nein, das Verzweifelte war, daß ich kaum mehr über Fleischteile verfügte. Die Zähne waren vorhanden, sie sind ursprünglicher als die eines Menschen, natürlich längst nicht so sinnreich und originell wie etwa ein Hechtzahn. Aber das Hirn war weg. Wie die Schädelmessung ergab, ist es nicht kleiner als ein Kinderhirn. Aber ich bin sicher, daß es unfertiger gebaut ist als ein solches, periventrikulär, nicht wahr, mit persistenter Matrixzone. Ich sehe es vor mir. Ich könnte es malen, wie es da auf dem Schneidetisch liegt. Aber ich kann es nicht beweisen.

GOYON Erstaunlich. Übrigens, periventrikulär, das müssen Sie mir erklären.

SIMON Was?

GOYON Das Wort.

SIMON Das Wort, nun, es bedeutet, was es ausdrückt. Die Zellen liegen ums Ventrikulum angeordnet, nicht wahr?

GOYON So erklären Sie doch.

SIMON Was?

GOYON Worum liegen sie angeordnet?

SIMON Ums Ventrikulum, worum sonst?

GOYON Nun?

SIMON Mein Gott, Sie wollen doch nicht andeuten, Sie wüßten nicht, was ein Ventrikulum ist?

GOYON Professor Simon, ich danke Ihnen für Ihre Geduld und Ihr Vertrauen. Ich sehe nun die Wichtigkeit unseres Auftrags. Sie werden ein paar dieser Tiere nach Paris schaffen. Sie werden sie zergliedern und endgültige Aufklärung über diese allerdings einmalige Naturerscheinung ...

SIMON Wo denken Sie hin!

GOYON Nicht?

SIMON Die wissenschaftliche Moral verbietet mir strengstens, einen lebenden Menschen zu töten und zu zerlegen.

Ologa und Eraso werden von einer Übelkeit ergriffen.

GOYON Was werden Sie mit ihnen beginnen?

SIMON Ich werde die Umwandlung hervorrufen. Sie werden ihnen eines Tages im Bois de Boulogne begegnen, Oberst, und Sie werden von ihnen gegrüßt werden, wenn sie männlichen Geschlechts sind und es ihnen mißlungen sein sollte, sich dem Heeresdienst zu entziehen. – Weshalb wird denn keine Ruhe gehalten?

GOYON Den Kameraden ist übel.

SIMON Vermutlich haben sie zu viel gegessen. – Ha, verdammt, was ist das?

GOYON Was haben Sie da?

SIMON Ein Brustbein. *Zu den Mexikanern* Wie konnte das geschehen? Verantworten Sie sich. Hatten Sie nicht strengste Anordnung, an diesem Ort keine Veränderung vorzunehmen? Welch ein unersetzlicher Verlust.

ERASO *sich immer erbrechend* Hören Sie doch auf. Ein Verlust für die Wissenschaft, und wenn.

SIMON Für die Menschheit.

ERASO Die Wissenschaft ist noch nicht die Menschheit, Herr.

SIMON Ich pflege meine Worte genau zu wählen. Sie sind Mörder. Elende, schmutzige Mörder und Menschenfresser.

OLOGA *zieht den Degen* Für dieses Wort, Herr, werden Sie büßen.

SIMON Was? Noch Ungezogenheit, Herr?

CASTILLOS *unerwartet* O du Teufel von einem Heiden. Du Franzosenschwein. *Er stürzt sich mit dem Degen auf Simon. Goyon pariert den Stich.*

GOYON Gehen Sie an Ihren Platz, Kapitän. Ihren Degen. Ihren Degen, Oberleutnant. – Ich hoffe, Sie sind nicht verletzt.

SIMON Ich kann Sie beruhigen, mein Herr. Der Zufall wollte, daß ich, Ihrer Unfähigkeit ungeachtet, unverletzt bin. Es ist widerlich. Pfusch; wo man hinblickt, Pfusch.

GOYON Professor Simon, ich habe Ihnen das Leben gerettet.

SIMON Nachdem Sie zuließen, daß es in Gefahr kam. Sie haben Kannibalismus geduldet. Sie haben einen Mordanschlag geduldet. In keiner Hinsicht Unterordnung. Ich zweifle sehr, ob ich recht daran tat, Ihnen die militärische Leitung anzuvertrauen.

GOYON Auffällig dankbar sind Sie nicht.

SIMON Dankbar, wofür? Daß Sie Ihren Beruf ausgeübt haben? Sind Sie dem Mann dankbar, der Ihnen, weil Sie ihn bezahlen, die Kohlen bringt?

GOYON Nun, da ist ein Unterschied.

SIMON Der Unterschied liegt darin, daß der Kohlenmann und ich Berufe ausüben, welche gesitteten Zuständen entsprechen und bei denen für gewöhnlich keine Leben gerettet werden.

GOYON Wie spitzfindig.

SIMON Wohlan, lassen Sie uns sehen. Wären Sie denn Ihrem Kohlenmann dankbar, sofern Sie eben am Erfrieren wären? Ach, vermutlich sind Sie imstande und wären es. Ich verschwende Beweisführung an einen denkunfähigen Menschen. Es ist wahrhaft sinnlos.

GOYON Aber der Kohlenmann rettet mich, in dem besagten Fall.

SIMON In der Tat. Er rettet Sie in dem besagten Zufall. Die Gesetzmäßigkeit ist, daß er Kohlen austrägt. Ich rette diese Fische. Zufällig; die Gesetzmäßigkeit besteht darin, daß ich der Wissenschaft diene. Wir verrichten Selbstverständliches. Keiner käme auf den Einfall, stolz darauf zu sein, aber Sie sind ein Oberst. Ich frage mich manchmal, was für einen Zweck es hat, im neunzehnten Jahrhundert zu leben, wenn der wunderbare Stand unseres Denkens sich einfach weigert, sich herumzusprechen.

Oben Schüsse.

Da. Jetzt schießt es schon wieder. Alles Pfusch, wie ich sage.

GOYON Achtung!

SIMON Was denn? Was haben Sie vor?

GOYON Wir sind überfallen worden, Professor Simon; ich sah es voraus. Vermutlich wird unser Widerstand sinnlos sein.

SIMON Dann unterlassen Sie ihn doch.

GOYON Bitte?

SIMON Jedermann bleibt, wo er sich befindet.

GOYON Habe ich das als Befehl zu verstehen?

SIMON Ja. Wir wissen nicht einmal, ob wir entdeckt sind.

ERASO Welche Narrheit. Die Schurken kennen hier jede Ritze. Vergessen Sie nicht, daß sie alle ihre Wohnsitze in der Umgegend haben.

SIMON Selbst dann eignet sich dieser Ort vorzüglich zur Verteidigung. Die Spalte in der nächsten Kammer läßt kaum einen Mann durch und kann von einem Mann gehalten werden.

GOYON Aber es sind Soldaten oben. Verwundete.

Das Schießen endet.

SIMON *horcht* Verwundete? Ich bezweifle, daß sie auf eine solch hoffnungsvolle Benennung noch Anspruch haben. Wir sind nicht hergekommen, um zu schießen. Wir arbeiten, solange wir die Möglichkeit dazu haben. Diego, wie weit bist du?

DIEGO Ich denke, ich kann mit dem Fang beginnen.

SIMON Gut. Achte, daß du den Lasso über die Vorderflosse streifst. Die Kiemen dürfen nicht beschädigt werden. *Diego entrollt den Lasso, den er unterm Rock um den Leib gewickelt trägt.* Ich beobachtete einmal das Verhalten einer Schweineherde während einer Gewitternacht.

GOYON Taten Sie das?

SIMON Die aus dem brennenden Stall geretteten Schweine rannten, von einem idiotischen Drang gezogen, in die Flammen zurück. Der siedende Speck explodierte, und vor dem glutroten Nachthimmel sah ich tote, feurige, knallende Säue hoch durch die Luft fliegen.

GOYON Nun?

SIMON Bei jener Gelegenheit habe ich gelernt, das Verhalten von Soldaten als ein natürliches zu begreifen. *Zu Diego* Wenn du einen im Sack hast, hängst du ihn wieder ins Wasser, bis alle beieinander sind. Ich will sie so kurz als möglich in den Behältern haben.

DIEGO Sie müssen Ihre Anordnungen nicht wiederholen, Herr Professor. Ich weiß, was zu tun ist.

SIMON Im Wagen bekommen sie wieder Bewegungsfreiheit. – Oberst! Wir müssen hinauf, schnell.

GOYON Nein, Professor, nein. Ich kann es mir schwer erklären, aber es scheint, als hätte der Feind sich tatsächlich verzogen.

SIMON Die Wagen, verstehen Sie denn nicht? Ein Leck in den Wagen, und alles ist verloren. Alle Mann mir nach! Hurra! Geben Sie doch den Leuten ihre Säbel wieder.

Alle außer Diego ab. Diego fängt einen Fisch, steckt ihn in einen der bereitliegenden Säcke, hängt ihn ins Bassin zurück. Auftreten von einer neuen Seite her Banditen, meist Eingeborene. Auftritt Dupin.

DUPIN Sagte ichs nicht, es hat sich noch einer verkrochen. He, Bursche. *Diego bedeutet ihm zu schweigen.* Ah, der Herr befinden sich beim Fischen, ein Freund des Angelsports. Aufstehen. He.

DIEGO Mein Herr, ich ersuche Sie dringend, mich in diesem Augenblick nicht zu behelligen.

DUPIN Der Herr Sportsfreund sprechen französisch. Bemerkenswert.

DIEGO Französisch, mein Herr, ist das Ausdrucksmittel, anhand dessen erzogene Menschen einander zu verstehen pflegen.

DUPIN Nicht wahr, wir verstehen uns. Bringt ihn um.

DIEGO Herr, wer sind Sie? Mit welchem Recht ...

DUPIN Sollte ich mich nicht vorgestellt haben? Dupin, Oberst bei den afrikanischen Jägern, welcher die Ehre hat, in dieser beschissenen Guerillawüste die Gegenguerilla zu kommandieren. Zweiter Teil der Auskunft: mein Recht. Erlaß des Kaisers Maximilian vom 3.10. 65, alle Verdächtigen innerhalb von vierundzwanzig Stunden hinzurichten. Zufrieden, Petrus?

DIEGO Ich erhebe Einspruch. Sie befinden sich im Irrtum.

DUPIN Schrei mich nicht an, du indianische Ratte. Du Scheißdreck von einem Spion. *Schlägt ihn.*

DIEGO Was machen Sie mit mir?

DUPIN Was ich mit dir mache? Eine gute Frage, Fischer. Ich zerbreche mir also den Kopf. Ich gelange zum Ergebnis. Ich denke, da du deinen Strick einmal bei dir hast ... Erdrosseln. *Diego wird mit dem Lasso erdrosselt. Dupin ritzt mit dem Dolch etwas in den Leichnam.* Schmeißt ihn in seine Jagdgründe. *Es geschieht.* Noch jemand in dem Loch hier? Weiter.

Die Truppe, wo sie hergekommen, ab. Vorhang.

ZWEITER AKT

Auftreten Simon und Goyon.

GOYON Mir ist ein Berg vom Herzen. Ich will nicht wetten, daß sie nicht wiederkommen. Aber jemand hat sie vertrieben, und da wir nicht wissen, wer, haben wir ebensoviel Grund zu hoffen wie zu verzweifeln.

SIMON Wo ist Diego? Oberst, sehen Sie, Diego ist verschwunden.

GOYON Er wird sich irgendwo umschauen.

SIMON Ich habe ihm nicht aufgetragen, seine Arbeit zu unterbrechen. Ich bin gewohnt, daß er seine Aufträge ausführt.

GOYON Er ist recht zuverlässig und geschickt, nicht wahr?

SIMON Dafür pflegte ich ihn zu halten.

GOYON Dabei erinnert mich sein Gesichtsschnitt eher an den der hiesigen Eingeborenen. Hat er vielleicht indianisches Blut?

SIMON Er ist ein Indianer. Wo kann er nur stecken?

GOYON Sie müssen Geduld üben.

SIMON Unterrichten Sie mich nicht in der Tugend. Ich beschäftige mich seit siebzehn Jahren damit, Geduld zu üben.

GOYON Seine Aussprache nämlich, sie ist ungewöhnlich rein. Als wäre er in Paris geboren.

SIMON Er ist in Paris geboren.

GOYON Wie kam seine Mutter nach Frankreich?

SIMON Diegos Mutter hat Frankreich nie gesehen, Oberst.

GOYON Hier besteht eine Unklarheit. Da Ihr Gehilfe in Paris zur Welt kam ...

SIMON Zur Welt? Das habe ich nicht behauptet.

GOYON Sie sagten soeben, er sei dort geboren.

SIMON Geboren, ja. Das ist etwas anderes.

GOYON Etwas anderes?

SIMON Wissenschaftlich gesehen.

GOYON Wie immer. Jedenfalls muß, wenn er in Paris geboren ist, seine Mutter sich in Paris aufgehalten haben.

SIMON Aber sie kann sich nicht in Paris aufgehalten haben.

GOYON Weshalb nicht?

SIMON Weil ich sie hier gegessen habe.

GOYON Gütiger Gott, Sie meinen ...

SIMON Ja, natürlich. Er ist das Baby.

GOYON Ich weigere mich, es zu glauben.

SIMON Unser gesamtes Vorhaben, Oberst Goyon, beruht auf der Möglichkeit der Verwandlung dieser Fische in Menschen. Halten Sie es für unmöglich?

GOYON Nicht für unmöglich. Ich glaube nur nicht, daß es vorkommt.

SIMON Ich versichere Ihnen, er ist nichts als ein adultes, postmetamorphisches Exemplar des homo pisciforme. Sie zweifeln noch? Bemerkten Sie die Narbe an seinem Hals?

GOYON Ich wollte Sie danach fragen.

SIMON Ich hatte ihm die Kehle durchgeschnitten. Aber bevor ich mich über ihn hermachen konnte, war ich satt. Und als ich satt war, ich erzählte es Ihnen, war ich zu der Einsicht gelangt, was ich angerichtet hatte. Glücklicherweise fand ich noch Leben in ihm. Ich klammerte den Schnitt, schleppte ihn bis Orizaba, wo ich die Operation durchführte, und brachte ihn anschließend nach Paris, welches zu seinem Geburtsort wurde.

GOYON Wo Sie ihn in einen Menschen verwandelten?

SIMON Ja.

GOYON Indem Sie ihn aus dem Wasser nahmen?

SIMON Vielleicht stellen Sie sich die Zoologie ein wenig zu einfach vor.

GOYON Vermutlich.

SIMON Ich wage zu sagen, daß kaum ein Mensch außer mir die Bedeutung meines Fundes hätte zu erkennen vermögen. Und ich erkläre mit Bestimmtheit, daß ich der einzige Gelehrte auf der Welt bin, der mit Erfolg die Verwandlung ins Werk setzen konnte.

GOYON Wie haben Sie es gemacht?

SIMON Zunächst versuchte ich es natürlich mit langsamem Austrocknen, nach dem Verfahren, welches Dumeril inzwischen bei Amblystoma anwendet. Ich hielt ihn in einem flachen Behälter, dessen Wasserspiegel ich täglich senkte. Aber es war ganz fruchtlos. Die Bestie, anstatt ihre Lungen zu üben, kümmerte in aller Seelenruhe dahin. Es wirkte wie Verstocktheit. Sie sträubte sich, ein Mensch zu werden.

GOYON Sie sträubte sich?

SIMON Nun, es ist nicht unerklärlich. Von der Larve zum Menschen ist immerhin ein anderer Abstand als von der Larve zum Salamander. Der Sprung war ihm zu ungemütlich. Ich überprüfte mein Verfahren. Ich durchdachte die Beweggründe seines Stoffwechsels; ich erriet, daß ich die Belagerung durch Angriffe ergänzen mußte. Seine Trägheit bedurfte eines Stoßes. Ich benutzte chemische und mechanische Mittel. Ich gab ihm Spritzen. Ich hing den ganzen Behälter in einer Art Schaukel auf, mittels derer ich einen lebhaften Wellengang vortäuschte. Ich machte ihm das larvale Dasein zur Hölle. Den entscheidenden Durchbruch erzielte ich mit einer Folge von Hitzeschocks. Endlich begann seine Schilddrüse zu arbeiten. Die Haut wurde dichter und atmungsunfähig, die Kiemen schrumpften. Er zahnte. Er machte sich auf den Weg.

GOYON Und kletterte aus der Wanne, um hinfort das Gymnasium zu besuchen?

SIMON Es gab noch genug Ärger. Während des Zahnwechsels konnte er keine Nahrung aufnehmen. Ich hatte bereits Sorge, er ginge mir am Hunger ein. Aber nichts dergleichen: er verdaute in der Zeit einfach seinen Schwanz. Die Natur war sehr wohl vorbereitet. Er war es, der nicht wollte.

GOYON Wissen Sie, Professor Simon, ich habe Verständnis für ihn. Was gewann er denn bei der ganzen Sache?

SIMON Was er gewann! Er wurde ein Mensch.

GOYON Ist das ein sehr großer Vorzug?

SIMON Welche Frage.

GOYON Die meisten Menschen sind ziemlich übel dran, nicht wahr? Sehen Sie sich in diesem Land um, wie es hier aussieht. Ich glaube, viele Leute wären froh, dort unten ruhig und unbehelligt in ihrem Mittagessen herumzuschwimmen. Worin läge das Unglück? Schließlich, Vögel sind auch keine Menschen.

SIMON Vögel sind fertig. Alles unfertige Glück ist unzuläs-
sig.

GOYON Zweifeln Sie niemals an Ihrem Recht? Am Ende wäre
es besser für die Menschheit, sie wäre im Wasser geblieben.

SIMON Sie sind wahnsinnig. Der Mensch ist das Höhere. Das
Höhere ist unsere Pflicht, unsere einzige. Es gäbe keine
Pflicht, gäbe es nicht die Pflicht zum Höheren.

GOYON Und all die Fische hier, meinen Sie, wären verpflichtet ...

SIMON Sehr richtig. Sie sind verpflichtet, und sie wollen nicht.
Sie wollen keine Menschen werden. Man muß sie zwingen,
von innen und von außen her. Kein Hinaufgelangen als
durch Verwandlung. Keine Verwandlung als durch Zwang
und Not. – Ah, aber sehen Sie doch.

GOYON Was, bitte?

SIMON Er hat seine Arbeit begonnen. Er hat zwei Exemplare
gefangen. Sie werden mir assistieren, da er uns empören-
derweise im Stich läßt.

GOYON Weshalb ist er nur weggegangen?

SIMON Was kümmert uns das jetzt? Fassen Sie mit an, Oberst,
ziehen Sie schnell und gleichmäßig. Geht es?

GOYON *ziehend* Es ist sehr schwer.

SIMON *ziehend* Ja, es ist Diego. Seltsam, ich ziehe ihn nun
bereits zum zweiten Mal hier heraus. *Kniet sich neben ihn hin.*

GOYON Nun?

SIMON Aus. Ertrunken.

GOYON Er ist beim Fischen über den Rand gestürzt.

SIMON Mit seinem eigenen Lasso um den Hals? Das gibt
keinen Sinn. Bitte übersehen Sie nicht die Würgespur. Er
war vollständig allein, aber es scheint unzweifelhaft, daß ihn
jemand stranguliert hat. Was soll das bedeuten?

GOYON Was?

SIMON Die Wunde auf der Brust?

GOYON Aber das sind Buchstaben. »Spion«. Elende Stüm-
perei. Irgendein verdammter Wichtigtuer hat ihn für einen
Spion angesehen.

SIMON Mein Wort, Oberst, Diego war kein Spion.

GOYON Das müssen Sie mir nicht schwören. Diese Spionenriecherei, wie zuwider sie mir ist. Mir fällt schwer, mich zu beherrschen. Welches Vorurteil. Welche Unaufgeklärtheit. Wissen Sie, was ich glaube, Professor Simon? Ich glaube, es gibt überhaupt keine Spione mehr. Der Journalismus hat sie um ihr Brot gebracht. Die moderne Presse ist neugieriger, flinker und vaterlandsloser als jeder Agent. Im April dieses Jahres faßten wir im französischen Generalstab den Beschluß der Mexikanisierung des Krieges. Wir hatten erkannt, daß es auf diesem Schauplatz nur Prügel zu ernten gebe, und wir hatten für richtig befunden, diese Art Beute dem Kaiser Maximilian ungeteilt zu überlassen. Die Beratungen fanden unter strenger Geheimhaltung statt. Wir waren sehr besorgt, uns vor den Spionen unseres Verbündeten Maximilian zu schützen. Im Mai konnte er den ganzen Vorgang im Moniteur lesen; die Times und die Kreuzzeitung brachten es einen Tag später. Welche Regierung wollte sich unter solchen Bedingungen noch Spione halten? Der Journalist kostet dreißig Centimes die Zeile, der Spion dreißig Francs die Stunde. Ich sehe einen einzigen Vorteil der Spione vor den Journalisten: es wird wenigstens hin und wieder einer von ihnen erschossen. – Sie hören nicht auf mein Geschwätz, nein? Halten Sie mich nicht für taktlos. Ich hoffte, ich könnte Sie ablenken.

SIMON Reden Sie, oder reden Sie nicht. Wie Sie wollen.

GOYON Sie sind verzweifelt, nicht wahr? Sein Tod macht Ihnen zu schaffen?

SIMON In der Tat, ja. Hier ist weder der Ort noch der Augenblick, Präparate anzufertigen. Vernünftigerweise sollte man ihn in Spiritus legen. Aber wir haben gar keinen Spiritus.

GOYON In Spiritus? Das würden Sie tun?

SIMON Nur zur Sicherheit. Im Grunde bin ich überzeugt, ich würde keine signifikanten Abweichungen vom menschlichen Bauplan finden. Ich habe zeitlebens seine Organtätigkeiten gemessen. Sein Geruchssinn zum Beispiel war hervorragend, sein Riechepithel, so oft ich es entnommen habe, tadellos.

GOYON Sein was?

SIMON Sein Riechepithel, – aber verzeihen Sie, Oberst, ich

vergesse andauernd, in wie ungenügendem Maße Sie unsere Muttersprache beherrschen. Seine Nasenschleimhaut also. Sie war gänzlich ungeeignet zur Wasseratmung. Nein, nein, er ist wirklich nichts als ein ganz gewöhnlicher toter Eingeborener. Trotzdem, ich wollte, sie hätten ihn in Paris gehängt.

GOYON Ihre Worte setzen mich in Erstaunen.

SIMON Inwiefern?

GOYON So kann nur ein Mann der Wissenschaft sprechen.

SIMON Ich bin ein Mann der Wissenschaft.

GOYON Ich meine, durch und durch Mann der Wissenschaft. Nichts anderes.

SIMON Nein. Was denn noch?

GOYON Ja, was? Ich muß mich wohl berichtigen, Professor. Sie sind, der Sie sind; ich hatte Unrecht, irgend etwas Darüberhinausgehendes von Ihnen zu verlangen.

Pelletier, gefolgt von Ologa, Eraso, Castillos.

PELLETIER Herr Oberst.

GOYON Leutnant.

PELLETIER Ich habe die Ehre zu melden: Auftrag mit Erfolg durchgeführt.

GOYON Berichten Sie.

PELLETIER Eine Kompagnie der kaiserlich mexikanischen Dragoner wird uns nach Veracruz begleiten.

GOYON Famos, Pelletier. Wie haben Sie das angestellt?

PELLETIER Es war nicht zu schwer, Herr Oberst. Ich kenne die Gemahlin des Generals.

GOYON Teufelskerl. Wo sind sie?

PELLETIER Sie folgen baldmöglichst.

GOYON Baldmöglichst? Das nennen Sie einen Erfolg, Leutnant? Wissen Sie, welchen Zeitraum »baldmöglichst« in Mexiko bedeutet?

PELLETIER Ich habe feste Zusicherungen.

GOYON Bah.

PELLETIER Ich gestatte mir zu melden: es ist für die Zwischenzeit eine Maßnahme ergriffen.

GOYON Eine Maßnahme? Welche?

PELLETIER Ich hatte das Glück, unterwegs dem Oberst Dupin zu begegnen. Ich schilderte ihm unsere Lage, und er versprach mir vorbeizuschauen. *Er sieht die Leiche Diegos.* O, was ist vorgefallen?

GOYON Dupin. Er hat vorbeigeschaut.

PELLETIER Es tut mir leid, Professor. Seien Sie nicht entmutigt.

SIMON Ich bin niemals entmutigt. Wir haben einen Fisch, und wir haben nun die Gewähr, daß wir ihn unbeschädigt durchbringen werden.

GOYON Ich frage mich, Graf Pelletier, ob die Strategie der Salons sich unter allen Umständen auf die neuere Kriegsführung übertragen läßt. Meine Herren, ich übernehme die Ausschau nach den Dragonern. Der Ort hier unten birgt wenig Erquickliches für mich. Begleiten Sie mich, Professor?

SIMON Ausgeschlossen. Vielen Dank. Ich ziehe vor, unseren künftigen Mitbürger zu beobachten.

GOYON Sie halten sich marschbereit. *Ab.*

CASTILLOS Noch zwei Tage also.

OLOGA Machen Sie es sich behaglich, Leutnant.

CASTILLOS Wenn wir Glück haben.

PELLETIER *mit Lorgnon* Wie meinen Sie, Herr Kamerad?

CASTILLOS Wieso? Ich hatte nicht im Sinn, etwas zu meinen.

PELLETIER Sie sagten: wenn wir Glück haben.

CASTILLOS Richtig. Wenn wir Glück haben, dauert es zwei Tage.

Die Mexikaner wickeln und entzünden Zigarren.

PELLETIER Darf ich Sie ergebenst bitten, auch mir ein Mörderlein zu drehen.

ERASO Was?

PELLETIER Eine Strohzigarre.

ERASO Sie nennen sie ein Mörderlein, weshalb?

PELLETIER Nun, ihrer Schädlichkeit wegen.

ERASO Ich glaube nicht, daß Sie sie für schädlich halten. Hielten Sie sie für schädlich, würden Sie vernünftigerweise nicht nach einer verlangen.

PELLETIER Ich halte sie nicht für so schädlich.

ERASO Dann war Mörderlein ein übertriebener Ausdruck, das müssen Sie zugeben.

OLOGA Der Kamerad ist aus Paris. Dort fliegen solche Witzworte von Mund zu Munde.

CASTILLOS Witzworte? Wozu Witzworte?

OLOGA Ah, Pelletier, ich beneide Sie.

PELLETIER Um was, Kapitän?

OLOGA Paris!

PELLETIER Paris ...

OLOGA Eine wirkliche Weltstadt.

PELLETIER In der Tat, eine wirkliche Weltstadt. Niemals etwas Neues.

ERASO Verzeihen Sie, wenn ich Sie verbessere. Sie wollten sagen: fortwährend etwas Neues.

PELLETIER Nein, nein, in Paris gibt es keine Überraschungen. Dafür ist es zu groß.

ERASO Man sollte aber doch denken, je mehr Einwohner ...

OLOGA Sehen Sie, die Frauen, die Skandale, die Musik.

PELLETIER Immer dieselben. Dieselben Frauen, dieselben Skandale, dieselbe Musik. Es sei denn, Sie wären ein Wagnerianer.

CASTILLOS Ein Wagnerianer? Was verstehen Sie darunter?

PELLETIER Einen Anhänger von Wagner.

CASTILLOS Wagner? Ist das der neue Stallmeister beim Heiligen Stuhl?

PELLETIER Ein Opernkomponist, nach dem, was die Wagnerianer sagen. Ich glaube ihnen kein Wort, ich bleibe bei Verdi und Offenbach. Übrigens, ich habe die Entdeckung gemacht, daß Verdi und Offenbach ein und derselbe Komponist sind. Er benutzt den Namen Verdi für die komischen und den Namen Offenbach für die ernsten Stücke.

ERASO Ich darf Sie auf einen kleinen Irrtum hinweisen. Als Verdi zeigt er seine ernste und als Offenbach seine heitere Seite, in dem Punkt bin ich mir sicher.

PELLETIER Wie, Herr, haben Sie nie bei Verdi lachen müssen und bei Offenbach weinen?

ERASO Ich versichere Ihnen, niemals.

PELLETIER Das ist seltsam.

ERASO Nun, ich habe kaum Zeit, das Opernhaus zu besuchen.

PELLETIER Vielleicht spielen wir besser. Wie wäre es mit
einer Partie, meine Herren?

OLOGA Wahrhaftig. Ein glücklicher Einfall. Er wird uns die
Zeit vertreiben.

PELLETIER Ihnen gebührt die Ehre, die Bank zu übernehmen, Kapitän.

OLOGA Sehr höflich. *Man spielt.*

PELLETIER Hundert Francs auf die Herz Dame.

ERASO Der Höchstsatz ist fünfzig Centimes.

PELLETIER Fünfzig Centimes? *Gähnt.*

ERASO Es ist nicht wenig. Es kommt am Ende oft eine
beträchtliche Summe zusammen, besonders für den, der
verliert.

PELLETIER Fünfzig Centimes auf die Herz Dame.

OLOGA Die Herz Dame ist wohl Ihre Glückskarte, Graf?

PELLETIER Ja. Ich zweifle nur, ob sie mit fünfzig Centimes
zufrieden sein wird. Da, sehen Sie, sie verläßt mich.

OLOGA Sie haben Recht, Graf. Unsere Chinas sind anspruchs-
voll geworden.

PELLETIER Ich bitte Sie, diese Bemerkung zurückzunehmen,
mein Herr. Meine Maitresse ist eine anständige Frau.

OLOGA Selbstverständlich.

PELLETIER Danke.

OLOGA Obgleich, anständige Frauen, sind sie nicht ein wenig
...

PELLETIER Was?

OLOGA Nun, zurückhaltend?

PELLETIER O ja, sie halten eine Menge zurück. Allein eine
anständige Frau besitzt die Gaben, die erforderlich sind,
um einen Mann zum Wahnsinn zu treiben. Erstklassige
Ware, Herr Kamerad, wird selten auf der Straße angebo-
ten.

OLOGA Aber sie nimmt Geld, sagen Sie?

PELLETIER Aber das ist nicht Liebe. Das ist Flirt.

ERASO Wird noch gespielt?

PELLETIER Ich beziehe Quartier auf einem dieser öden Viehgüter im Westen. Ich sterbe vor Langeweile. Endlich, beim Abendessen, habe ich das Vergnügen, mich der Hausfrau vorstellen zu dürfen. Mich rührt der Schlag an.

OLOGA Donnerwetter. Sie war schön, was?

PELLETIER Pflaumengroße Augen, tiefbraune, mit dem Schmelz einer geheimnisvollen Feuchtigkeit überzogen. Diese Augen, die dem Kenner alles versprechen. Natürlich hielt sie sie den ganzen Abend über niedergeschlagen, nachdem sie sie mir gezeigt hatte. Sie sprach wenig und verabschiedete mich früh.

OLOGA Ja, durchtrieben, das sind sie.

PELLETIER Ich wußte, daß ich keine Nacht mehr warten konnte. Ich ritt zur nächsten Stadt, fand den Goldschmied, erwarb ein Collier, ritt zurück, es war jedesmal eine Wegstunde. Ich ließ mich bei ihr melden und erklärte ihr, ohne noch weitere Zeit zu versäumen, meine Liebe.

OLOGA Ich bitte Sie, aber wo war denn der Hausherr?

PELLETIER Ach der, der ist ein Trottel. Ich habe ihn nie zu Gesicht bekommen.

ERASO Nun indessen, wenn er abwesend war ...

PELLETIER Folgere ich, daß er ein Trottel ist.

ERASO Sehr gut. Aber Sie dürfen eine solche Behauptung nicht aufstellen, ohne ihn in Person kennengelernt zu haben.

OLOGA Lassen Sie, Eraso. Zurück zur Geschichte. Was erwiderte das schöne Weib?

PELLETIER Brillanten, mein Herr, halten Sie mich für eine Sängerin? – In dem Fall würden Sie aller Welt gehören. – In meinem Fall gehöre ich allein meinem Gatten.

OLOGA Abgeblitzt also.

PELLETIER Ich machte kehrt, ritt zur Stadt, holte den Goldschmied, der inzwischen schlafen gegangen war, aus dem Bett, erwarb ein Diadem aus Saphiren ...

OLOGA Sie ritten zurück, ließen sich anmelden ...

PELLETIER Ich ließ mich nicht anmelden. Ich ging hinein.

OLOGA Sie sagte?

PELLETIER Es ist, mein Herr, als wollten Sie mich bezahlen.

OLOGA Und?

PELLETIER Nichts weiter. Dies war ihr letzter entbehrlicher Satz für die folgenden acht Wochen.

OLOGA Acht Wochen!

PELLETIER Die mir wie eine einzige Nacht vergingen. O meine Herren, ich beglückwünsche Ihr Vaterland zu seinen Frauen. Hätte ich Europa nicht verlassen, ich hätte nicht erfahren, was Leidenschaft sein kann.

CASTILLOS Und doch finden Sie hier noch Ehrfurcht vor der Religion.

PELLETIER Ja, es mag daran liegen.

OLOGA Merkwürdig. Ich hätte unsere Damen eher für still gehalten.

PELLETIER Sie schweigen, wie ein Vulkan schweigt. Dieses lodernde, unersättliche Feuer ... diese weiße, verzehrende Glut ... Ein Vulkan aus Alabaster.

ERASO Ein Vulkan aus Alabaster, aber das ist kein gutes Bild.

PELLETIER Ich finde es gut.

ERASO Es gibt keine Vulkane aus Alabaster.

PELLETIER Nicht? Umso besser.

ERASO Sie hätten richtiger gesagt: ein unter Eis schwelender Vulkan.

PELLETIER Man benutzt heute undurchführbare Bilder.

ERASO Es mag sein. Aber verstehen Sie, Alabaster ist eine Gipssorte, ein Ablagerungsgestein. Ein Vulkan aus Alabaster, das ist nicht möglich.

OLOGA Indessen, um auf ihn zurückzukommen, der Hausherr?

PELLETIER O, er erschien die Nacht darauf, und sie schaffte ihn uns in der nämlichen Nacht vom Halse.

OLOGA Fabelhaft. Aber wie?

PELLETIER Sie werden lachen. Er pflegte dem Dienstmädchen beizuwohnen.

OLOGA Dem Dienstmädchen!

PELLETIER Sehen Sie, Sie lachen. Das arme Geschöpf war häßlich und abhängig genug, um seine Einfalt zu ertragen. Meine Geliebte also, was tat sie? Sie ertappte ihn bei seiner indianischen Kebse und schickte ihn vom Fleck weg ins Feld.

OLOGA So wußte sie wohl von seinen Fehltritten?

PELLETIER Bester Freund, sie war eine Frau.

OLOGA Weshalb hatte sie ihn nicht längst zur Rechenschaft gezogen?

PELLETIER Aber sie dankte Gott für jede Stunde, in der er sie von ihm befreite.

ERASO Bitte, meine Herren. Wie soll man aufpassen, wenn fortdauernd geredet wird?

PELLETIER Ist es wahr, Sie passen auf?

ERASO Wie kann ich sonst spielen?

PELLETIER Für zwanzig Centavos?

ERASO Es ist ein kleines Geschäft, aber es ist ein Geschäft.

PELLETIER Aufrichtig zu sein, ich komme vor Überdruß um.

CASTILLOS Das Spiel war Ihr Gedanke.

PELLETIER Nennen Sie das Spiel?

OLOGA Ich bin Ihrer Meinung, Graf Pelletier, es lohnt kaum. Was würden Sie in Paris Spiel nennen?

PELLETIER Nun, ich wäre beispielsweise gelaunt, meine Pferde zu setzen.

OLOGA Ihre Pferde. Und wogegen, beispielsweise?

PELLETIER Beispielsweise gegen Ihre.

OLOGA Ah, das ist Mut. Das ist große Welt. Ich halte mit. *Man spielt.* Es sieht aus, als müßten Sie vorläufig zu Fuß gehen, Graf.

PELLETIER Mein Barvermögen beträgt gegen drei Millionen.

OLOGA Das meinige nicht ganz. Aber ich schätze, ich besitze ungefähr hundertmal so viel Pferde wie Sie.

PELLETIER Halten wir uns nicht mit geringfügigen Unterschieden auf.

OLOGA Sie setzen.

PELLETIER Herz Dame. *Man spielt.*

OLOGA Der Einsatz gehört mir. Fahren wir fort, Graf Pelletier?

PELLETIER Meine Güter liegen in der Gegend von Bordeaux.

OLOGA Gegen meine Hazienda?

PELLETIER Natürlich. *Man spielt.*

OLOGA Ah, eine richtige Pechsträhne. Wünschen Sie Revanche?

PELLETIER Ich habe nichts mehr.

OLOGA Aber doch.

PELLETIER Was?

OLOGA Ihre außerordentliche Maitresse.

PELLETIER In der Tat. Würden Sie sie annehmen, Kapitän?

OLOGA Mit Vergnügen. Leider bin ich nicht in der Lage, mit einem entsprechenden Gegeneinsatz zu dienen. Ich bin unglücklicherweise verheiratet.

PELLETIER Brechen wir also ab.

OLOGA Ein Vorschlag. Ihren bisherigen Verlust gegen Ihre Maitresse.

PELLETIER Einverstanden.

OLOGA Wohlan.

PELLETIER Einen Augenblick. *Er schreibt.* Der Brief wird Ihren Besitz sicherstellen.

OLOGA *liest* »Einzig Geliebte, der Mann, welcher dieses Schreiben überbringt, ist ein Kamerad und ein Ehrenmann. Ich schulde ihm, was ich besitze, auch Dich. Du wirst Dich ihm hingeben, ich befehle es Dir, meine Ehre verlangt es. Dein und mein Trost muß sein, daß das Kind, welches Du gebären wirst, so wenig das seinige sein wird wie das Deines Mannes. Auf ewig. Charles de Pelletier«. – Sie wird ein Kind haben?

PELLETIER Nicht vor sieben Monaten, mein Herr, was wollen Sie?

OLOGA Die Anschrift fehlt.

PELLETIER Ich habe noch nicht verloren.

OLOGA Setzen Sie. *Pelletier setzt den Brief.* Nun haben Sie verloren. Die Anschrift.

PELLETIER *schreibt* »An Frau Dolores Ologa Ycunha de la Rosa«. – Hier, mein Herr, wir sind quitt.

OLOGA Keineswegs, mein Herr.

PELLETIER Inwiefern?

OLOGA *zerreißt den Brief* Das Papier ist ungültig.

PELLETIER Meine Herren. Ich habe sehr hoch verspielt. Man wird nicht sagen, daß ich nicht bezahlt hätte.

OLOGA Sie haben nicht bezahlt. Sie sind ein Betrüger.

PELLETIER Herr!

OLOGA Sie haben mir etwas übereignet, was ich bereits besitze.

PELLETIER Verstehe ich recht? Sie wären ...

OLOGA Der Marques Fernando Ologa Ycunha de la Rosa, der die Ehre genießt, Sie unverzüglich zum Zweikampf herauszufordern.

PELLETIER Das ist nur billig. Sie setzen Ihr Leben, ich meines. *Er tötet ihn.* Nun, die Reihe zu gewinnen war wirklich auch einmal an mir.

CASTILLOS Stecken Sie Ihren Degen nicht weg, Herr.

PELLETIER Ein Duell? Gern, verlängern wir die Partie. *Er tötet ihn.* Es scheint, das Glück hat sich gewendet.

ERASO Graf Pelletier.

PELLETIER Sie auch?

ERASO Für Leben und Ehre meiner Kameraden.

PELLETIER Aber an beiden ist nicht mehr sehr viel zu flicken, nicht wahr? *Er tötet ihn.* Ein aufgeregtes Volk hier. Stirbt, wo es kann.

ERASO *sterbend* Herr Graf, ich mache Sie darauf aufmerksam, daß Sie Ihre Spielschuld an die bedauernswürdige Witwe des Herrn Marques Ologa zu entrichten haben. Bei Ihrer Ehre, Graf ...

PELLETIER O ja, den Umstand hatte ich vergessen. Ich verstehe nicht, wie ich mir die Mühe machen konnte, drei Mal zu siegen. Es war in der Tat höchst sinnlos. *Er schreibt.* Drollig. Schriftsteller enden am Schreibtisch, Sergeanten auf dem Schlachtfeld und ich also mit einer überflüssigen Anstrengung. *Er erschießt sich.*

SIMON Kann nicht Ordnung gehalten werden? Es ist in empörendem Maße unleidlich. Was, man ist tot? Meinetwegen, wenn man nur endlich still ist.

Goyon.

SIMON Oberst, ich habe eine ernsthafte Beschwerde an Sie zu richten.

GOYON Was bedeutet der Schuß? Was ging vor?

SIMON Sie scheinen sich irgendwie umgebracht zu haben.

GOYON Waren Sie nicht dabei?

SIMON Nein. Bin ich das Kindermädchen der verbündeten Heeresmächte?

GOYON Aber Sie müssen doch einen Anhalt...

SIMON Lenken Sie nicht ab. Wieder vier Leichen. Auch Kleinigkeiten häufen sich bis ins Unerträgliche. Es war Ihre Aufgabe, derlei unliebsame Zufälle zu verhindern. Wie jede Ihrer bisherigen Aufgaben haben Sie sie nicht bewältigt. Jetzt sind Sie mein einziger Helfer, was die Aussichten verschlechtert. In der Tat, Herr, Sie sehen mich verdrossen.

Kriegerischer Lärm von sechs Hörnern oben, bis zum Ende sich nähernd.

SIMON Was soll das wieder?

GOYON Unglaublich. Die Dragoner.

SIMON Ich verstehe. Wir werden ungefährdet nach Veracruz gelangen.

GOYON Nein. Wir kehren nach Mexiko-Stadt zurück.

SIMON Oberst Goyon, dieser Fisch wünscht nach Veracruz zu reisen.

GOYON Die Wünsche dieses Fisches, mein Herr, sind mir recht sehr gleichgültig. Sie haben mit Ihrer Verranntheit genug Unglück angerichtet.

SIMON Alles von vorne! Sie gehorchen mir nicht?

GOYON Nein.

SIMON Ihre Dragoner werden mir gehorchen.

GOYON Nein.

SIMON Haben Sie wirklich vergessen, daß ich in besonderem Auftrag des Kaisers Napoleon handle?

GOYON Nicht völlig. Dürfte ich Ihr Dokument wohl noch einmal sehen?

SIMON *gräbt es aus sich heraus* Ich gebe es nicht aus der Hand.

GOYON Es genügt so. Von wann ist es datiert, Professor?

SIMON Vom 20. Dezember 1865, hier steht es.

GOYON Keine Uhrzeit?

SIMON O doch. »Den 20. Dezember 1865«, sehen Sie, »gegen drei Uhr bei der Morgendämmerung«.

GOYON Etwas ungewöhnlich, nicht wahr?

SIMON Nichts als genau. Warum soll der Kaiser nicht früh aufstehen?

GOYON Oder lange aufbleiben.

SIMON Ja, oder lange aufbleiben? Worauf wollen Sie hinaus?

GOYON *zieht ein Papier aus dem Ärmelaufschlag* Würden Sie einen Blick auf dieses Handschreiben werfen, Professor? Ich denke, Sie kennen die Unterschrift. Sie ist vom Kaiser.

SIMON *liest* »Den 20. 12. 1865, sechs Uhr«. Da haben Sie wohl ebenfalls einen kaiserlichen Befehl?

GOYON Den besseren; denn es ist der spätere. Wünschen Sie nicht zu hören, was er besagt?

SIMON Doch, sicher.

GOYON *liest* »Das dem Professor Simon am heutigen Tage von mir ausgestellte Papier besitzt keinerlei Gültigkeit und ist dasselbe vom Inhaber unverzüglich einzuziehen«. Darf ich also bitten.

SIMON Wo denken Sie hin. Niemals. Dies ist ein Kaiserwort.

GOYON Dies der Kaiserwortbruch. Entschuldigen Sie, ich habe die Welt nicht eingerichtet.

SIMON Ihr Wisch da ... Sie haben eine Fälschung angefertigt.

GOYON Ein sehr häßlicher Verdacht.

SIMON Es ist die einzige Erklärung. Der Kaiser kann nicht innerhalb von drei Stunden seine Gesinnung ändern.

GOYON Er kann es natürlich innerhalb von drei Sekunden. Drei Stunden, Professor, sind eine lange Zeit. In drei Stunden geht viel vor.

SIMON Was soll ausgerechnet von drei bis sechs Uhr morgens vorgegangen sein?

GOYON Sehr einfach. Ich hatte Vortrag beim Kaiser.

SIMON Sie?

GOYON Gewiß, um fünf Uhr dreißig. Das bringt mein Amt mit sich.

SIMON Was für ein Amt?

GOYON Ich bin Leiter der Abteilung äußere Sicherheit im Kriegsministerium.

SIMON Ich denke, Sie sind Adjutant beim Marschall Bazaine?

GOYON Geduld doch. Ich hatte, wie erwähnt, Vortrag beim
Kaiser. Nachdem ich ihn beendet hatte, sagte Seine Majestät, stark gähnend: Noch eins, Goyon, ich habe da heute
Nacht nicht umhin können, einem Mann eine ziemlich weitreichende Handlungsvollmacht in Mexiko auszustellen; Sie
gehen dann also hin und nehmen sie ihm wieder ab. Ich entgegnete: Sehr wohl, Sire, und der Name? – Simon, glaube
ich, sagte der Kaiser. – Simon? sagte ich, das ist allerdings
in ausnehmendem Grade verdächtig.

SIMON Wieso denn verdächtig? frage ich.

GOYON Wieso verdächtig? fragte der Kaiser. – Unser Bureau
in Washington, erwiderte ich, hat uns dringend vor einem
Spion der Vereinigten Staaten gewarnt, der eigens auf unser
mexikanisches Hauptquartier angesetzt werden soll. Es ist
kaum genaues von diesem Kundschafter bekannt, mit der
Ausnahme freilich, daß er sich einmal des Decknamens Simmons bedient hat. – Meine Anerkennung, Goyon, sagte der
Kaiser, und was tun wir? – Wenn Majestät meinem Rat folgen wollen, versetzte ich, händigen Majestät mir einen
Widerruf und Einziehungsbefehl der besagten Vollmacht
aus. – Sie werden sie mir wiederholen? fragte der Kaiser. –
Das hielte ich für unklug, Sire, war meine Entgegnung. Ich
würde vorziehen, diesen gefährlichen Feind persönlich zu
beobachten und ihn, wenn möglich, auf frischer Tat zu
ertappen. Zuschlagen, so fuhr ich fort, können wir, da wir
seine derzeitige Gestalt nun kennen, zu jeder beliebigen
Stunde. Aber Majestät wissen, daß die öffentliche Meinung
Europas im beklagenswertesten Maße spionagemüde ist.
Verhafteten wir ihn jetzt, wäre die ganze widersacherische
Presse von dem Geschrei voll, das der amerikanische Präsident über die Verfolgung eines unschuldigen Gelehrten
erhebt. Verhaften wir ihn im rechten Augenblick, sind wir
die, die schreien. – Ich vertraue Ihnen, Goyon, sagte der Kaiser; Sie sollen handeln, wie Sie es für richtig halten. – Soweit
mein Gespräch mit dem Kaiser, Professor Simon. Haben Sie
nun die Erklärung, an deren Möglichkeit Sie nicht glaubten?

SIMON Nur teilweise.

GOYON Teilweise? Was fehlt?

SIMON Inwiefern bin ich auf frischer Tat ertappt, Oberst? Ihre Beweise?

GOYON Aber Sie mißverstehen mich, Professor. Ich bin längst von Ihrer Unschuld überzeugt. Es war eine Verwechslung, eine falsche Fährte. Ich habe mich geirrt, das muß vorkommen. Nein, Sie sind von allem Verdacht gereinigt, und ich habe das aufrichtige Vergnügen, Sie zu beglückwünschen, Professor Simon.

SIMON Wenn dies Ihre Überzeugung sein sollte ...

GOYON Ich versichere es Ihnen. Ehrenwörtlich.

SIMON Weshalb weigern Sie sich dann, den homo pisciforme zur Küste zu befördern?

GOYON Ach, lassen Sie mich doch mit dem Unsinn zufrieden.

SIMON Unsinn?

GOYON Vielleicht auch kein Unsinn. Jedenfalls ohne Bezug auf das Aufgabengebiet der Abwehr.

SIMON So sind Sie lediglich hergekommen ...?

GOYON Um zu sehen, was Sie hier vorhaben.

SIMON Ihre Abstellung zu meinem Dienst, die Begleitmannschaft, die Fregatte – alles nur für den Spion Simmons?

GOYON Gewiß.

SIMON Nichts für den Forscher Simon, gar nichts?

GOYON Selbstverständlich nicht.

SIMON Ich glaubte, ein Spion übe von den Gewerben das verächtlichste.

GOYON Nun, wenigstens paßt es in die Tatsachen.

SIMON Ja. Ich kann mich eines Gefühls nicht erwehren: des Gefühls, als befinde sich die gesamte Menschheit noch im Larvenzustand. Vermutlich sitzen wir alle miteinander in einem unersteigbaren Bassin am Grunde einer dunklen Höhle und warten auf einen, der uns herausfischt, um uns endlich in erwachsene Menschen zu verwandeln. Hat jemand Kenntnis von dem Widerruf?

GOYON Niemand. Und ich würde Ihnen auch kaum raten, den Vorgang Dritten gegenüber zu erwähnen.

SIMON Ich danke Ihnen für den Rat.

GOYON Keine Ursache. Er ist dienstlich. Ich schlage vor, mein lieber Herr, wir setzen Ihren Gefangenen jetzt in Freiheit, damit er in seinem Sack nicht umkommt. Vielleicht können Sie ihn ein andermal abholen. *Geht zum Bassin.*

SIMON *ihm langsam folgend* Ich weiß nicht, ob mir dazu noch viel Lust bleibt. Ich beginne, an meiner Wissenschaft zu zweifeln. Wenn ich den Ablauf der Geschehnisse richtig auswerte, hat es doch den Anschein, als ob die Naturkunde recht wenig zur Erklärung der Welt beizutragen hätte. Ich bin nicht zu alt, ein neues Forschungsgebiet ... *Er stößt Goyon ins Bassin; er ist müde.*

STIMME GOYONS Hilfe. Hilfe. *Pause.* Hilfe.

SIMON *nach einer Pause* Der Unglückliche, ja. Er braucht meine Hilfe. *Er zieht den Sack mit dem zappelnden Fisch hoch, lädt ihn über die Schulter.* Man muß ihn natürlich zwingen. Zwingen muß man sie, alle. Das ist es, man muß sie zwingen. *Nach oben ab. Energisch* Dragoner!

DAS ENDE

INHALT

HACKS
WERKE

Erster Band
DIE GEDICHTE
Lieder zu Stücken, Gesellschaftsverse, Liebesgedichte

Zweiter Band
DIE FRÜHEN STÜCKE
Das Volksbuch vom Herzog Ernst, Columbus,
Die Schlacht bei Lobositz, Der Müller von Sanssouci,
Die Kindermörderin

Dritter Band
DIE DRAMEN I
Die Sorgen und die Macht, Moritz Tassow, Der Frieden,
Polly, Die schöne Helena

Vierter Band
DIE DRAMEN II
Margarete in Aix, Amphitryon, Prexaspes, Omphale,
Numa, Adam und Eva

Fünfter Band
DIE DRAMEN III
Die Vögel, Das Jahrmarktsfest zu Plundersweilern,
Ein Gespräch im Hause Stein über den abwesenden
Herrn von Goethe, Rosie träumt, Die Fische

Sechster Band
DIE DRAMEN IV
Senecas Tod, Pandora, Musen, Die Binsen, Barby,
Fredegunde, Jona

Siebenter Band
DIE SPÄTEN STÜCKE I
Fafner, die Bisam-Maus, Der Geldgott, Der Maler des
Königs, Die Höflichkeit der Genies, Genovefa

Achter Band
DIE SPÄTEN STÜCKE II
Orpheus in der Unterwelt (Operette), Orpheus in der
Unterwelt (Burleske Oper), Bojarenschlacht, Tataren-
schlacht, Der falsche Zar, Der Bischof von China

Neunter Band
DIE ERZÄHLUNGEN
Der Schuhu und die fliegende Prinzessin, Ekbal, Geschichte
meiner Oper, Magister Knauerhase, Die Gräfin Pappel

Zehnter Band
DIE KINDERGEDICHTE UND -DRAMEN
Der Flohmarkt, Die Sonne, Armer Ritter, Die Kinder,
Maries Baby

Elfter Band
DIE KINDERMÄRCHEN
Das Windloch, Das Turmverlies, Kinderkurzweil, Onkel Mo

Zwölfter Band
DIE ROMANE FÜR KINDER
Liebkind im Vogelnest, Prinz Telemach und sein Lehrer
Mentor

Dreizehnter Band
DIE MASSGABEN DER KUNST I
Das Poetische, Lyrik bis Mitterwurzer,
Die freudlose Wissenschaft

Vierzehnter Band
DIE MASSGABEN DER KUNST II
Bestimmungen, Schöne Wirtschaft, Ascher gegen Jahn,
Ödipus Königsmörder

Fünfzehnter Band
DIE MASSGABEN DER KUNST III
Zur Romantik, Über Hacks und die Welt
Gesamtverzeichnis

Werke, Band 5, Festeinband:
ISBN 3-359-01521-5
Werke, Band 5, kartoniert:
ISBN 3-359-01505-3

Werke, Band 1 bis 15, Festeinband:
ISBN 3-359-01516-9
Werke, Band 1 bis 15, kartoniert:
ISBN 3-359-01500-2

© 2003 Eulenspiegel · Das Neue Berlin
Verlagsgesellschaft mbH & Co. KG
Rosa-Luxemburg-Str. 39, 10178 Berlin
Texterfassung, Satz und Korrektur:
Silke Heinig, Antje Naumann, Johannes Oehme
Umschlagentwurf: Peperoni Werbeagentur, Berlin
Druck und Bindung: Friedrich Pustet KG

Die Bücher des Eulenspiegel Verlags erscheinen
in der Eulenspiegel Verlagsgruppe.

www.eulenspiegel-verlag.de